Jan Kammann

EIN DEUTSCHES KLASSENZIMMER

Jan Kammann

EIN DEUTSCHES KLASSEN ZIMMER

30 Schüler, 22 Nationen, 14 Länder
und ein Lehrer auf Weltreise

Mit 61 farbigen Abbildungen
und 6 Karten

MALIK

Mehr über unsere Autoren und Bücher:
www.malik.de

Der Abdruck des Zitats von *The Streets*
aus dem Song »The Escapist«,
veröffentlicht auf »Everything Is Borrowed«, 2008,
erfolgt mit freundlicher Genehmigung von
Warner/Chappell Music Germany GmbH.

FSC
www.fsc.org
MIX
Papier aus ver-
antwortungsvollen
Quellen
FSC® C083411

ISBN 978-3-89029-500-8
3. Auflage 2018
© Piper Verlag GmbH, München 2018
Redaktion: Antje Steinhäuser, München
Bildteilfotos: Jan Kammann und Luisa Wolff
Karten: Birgit Kohlhaas, kohlhaas-buchgestaltung.de
Satz: Satz für Satz, Wangen im Allgäu
Litho: Lorenz & Zeller, Inning am Ammersee
Druck und Bindung: CPI books GmbH, Leck
Printed in Germany

»All these walls were never really there«
The Streets

Inhalt

PROLOG: SOMMER 2015   9
HAMBURG – SOFIA   10
HAMBURG   15

TEIL 1   19
IRAN   20
ARMENIEN   49
KOSOVO   78
POLEN   93

TEIL 2   101
KUBA   102
NICARAGUA   125
KOLUMBIEN   154

TEIL 3   183
SÜDKOREA   184
CHINA   199
RUSSLAND   221

TEIL 4   263
GHANA   264

EPILOG   301

PROLOG

1 DEUTSCHLAND: Hamburg

2 ÖSTERREICH: Wien

3 UNGARN

4 SERBIEN

5,6 BULGARIEN: Dobritsch – Sofia

Nach den letzten Ferien erschien Raina[1] drei Tage zu spät in der Schule. Zu ihrer Entschuldigung führte sie die abenteuerliche Rückfahrt mit dem Bus aus Bulgarien an. Sie berichtete von Pannen, endlosen Umwegen durch die deutsche Provinz und der Müdigkeit, die sie nach der fast zweitägigen Fahrt erfasst hatte.

An einem sonnigen Morgen, es ist der erste Tag der Sommerferien, sitze ich selbst in einem bulgarischen Bus mit Ziel Sofia. In der Schule habe ich mir einen Spaß daraus gemacht, Raina zu warnen, dass ich ihre Ausrede selbstverständlich überprüfen werde. Schulpflichtverletzungen seien schließlich kein Kavaliersdelikt. Sie sagte, eine Busreise würde sie mir nicht unbedingt empfehlen, wohl aber Erholungsurlaub in den zentralbulgarischen Bergen oder am Schwarzen Meer. Ich war noch nie auf dem östlichen Balkan, und sicher würde mir eine solche Reise helfen, die Lebenswelt Rainas besser zu verstehen – und dazu gehört natürlich, dass ich Bus fahre.

Neben mir richtet Konstadin sich für die Fahrt ein. Er hat belegte Brote dabei und Süßigkeiten, die er in die Tasche am Sitz

---

[1] Die Schüler und Schülerinnen stehen stellvertretend für viele andere junge Menschen, die in Internationalen Willkommens- oder Vorbereitungsklassen Deutsch lernen oder gelernt haben. Sie alle wollen in besonderen Umständen nichts Besonderes sein, sie wollen wahrgenommen und behandelt werden wie ganz normale Jugendliche. Die Schüler der ehemaligen 10d, deren Klassenlehrer ich war, haben mir zwar die Erlaubnis erteilt, ihre Namen zu nutzen, ich ziehe es allerdings vor, Pseudonyme zu verwenden. Ich möchte sie nicht auf ihre Heimatländer reduzieren, geschweige denn ihnen auf dem Weg in die Normalität im Wege stehen.

vor ihm stopft. Eingestiegen ist er zusammen mit mir am Hamburger ZOB in den fast leeren Bus. Er sitzt am Gang, ich am Fenster. »Es wäre doch angenehmer für uns beide, wenn wir jeweils eine ganze Bank nehmen. Platz genug haben wir ja«, sage ich. Er schaut mich amüsiert an und klärt mich auf, dass der Bus schon noch voll werden wird. Würden wir jetzt umziehen, müssten wir später wieder alles umräumen, und das sei doch viel zu umständlich. Dann bringt er seine Lehne in die Liegeposition, atmet tief durch und beginnt, sich von seinen Strapazen zu erholen.

Sieben Monate hat er auf Baustellen in ganz Norddeutschland gearbeitet, nun ist er auf der Heimreise nach Plewen in Nordbulgarien. Diese Reise hat er schon öfter gemacht, und deshalb weiß er, wie unberechenbar der Fahrplan ist. Anders als ich wundert Konstadin sich nicht über den Busfahrer, der schon kurz hinter den Elbbrücken die Autobahn wieder verlässt und uns über die Landstraßen der norddeutschen Tiefebene bis in das Dorf Hülseberg irgendwo im Elbe-Weser-Dreieck chauffiert. Hier halten wir auf einem Erdbeer- und Spargelhof. Gerade als ich mich frage, warum wir diesen umständlichen Umweg genommen haben, und ratlos aus dem Fenster schaue, kommt ein Grüppchen junger Frauen auf den Bus zu. Die Tür geht auf, alle steigen ein. Es herrscht gelöste Urlaubsstimmung. Es ist Mitte Juli, die Pflück- und Stechsaison ist zu Ende.

Die Fahrt geht weiter. Hier und da halten wir in kleinen Dörfern und sammeln weitere gut gelaunte Menschen ein. Ihnen ist es egal, dass wir schon über drei Stunden unterwegs sind, aber noch keine hundert Kilometer von Hamburg entfernt sind, als wir bei Soltau auf die A7 biegen. Bis Sofia sind es von hier noch ungefähr 2000 Kilometer. Bis Kassel geht es jetzt schneller. Hier fahren wir wieder von der Autobahn ab, kreuzen durch die halbe Stadt und finden in einem Gewerbegebiet eine kleine Gruppe

Bauarbeiter, die fröhlich schwatzend zusteigt. Obwohl noch in Nordhessen, sind wir doch schon in Bulgarien. Alle Passagiere sind gut drauf, halten Small Talk auf Bulgarisch, es stellt sich ein Gefühl von Nachhausekommen ein. In Bayreuth steigt Studentin Natalie zu. Sie sitzt direkt vor mir, und es ist sehr praktisch, dass sie da ist, weil sie fließend Deutsch und Englisch spricht. Der Bus wird mit jedem Stopp voller und voller, und je länger die Fahrt dauert, desto mehr bekomme ich das Gefühl, auf einer Klassenfahrt zu sein. Meine Mitreisenden fragen sich allerdings, weshalb ich daran teilnehme. Sie wollen wissen, warum ich mir diese dreißigstündige Bustortur antue. Völlig untypisch für einen Deutschen, sagen sie. Diejenigen, die nach Bulgarien kämen, würden schließlich alle fliegen. Und das auch nicht nach Sofia, sondern direkt an die Schwarzmeerküste.

Ich erkläre ihnen meinen Plan: Ich bin Lehrer an einer Hamburger Schule, wo ich Schüler[2] ehemaliger Internationaler Vorbereitungsklassen unterrichte. In diesen Klassen haben die Kids für ein Jahr Deutsch gelernt, erfolgreich eine Prüfung absolviert und befinden sich nun, kurz vor dem Übergang in Klasse 11, auf dem steinigen Weg in Richtung Schulabschluss. In meiner

---

[2] Mir ist bewusst, dass es Menschen gibt, die sich an der durchgängigen Verwendung des generischen Maskulinums stören. Ich selbst würde auch nicht so gern ständig als Lehrerin bezeichnet werden, wären die Verhältnisse umgekehrt. In der Lehrerausbildung wurde ich wohl deshalb mit allerlei Anpassungen konfrontiert: Schülerinnen und Schüler, Schüler*innen, Schüler/Schülerinnen – am Ende setzte sich quasi als offizielle Sprachregelung das knappe SuS durch. Alles korrekt und mit Berechtigung. Wahr ist aber auch, dass diese Bezeichnungen den Schreib- und Lesefluss unterbrechen. Deshalb verwende ich Begriffe, die alle Geschlechter einschließen (zum Beispiel Schüler oder Lehrer oder Iraner), quasi als Neutren wie im Englischen *students, teachers* oder *Iranians*. Der Plural schließt somit alle ein und bleibt gleichzeitig schreib- und lesefreundlich.

Klasse gibt es gleich zwei Schülerinnen aus Bulgarien, eine von ihnen ist Raina, die nach den Ferien immer zu spät kommt und die Schuld den Busfahrern gibt. Außerdem empfehlen beide Bulgarien als schönes Reiseziel. Sie schwärmen von Gastfreundlichkeit, ursprünglichen Landschaften und wunderschönen Stränden mit Sonnenscheingarantie. All dies möchte ich gerne kennenlernen.

Konstadin schaut mich verblüfft an. Wahrscheinlich fragt er sich, was mit diesem Deutschen nicht stimmt. Entweder sitzt neben ihm ein völlig verrückter Kontrollfreak oder einer, der nicht weiß, was er mit seiner Zeit anstellen soll. Oder beides. Dann lacht er laut auf, haut mir mit der flachen Hand auf den Oberschenkel und bietet mir Käsebrot und Süßigkeiten an.

Die Fahrt dauert und dauert. Nach Bayreuth kommen wir nach Erlangen, Nürnberg, Regensburg, Passau und Wien. In jeder Stadt nimmt der Fahrer weite Umwege in Kauf, um noch mehr Leute einzusammeln. Es ist jetzt mitten in der Nacht, und die Neuankömmlinge wirken, als hätten sie schon Stunden am Straßenrand gewartet. Die versprochene Ankunftszeit in Sofia ist auf diese Weise auf keinen Fall zu schaffen. Irgendwo kurz vor der ungarischen Grenze wird dann auch Konstadin ungeduldig. Lauthals beschwert er sich beim Busfahrer über Missmanagement und beschwört deutsche Tugenden. In *Germania* gebe es so etwas wie einen Zeitplan, man würde so eine Fahrt anders und vor allem besser organisieren.

Mittags in Ungarn steht die erbarmungslose Sonne auf dem Bus. Es ist unerträglich heiß, und obwohl die Fahrt jetzt schneller geht, weil keine neuen Passagiere mehr zusteigen, ist von der anfänglichen Urlaubsstimmung nicht mehr viel übrig. Apathie und Langeweile machen sich breit, die schnurgerade und fast leere Autobahn durch die ungarische Puszta wird zur Geduldsprobe.

Am späten Nachmittag überqueren wir endlich die Grenze nach Serbien. Je näher wir der bulgarischen Grenze kommen, desto lauter wird das Heimatbashing. Die fröhliche Stimmung ist endgültig gekippt. Nichts funktioniert, alles marode, Politiker korrupt. Als dann noch, nach mittlerweile 38-stündiger Fahrt, der Bus ausgerechnet auf der Zielgeraden kurz vor Sofia schlappmacht, ist das Gezeter groß. *Katastroph!* Unter großen Anstrengungen und im Schweiße ihres Angesichts gelingt es den Fahrern nach etwa zwei Stunden schließlich doch, den altersschwachen Motor wieder zum Laufen zu bringen.

Der Unmut der Fahrgäste ist durchaus berechtigt, wie ich finde: Es ist mittlerweile vier Uhr morgens, und viele haben ihre Anschlussmöglichkeiten in die Provinz verpasst. Sie richten sich auf dem Bahnhofsvorplatz ein, strecken sich lang aus mit ihrem Gepäck als Kopfkissen. Völlig zermürbt und kaputt von der Fahrt stehe auch ich am Bahnhof und denke an Raina. Auch sie muss von hier noch weiterfahren. Fast 500 Kilometer bis nach Dobritsch in Nordostbulgarien. Ich weiß jetzt: Ihre Fehlzeiten sind unbedingt zu entschuldigen. Nach über vierzig Stunden Busfahren brauche ich jetzt dringend den empfohlenen Erholungsurlaub in den Bergen und am Schwarzen Meer.

Nach drei Tagen Regeneration in Sofia fühle ich mich bereit, wieder in einen Bus zu steigen und mich dorthin auf den Weg zu machen. Zwei Wochen später fliege ich von Varna zurück nach Hamburg. Beim Blick aus dem Fenster gehe ich im Geiste meine Klassenliste durch. Wie wäre es, ich würde noch etwas weiter über meinen Hamburger Tellerrand blicken? Mich noch viel länger in fremden, mir bislang unbekannten Ländern und Gesellschaften aufhalten?

Afghanistan, Ghana, Spanien, Italien, Rumänien, Kosovo, Russland, Kolumbien, Nicaragua, Südkorea, Polen, Kroatien, Maze-

donien, Armenien, Kasachstan, Iran, Albanien, Griechenland, die Schweiz und die Ukraine.

Diese Länder fallen mir ein. Ich würde die Lehrerrolle für eine Weile aufgeben und selbst wieder Lerner sein. Der Gedanke elektrisiert mich.

Hamburg

Im nächsten Schuljahr bereiten sich die Schüler auf den mittleren Abschluss vor, und ich plane meine Reise-Auszeit. Dafür beantrage ich ein Sabbatjahr, welches nur Tage später bewilligt wird. Welch Freude! Besonders praktisch ist, dass ich gewissermaßen täglich direkt an der Quelle sitze, um Ratschläge, Hinweise und Tipps zu bekommen, wie sie nur von echten Kennern, von Einheimischen eben, zu erhalten sind. Was muss ich unbedingt sehen, was darf ich auf keinen Fall auslassen, was unter keinen Umständen tun? Im Englischunterricht fordere ich meine Klasse 10d auf, mir Reiseführer für ihre Heimatländer zu basteln inklusive kleiner Sprachführer, damit ich wenigstens auf Begrüßungen reagieren und etwas zu essen bestellen kann. Wieder einmal wird mir klar, was für eine kognitive Leistung es eigentlich ist, Deutsch zu lernen und nur drei Jahre später eine Abschlussprüfung zu schreiben. In einem Farsikurs, den ich in der Volkshochschule belege, komme ich selbst an meine Grenzen. Mehrfach werde ich ermahnt, doch bitte die Hausaufgaben zu machen, sonst würde das nichts werden mit Small Talk im Iran.

Sprechen wollte ich Farsi, oder besser Dari, wie der afghanische Dialekt heißt, eigentlich in Kabul. Im ersten Schulhalbjahr habe ich viele Kontakte angebahnt und Möglichkeiten ausgelotet, nach Afghanistan zu reisen. Das Land sollte die erste Station auf der Reise zu meinen Schülern werden. Ich sprach mit NGOs, Journalisten, einer Lehrerin an der Deutschen Schule in Kabul und musste nach einiger Zeit einsehen, dass es schwierig werden würde, das Land als Zivilist zu besuchen. Als Tanims Vater mich dann warnte und bat, Abstand von dieser Idee zu nehmen, gab ich endgültig auf. Eines Tages, versprach er mir, werde er mich nach Afghanistan einladen. Aber zunächst müsse er ganz in Deutschland ankommen und sein Heimatland sich beruhigen. Das verstehe ich gut. Ich wünsche ihm, dass seine Vision von Afghanistan Realität wird, in der er wieder als Bauingenieur Schulen planen kann, ohne dafür mit Waffen bedroht und vertrieben zu werden. Ich werde meine Reise im Iran beginnen und auch dort sicher auf Afghanistan treffen, versichert mir Tanims Vater.

In der Schule sind in diesem Jahr Englischkurse für die Internationalen Vorbereitungsklassen hinzugekommen. Neben Deutsch werden auch die Kernfächer unterrichtet, damit der Übergang in die Regelklassen möglichst reibungslos verläuft. Es sind alle Niveaustufen dabei, von Anfängern bis hin zu *native* oder *near-native speakers*. Letztere fallen unter meine Obhut, was für meine Pläne großartig ist. Potenziell kommen mit diesem Kurs folgende Länder als Ziele hinzu:

China, Syrien, Neuseeland, Jordanien, Japan, Weißrussland, Norwegen, Indien, Dänemark, USA, Türkei, Serbien, Nigeria, Somalia, Sudan, Pakistan, Taiwan, Ecuador, Kanada, Sierra Leone, Großbritannien, Frankreich, Norwegen und Eritrea.

45 Länder innerhalb eines Jahres zu besuchen ist wohl ein bisschen viel. Ich bleibe der 10d treu, schließlich geht es mir um mehr als nur die Stempel im Pass. Trotzdem erhalte ich auch von diesem Kurs viele Reiseführer. Bei der Vorstellung der kleinen Hefte sind alle beeindruckt von der unfassbaren Vielfalt: Alle Kontinente außer der Antarktis kommen in diesem Raum in ausgesprochener Harmonie zusammen. Ich finde das regelrecht fantastisch und merke, wie viele unterschiedliche Weltanschauungen hier versammelt sind und wie viel wir voneinander

lernen können. Ich bin kein Freund des großen Pathos, aber diese Stunden fernab der bildungsbehördlichen Curricula sind wirklich bewegend.

Am Ende des Schuljahres bestehen alle die Abschlussprüfungen. Die Nervosität war groß, die Erleichterung ist nun umso größer. Mich freut besonders, dass die meisten ihre Schulkarriere in Deutschland bis zum Abitur fortsetzen. Ich ziehe meinen Hut vor der 10d. Wenn ich mir vorstelle, meine Eltern wären mit mir als dreizehnjährigem Teenager in den Iran oder nach Russland gezogen und ich hätte dort mit sechzehn oder siebzehn eine Abschlussprüfung auf Farsi oder Russisch bestehen müssen – es ist nicht unwahrscheinlich, dass ich kläglich gescheitert wäre. Zum Glück bin ich heute über zwanzig Jahre älter und weiß, was ich tue. Es ist Zeit aufzubrechen.

Als Erstes in den Iran. Ich bin sehr gespannt, ob nicht trotz mangelhafter Hausaufgabenmoral in der Volkshochschule ein paar sinnvolle Floskeln hängen geblieben sind, die mir den Start erleichtern. Der Konsulatsmitarbeiter in Hamburg, der mir eines Morgens ein vierwöchiges Visum in den Pass geklebt hat, reagierte auf mein freudiges »*Sobh be kheyr*« (Guten Morgen) völlig emotionslos mit einem sehr trockenen »*Good Morning*«. Ernüchternd. Nach Ablauf des Visums werde ich den Iran dann Richtung Norden nach Armenien verlassen, um von dort über Georgien auf den Westbalkan zu gelangen. Das Kosovo und Albanien wurden in meiner Klasse stets als spannende Reiseziele gepriesen. Mein Weg zurück nach Hamburg führt mich durch Italien und Polen, und dann, zu Beginn der kalten Jahreszeit, wartet meine Freundin Luisa am Flughafen auf mich, in den Händen unsere Reiseführer für Kuba, Nicaragua und Kolumbien. Das ist der Plan. Später soll es über den Pazifik und mit der Eisenbahn zurück nach Hause gehen. Und ich will unbedingt Ghana bereisen. Mal sehen, Zukunftsmusik. Erst mal los.

TEIL 1

1 DEUTSCHLAND: Hamburg

2,3,4,5 IRAN: Teheran - Schiras - Isfahan - Täbris

6 ARMENIEN: Jerewan

7 GEORGIEN: Tiflis - Weiterflug nach Pristina

über 8 TÜRKEI: Istanbul

9 KOSOVO: Pristina

10 ALBANIEN: Durres, Fähre nach

11,12 ITALIEN: Bari - Venedig

13 POLEN: Auschwitz

In meinem Reiseführer steht: *Iran is a beautiful country. Just go and find out for yourself!*

Ich habe gedacht, das steht da, weil Bahram, der Schüler, der das geschrieben hat, keine wirkliche Lust hatte, einen ausführlichen Reiseführer für seinen Lehrer zu verfassen. Womöglich stimmt das sogar, aber ich unterstelle wohlwollend, dass er genau wusste, was er tat, denn eigentlich sind diese zwei Sätze das Einzige, was man über eine Reise in das Land wissen muss. Jede Vorbereitung ist sinnlos, da das, was man gehört oder gelesen hat, sowieso nicht deckungsgleich ist mit der Realität, auf die der Einzelne trifft. Im Iran gibt es ganz viele parallel existierende Realitäten, von denen ich einige entlang der Städte, die mir der Reiseführer ohne präzise Ausführungen vorschlägt, kennenlerne. Bahram hat also geradezu philosophische Umsicht bewiesen.

Zunächst einmal ist da der offizielle Iran, der einen am Flughafen Imam Khomeini empfängt. Der namengebende Revolutionsführer ist es auch, der streng und überlebensgroß von einem Plakat auf die Reisenden in der Ankunftshalle herabschaut und sie in der Islamischen Republik begrüßt. Bei seinem Anblick kommt mir der Gedanke, dass die iranische Revolution ein Marketingproblem hat. Würde ihr Führer etwas gütiger gucken und nicht wie das fleischgewordene Böse, wäre das Image dieser Islamischen Republik vielleicht nicht ganz so miserabel. Andererseits symbolisiert er absolute Macht im Namen Allahs – ein netter Gesichtsausdruck ist da vielleicht irreführend und setzt falsche Signale.

Auch alle Banknoten, die ich bald nach meiner Ankunft vor dem Flughafen tausche, werden geziert von seinem grimmigen Antlitz. Wie viele Khomeinis ich denn wolle, fragt der windige

Devisenhändler grinsend und hebt den Namen des toten und doch omnipräsenten Führers spöttisch hervor. Da der Iran vom internationalen Zahlungsverkehr abgeschnitten ist, Ausländer also nur bar bezahlen können, entgegne ich:»Viele«, und halte ihm einen Teil meines Reisebudgets in Euro hin. Er zählt und zählt und überreicht mir irgendwann einen fast ziegelsteingroßen Batzen Geld. Ich bin Khomeini-Millionär! Die Inflation der letzten Jahre führte zu irrwitzigen Beträgen, mit denen die Iraner jeden Tag hantieren. Ein paar Rial, so heißt die Währung offiziell, stecke ich lässig wie ein *Local* in meine Hemdtasche, den Rest in verschiedene Depots in meinem Gepäck.

Eine andere Realität der Stadt ist, dass sie an ihren Abgasen zu ersticken droht. Der Verkehr ist wahnsinnig und raubt jedem Neuankömmling die Sinne. Wäre ich Verkehrsminister, ich würde unbedingt leise schnurrende Elektromotorräder subventionieren, um den Höllenlärm, besonders verursacht von Zweirädern, erst einmal auf die vierrädrigen Vehikel zu reduzieren. Parallel dazu müsste es natürlich massive Investitionen in das öffentliche Nahverkehrsnetz geben, auf das schon heute viele Menschen ausweichen und das entsprechend voll ist. Dieser Umstand führt mich an meinem ersten Tag in Teheran in zwei weitere Realitäten des Landes. Die der Geschlechtertrennung im öffentlichen Raum und die der legendären Gastfreundschaft und Hilfsbereitschaft der Menschen:

In Teheran gibt es zwar ein funktionierendes U-Bahn-Netz, das allerdings nicht ausreicht, um alle Stadtteile miteinander zu verbinden. Viele Tunnel mehr müssten gegraben werden für all die Pendler und Reisenden. Das ist auch geplant, bis zu deren Fertigstellung dauert es aber noch. Bis dahin müssen sich die Teheranis mit Expressbussen zufriedengeben. Diese Busse haben Extraspuren auf den Stadtautobahnen und freie Fahrt. Eigentlich eine gute Idee, nur reicht ihre Kapazität nicht aus.

Bei meinen Versuchen, einen Expressbus zu besteigen, scheitere ich kläglich. Resigniert stehe ich an der Haltestelle im Bereich für Männer und sehe Bus um Bus vor meiner Nase wegfahren. Ich habe einfach keine Chance, in eines der hoffnungslos überfüllten Gefährte einzusteigen. Es ist erstaunlich, auf wie wenig Raum sich so viele Menschen pressen lassen, denke ich noch, als mich der für die Haltestelle zuständige Fahrkartenkontrolleur anspricht und an die Hand nimmt. Er will mir helfen, im nächsten Bus einen Platz zu ergattern. Dazu bugsiert er mich in den Bereich der Haltestelle, der eigentlich ausschließlich für Frauen reserviert ist, und drängt mich bei Ankunft des Busses durch die Tür. Die mitreisenden Damen gucken verblüfft, als ich die Geschlechtertrennung im öffentlichen Personennahverkehr zwangsläufig aufhebe. Der Kontrolleur schiebt mich immer weiter in Richtung Fahrer bis ganz nach vorne und weist auf einen Platz direkt neben dem Mann am Lenkrad. Darauf nehme ich Platz, der Bus fährt an, und ich traue mich nicht, mich umzudrehen. Unmittelbar hinter mir wähne ich lauter Frauen in schwarzen Tschadors, die mich missmutig und übellaunig anstarren, und dahinter, eingepfercht in ihrem Abteil, die Männer, in deren Verdrängungswettkampf um ein bisschen Platz ich so erbärmlich versagt habe. Unsicher schaue ich stur geradeaus durch das Fenster, als mich von hinten eine sanfte Stimme anspricht. Ich drehe mich um und blicke in erheiterte Gesichter, die mich, umrahmt von Kopftüchern, allesamt aufmunternd lächelnd anschauen. Sogar eine alte Frau, deren moralinsauren Blick ich besonders gefürchtet hatte, wirft mir ein warmes *»Welcome to Iran«* zu.

Die sanfte Stimme gehört Behnaz, einer Künstlerin, wie sich später herausstellt. Ich habe ihr im Bus auf ihre Nachfrage meine Telefonnummer gegeben, sie ein paar Tage später getroffen und so weitere iranische Realitäten kennengelernt: die der

Paranoia, der Kreativität und der Verzweiflung, wenn man sich nicht dem System anpassen kann und will, und wer kann das schon, wenn man nicht das tun darf, was man gerne macht.

Behnaz treffe ich in ihrem Atelier im Norden der Stadt, wo die besser gestellten Tehranis wohnen. Hier oben in den südlichen Ausläufern des Elburs-Gebirges weht ein frisches Lüftchen, der Verkehr ist nicht ganz so übel, und man kann manchmal den Horizont sehen. Das Beverly Hills Teherans sozusagen. Wie in Kalifornien mangelt es auch hier nicht an frischen Ideen. Behnaz zeigt mir ihr letztes Projekt, in dem sie sich kritisch mit der Verschleierung von Frauen auseinandersetzt. Sie kann es nicht ertragen, dass Frauen, insbesondere solche aus konservativen Familien, sich von einem Stück dunklen Stoffs knechten lassen müssen. Der Tschador mache Frauen unsichtbar, sagt sie, und führe zu enormer Verunsicherung ihrer Trägerinnen, die sie nie wieder abschütteln könnten. Warum denn nicht alle so luftige Kopftücher tragen wie sie, will ich wissen, und ob es eine offizielle Vorgabe gibt. Mir ist nämlich schon aufgefallen, dass es ganz unterschiedliche Auslegungen der öffentlichen Kleiderordnung gibt. Das hänge allein von der Erziehung und der Situation zu Hause ab, erklärt sie. In konservativen Familien ist ab dem Teenageralter Tschador angesagt, in offeneren Haushalten wie dem ihren wird der schwarze Stoff durch farbenfrohe Hidschabs ersetzt. Hauptsache, in der Öffentlichkeit sind das Haar und der Nacken bedeckt, dafür sorgt die Sittenpolizei, über deren Präsenz sich alle im Klaren sind und die die Regeln je nach Bedarf mal strenger und mal weniger streng auslegt.

Die Sittenpolizei sorgt auch dafür, dass Behnaz ihre Kunst nicht im öffentlichen Raum ausstellen darf und im Internet nur unter falschem Namen unterwegs ist. Geld verdienen mit dem, was sie am liebsten macht, ist also nicht drin. Das geht nur im Ausland, und da will sie hin, wie so viele andere auch. Das Problem mit dem Ausland ist allerdings ein Visum – und, noch viel wichtiger, im Ausland stoße sie mit ihrem Anliegen wohl auf großes Verständnis, für die eigentlichen Adressaten bleibe ihre Kunst aber weiterhin unsichtbar.

Auf meinem Rückweg durch die Stadt achte ich verstärkt auf die Art, wie Frauen sich in Teheran kleiden. Mir fallen ganz unterschiedliche Variationen von Kopfbedeckungen auf, ich erkenne konservative Familien und freiheitsliebende Individualistinnen, und mir wird klar, wie viel Mut es braucht, die Grenzen der Regeln auszuloten. Beim Anblick eines Mädchens, das ein Iron-Maiden-Shirt trägt, abgewetzte Chucks und einen Nasenring, kombiniert mit einem lax im Nacken hängenden Schal, denke ich an meine Schüler und ihre oft hilflosen Versuche zu provozieren. In Deutschland gar nicht so leicht, meinen Kollegen und mir ringt höchstens plötzliche Vollverschleierung eine Reaktion ab, in Iran ist die Wahl der Garderobe im öffentlichen Raum ein Drahtseilakt und ein hochpolitisches Statement, das im schlimmsten Fall körperliche Maßregelung nach sich zieht. Oh Iran, warum tust du deinen Frauen das an?

Afghanistan im Iran: Seekers of Knowledge

Die Schule mit dem ambitionierten Namen *Seekers of Knowledge* liegt nicht in Afghanistan. Sie liegt in den westlichen Randbezirken der iranischen Hauptstadt Teheran. Hier unterrichten engagierte Ehrenamtliche aus der Stadt Flüchtlingskinder aus dem benachbarten Afghanistan, die im Iran keinen Anspruch auf den Besuch einer staatlichen Schule haben. Schätzungsweise zwischen zwei und drei Millionen Einwanderer aus dem Nachbarland leben im Iran, genaue Zahlen kennt niemand. Auch in zweiter Generation bekommen die Afghanen keinen

Zugang zu Bildung und damit auch nicht zum regulären Arbeitsmarkt, selbst die Kinder der vor Jahrzehnten Geflüchteten haben also keine Aussicht darauf, jemals ein geregeltes Leben im Iran führen zu können.

Ich wurde von Reza, einem der Ehrenamtlichen, eingeladen, ihn in der Schule zu besuchen und zu sehen, wie er und seine Kolleginnen den circa 250 Schülerinnen und Schülern Englisch beibringen. Die über zweistündige Anreise mit öffentlichen Verkehrsmitteln durch den mörderischen Verkehr des Fünfzehn-Millionen-Molochs Teheran ist nervenzerfetzend und wahnsinnig anstrengend. Alle Kollegen nehmen diese Tortur regelmäßig auf sich, was allein schon große Anerkennung verdient. Rezas Kolleginnen, an diesem Tag Anahita und Azadeh, sind mit demselben Feuereifer dabei wie Reza selbst. Sie wollen den Menschen ein Stück ihrer Würde zurückgeben und wenigstens für ein Mindestmaß an Bildung sorgen.

Wie im Iran üblich, werden die Schüler auch bei den *Seekers of Knowledge* getrennt nach Geschlechtern unterrichtet. Alle haben Uniformen an, die Jungs dunkelblaue Hosen und ein hellblaues Hemd, der Dress der Mädchen wird mit einem taubenblauen Kopftuch abgerundet. Bei Anahita geht es heute für die ganz kleinen Jungs um das lateinische Alphabet. In dem viel zu kleinen Raum drängen sich bis zu drei Schüler auf einer Schulbank, es ist heiß, der Ventilator rattert. Der Reihe nach werden Schüler nach vorne gerufen, um dort Buchstaben an die Tafel zu schreiben. Das ist nicht so einfach, es scheitert oft schon daran, dass die Stifte nur schlecht funktionieren, aber auch an nicht gemachten Hausaufgaben und fehlendem Arbeitsmaterial zu Hause.

Es sei sowieso schon ein kleines Wunder, dass die Eltern ihre Kinder überhaupt hierherschickten, sagen die Lehrerinnen, schließlich müssen die Kids oft zum Lebensunterhalt der Familie beitragen. Die Väter verdingen sich als Tagelöhner auf dem Bau, in der Gastronomie, auf Teherans gigantischem Basar und überall dort, wo sonst noch billige Arbeitskräfte gebraucht werden, während sich ihre Kinder durch übervolle U-Bahnen und Busse quälen oder sich durch den dichten Verkehr schlängeln, beladen mit schweren Plastiktaschen, um daraus allerlei Billigware wie Selfiesticks, Kopfhörer oder auch Plüschtiere zu verkaufen. Auf meinem Weg zur Schule habe ich einen Jungen gesehen, der rote Pappnasen verkaufte. Ein zynisches Bild. Das sind oft die Kinder der Einwanderer aus Afghanistan, bestätigt Anahita. Unter solchen Umständen bekommen Hausaufgaben, ja Schulbesuche insgesamt einen ganz anderen Stellenwert.

Der Unterricht geht weiter, bis Suleiman über das kleine e stolpert. Er schafft es nicht, den Buchstaben für die Lehrerin zufriedenstellend an die Tafel zu bringen. Nervös trippelt er von einem Fuß auf den anderen, seine Mitschüler lachen. Ich kann ihn ganz gut verstehen: In dem Sprachkurs zur Vorbereitung auf diese Reise und zum besseren Verständnis meiner Hamburger Schüler habe ich versucht, des persischen Alphabets Herr zu werden. Bei meinen unbeholfenen Schreibversuchen wurde ich oft von meinem gestrengen Lehrer gerügt: »Am besten lernt man durch Wiederholung«, sagte er dann und forderte mich auf, immer weiter das persische Wort für Wasser (*āb*) in mein Heft zu schreiben: آب, آب, آب

Eine halbe Seite später war mein kalligrafischer Ausdruck dann in den Augen des nach Perfektionismus strebenden Lehrmeisters in Ordnung, und es ging weiter mit *baba* (Papa). Dann *baradar* (Bruder). Es ist gar nicht so einfach, ein fremdes Alphabet zu lernen. Mich haben schon die zwei simplen Buchstaben a und b an den Rand der Verzweiflung gebracht.

Bohrende Ermahnungen bleiben Suleiman heute erspart. Anahita korrigiert und beendet die Stunde. In der Pause stellt

Reza mir Shabana vor. Sie ist neunzehn und die beste Schülerin der *Seekers of Knowledge*. Sie spricht hervorragend Englisch, und so kommen wir ins Plaudern. Ihre Geschichte erinnert mich sehr an die der Schüler, die ich aus meiner Hamburger Schule kenne: geflohen mit ihrer Familie aus Afghanistan vor Krieg, Terror, Chancen- und Arbeitslosigkeit, in den Iran gekommen über die grüne Grenze zu Pakistan mithilfe eines Schleppers. Gelandet ist Shabana schließlich in diesem trostlosen Vorort Teherans, wo sie mit vielen anderen Leidensgenossen aus ihrem Heimatland lebt.

In Anbetracht der Situation hier kann ich verstehen, warum die Eltern meiner Schüler sich entschlossen haben, weiterzuziehen oder, und auch das gibt es oft, ihre Kinder alleine loszuschicken, um später selbst nachzukommen, wenn die Umstände es zulassen.

Dass diese Situation schwer zu ertragen ist, weiß auch Reza, und der iranische Staat weiß es auch. Das Bildungswesen sei zwar insgesamt gut, aber die Kapazitäten reichten schlicht nicht aus, erzählt Reza. Der Iran hat selbst große Probleme, das Land kann diese Aufgabe nicht alleine stemmen. Als Zeichen des guten Willens beschloss das Bildungsministerium in diesem Jahr, allen Flüchtlingen aus Afghanistan im schulpflichtigen Alter den Zugang zu staatlichen Schulen zu ermöglichen. Ein Lippenbekenntnis, passiert ist bisher nichts, die *Seekers of Knowledge* haben mehr Zulauf denn je.

Auch Shabana weiß all das und ist verzweifelt. Sie sagt, selbst wenn sie jetzt noch eine iranische Schule besuchen dürfte, würde sie doch nie für eine Uni zugelassen werden. Sie wollte immer Ärztin werden, um später den Menschen in Afghanistan zu helfen. Sie weiß, dass sich dieses Ziel hier nicht erreichen lässt, und deshalb fragt sie vorsichtig, ob es vielleicht eine Möglichkeit gebe, nach Deutschland zu kommen.

Auf diese Frage hätte ich vorbereitet sein müssen. Ich kann sie nicht beantworten. Hilflos suche ich nach einer passenden Antwort, wissend, dass es für Menschen wie Shabana wohl nahezu unmöglich ist, legal nach Deutschland einzureisen. Sie ist neunzehn, hat keinen Schulabschluss und keine Berufsausbildung. Mir bricht es das Herz. Gerne würde ich ihr von den Erfolgsgeschichten der afghanischen Schüler an meinem Hamburger Gymnasium erzählen, die eine ähnliche Biografie haben wie sie: von Stipendien für Eliteinternate und bestandenen Prüfungen, von Zugangsberechtigungen für deutsche Unis, von Familiennachzug und Arbeitserlaubnissen für die Eltern. Doch das tue ich nicht, ich will sie nicht ermutigen, die Flucht nach Westen fortzusetzen. Denn ich kenne auch die Geschichten derer, die nicht so viel Glück hatten. In denen geht es um lebensgefährliche Überfahrten, langes und bleiernes Warten in vorübergehenden Unterkünften in verschiedenen europäischen Ländern, Suizidversuche aus Heimweh und Einsamkeit, um Familientragödien, Depressionen und permanente Angst vor Abschiebung. Aber auch davon erzähle ich nichts. Ich sage nur, dass es dieser Tage für Flüchtlinge aus Afghanistan schwer möglich sei, in Deutschland überhaupt anzukommen.

Shabana ist enttäuscht. Zu Recht. Da kommt jemand den weiten Weg aus Deutschland, nur um ihr diese Nachricht zu überbringen. Es ist unfair, dass ein offenbar sehr talentiertes, weltoffenes und intelligentes Mädchen nicht die Chancen erhält, die für mich selbstverständlich waren und die für alle deutschen Schüler selbstverständlich sind.

Was also tun? Reza verspreche ich, mich nach meiner Rückkehr nach Deutschland um Stifte zu kümmern. Außerdem bin ich zuversichtlich, dass meine Schule noch ein paar Englischbücher entbehren kann. Ich befürchte allerdings, dass ein paar Stifte und ein paar Bücher Menschen wie Shabana nicht zum

Bleiben bewegen werden. In ihren Augen funkelt Entschlossenheit. Sie wird ihr Schicksal nicht einfach so akzeptieren, sie wird alles daran setzen, herauszukommen aus diesem tristen Teheraner Randbezirk, und es woanders auf der Welt versuchen. Auch hat sie keine Zeit, darauf zu warten, dass sich die Bedingungen in ihrer Heimat bessern. Sie will leben, und deshalb wird sie allen Schwierigkeiten und Gefahren zum Trotz ebenfalls aufbrechen und ihr Glück in Westeuropa suchen. Wer kann es ihr verdenken? Ich jedenfalls nicht. Ach, Iran, Afghanistan und der Rest der Welt. Irgendwie müssen wir gemeinsam eine Lösung finden.

Defizitorientierung

Die Basare des Iran sind schlicht wundervoll. In labyrinthartigen Gängen und Hallen befinden sich Hunderte kleine Stände, die alles, was der Mensch zum Leben braucht, und noch ein bisschen mehr, grell illuminiert in ihren Auslagen zum Kauf anbieten. Diese Orte des Handels und der sozialen Zusammenkunft sind oft jahrhundertealt und haben sich einen besonderen Zauber bewahrt. So auch in Kashan, einer kleinen Stadt am Rande der Dasht-e Kavir, einer der trockensten Wüsten der Welt. Man kann sich vorstellen, wie schon zu Zeiten der Seidenstraße hier Waren begutachtet wurden, bei Tee und Shisha hart gefeilscht wurde und es nach zähen Verhandlungen am Ende doch zu einem Geschäftsabschluss kam.

Eine vollkommen authentische Erfahrung – so würden Reiseanbieter in ihren Prospekten werben. Aber es stimmt tatsächlich. Während ich da so sitze bei einem Tee in einem bauchigen Gläschen, beobachte ich die Kashaner Bevölkerung dabei, wie sie ihre alltäglichen Einkäufe erledigt, und freue mich darüber, dass es eine Welt gibt, die nicht dominiert wird von den Marken großer Ketten und Einkaufszentren. Tee trinken vor einem Lidl-Markt ist sicher langweiliger. In Iran dagegen ist man auf einem Basar nie lange allein, erst recht nicht Tee trinkend. Zu mir gesellt sich Emran, ein arbeitsloser Soziologe. Solche Abschlüsse führen im Iran selten zu Jobs oder gar zu finanziellem Erfolg, sagt er und lacht bitter. Das ist eine Sache, die Deutschland und der Iran gemein haben, antworte ich, warte aber vergeblich auf eine Reaktion. Seinen Lebensunterhalt verdient er zurzeit mit Gartenarbeiten in Hotels und schaut kurz sorgenvoll drein, findet aber schnell seine gute Laune wieder, als er über den großen persischen Dichter Hafis (1315 – ca. 1390) zu sprechen beginnt. Zu seiner Zeit konnte man mit den schönen Künsten glänzen, das gute Leben mit seinen Genüssen war hoffähig, nachzulesen in den Werken Hafis', in denen es um Alkohol, verliebte Schwärmereien und Sinnlichkeit geht. Mit Hafis kann ich noch etwas anfangen, ich hatte sogar von Goethes huldvoller Zuneigung zu ihm gelesen. Nicht so sehr allerdings mit Omar Chayyām, dessen Werk Emran mir als Nächstes ans Herz legt. Er schaut enttäuscht, als er feststellt, dass ich den Namen dieses bedeutenden Universalgelehrten aus dem 11. Jahrhundert nicht kenne. Plötzlich fühle ich mich elend und ignorant. Bezogen auf Europa ist das in etwa so, als hätte ich noch nie von Leonardo da Vinci gehört, wie ich später bei einer Recherche feststelle.

Dies nehme ich mal als Metapher für den Umgang Europas mit dem Iran insgesamt. Wenig bis gar nicht kommen die Errungenschaften dieser großen Kultur in unserem Leben vor. In der Schule hören wir höchstens rudimentär von persischen Schriftgelehrten, Astrologen und Naturwissenschaftlern, und in der Uni muss man schon Iranistik studieren, um von bedeutenden persischen Menschen und deren Leistungen zu erfahren. Das ist kein besonders wertschätzender Umgang mit einer so bedeutenden Kulturnation wie dem Iran, denke ich schuldbewusst, als Emran nachlegt und mich mit den Sozialtheorien Max Webers konfrontiert, dem kategorischen Imperativ Immanuel Kants und seiner Faszination für Carl Friedrich Gauß und Sigmund Freud. Er kennt sich auch noch mit den Werken großer deutschsprachiger Intellektueller und Denker aus, er vereint das Beste aus allen Welten, bewundere ich ihn und fühle mich selbst sinnlos und oberflächlich. Bis eben hatte ich gedacht, für eine Reise in den Iran reiche es aus, sich knapp mit dem Koran auseinanderzusetzen, einen Film von Abbas Kiarostami zu schauen und die Reiseführer meiner Schüler zu lesen. Eben nicht! Schlagartig wird mir klar, dass ich nicht besser bin als all diejenigen, deren Iranbild sich auf fundamentalistische und amerikahassende Ajatollahs beschränkt. Vielleicht noch ein bisschen schlimmer, denn ich gebe vor, großes Verständnis für die Lage der Menschen im Land zu haben. Aber eigentlich habe ich keine Ahnung, was mich schlicht zu einem Heuchler macht. Iran, was soll ich sagen, du hast mich entlarvt!

Als ich im Nachhinein über das Gespräch nachdenke, wird mir besonders klar, wie schwierig es für meine Schüler sein muss, die Inhalte deutscher Schulbücher zu durchdringen. Vor allem in Fächern wie Geschichte und Politik ist es nicht nur die Fachsprache, die ihnen zu schaffen macht, sondern es sind ebenso die für jeden Deutschen geläufigen Namen wie Bismarck, Ludwig Erhard oder Helmut Schmidt, die sie vor große Rätsel stellen. Hinter diesen Namen verbergen sich Konzepte, Ideen und Weltanschauungen, die für jeden Muttersprachler leicht zugänglich sind – allein schon durch die Vertrautheit der Namen. Das wird schwieriger, wenn der Name nichts auslöst, wie mir am Beispiel Ali Shariatis bewusst wird, eines iranischen Revolutionärs, der zu Zeiten des Kalten Krieges von sich reden machte, als er einen dritten Weg neben Kapitalismus und Kommunismus propagierte.

Auch von ihm sprach Emran, und ich habe viele Anläufe gebraucht, um ihn endlich bei Google zu finden, weil ich mir nur den ungefähren Klang seines Namens hatte merken können. Ich nehme mir vor, den Denkern der Welt mehr Wertschätzung entgegenzubringen, indem ich mich mit ihnen auseinandersetze, sie vor allem auch in der Schule thematisiere und sie gemeinsam mit den Schülern mit den wichtigen Persönlichkeiten aus deutschen Lehrplänen abgleiche. So bekommen wir dann alle ein besseres Gespür für die großen Zusammenhänge.

Zurück im Kashaner Teehaus äußert Emran noch einen interessanten Gedanken. Wir sind mittlerweile angelangt bei der hohen Arbeitslosigkeit im Land und der Frustration, die viele Schul- und Uniabgänger empfinden, wenn sie verzweifelt versuchen, einen Job zu finden. Ob es hilfreich wäre, wenn die noch immer wirksamen Sanktionen vollends aufgehoben würden, frage ich. Emrans Antwort ist überraschend: Einerseits könnte das zumindest für einen kleinen Aufschwung sorgen, andererseits auch große Probleme verursachen. Zunächst würden die Basare verschwinden und durch Einkaufszentren wie überall auf der Welt ersetzt werden. Dadurch würde der Iran einen Teil seiner kulturellen Identität verlieren, seine Städte würden gesichtslos werden durch die Präsenz der ewig gleichen Shoppingmalls. Außerdem, und das darf man nicht unterschätzen, hängen viele Millionen Arbeitsplätze von den Basaren im ganzen Land ab. Diese würden dann verloren gehen, verdrängt von finanziell potenten Westfirmen. Die stolzen *Bazaaris* plötzlich Angestellte bei H & M, Carrefour oder Lidl! Unvorstellbar. Deshalb seien auch alle Händler sehr konservativ. Nicht so sehr aus religiösen Gründen, sondern in erster Linie, weil sie ihr Geschäft schützen wollten. Iran, du stolzes Land.

Ich verlasse Kashan mit einem Zug nach Yazd. Auf beiden Seiten die endlose Ödnis der Wüste, im Abteil ein amüsantes

Gespräch mit zwei Zugbegleitern. Sie wundern sich, weshalb es Touristen gibt, die freiwillig in diese unattraktive Mondlandschaft reisen, und machen ihre Witze über die Schlichtheit von Mensch und Natur in dieser Gegend. Kurz vor der Ankunft am Zielort bin ich fast geneigt, ihnen recht zu geben, so reizarm wurde der Blick aus dem Fenster nach anfänglicher Wüsteneuphorie.

Dass die Gegend aber alles andere als schlicht ist, erfahre ich schon bald von Amir. Mir ist schon aufgefallen, dass sich scheinbar zufällige Begegnungen mit Menschen vor Ort schnell zu einer Art Verkaufsgespräch für Fahrt- und Reiseleiterdienstleistungen aller Art entpuppen. So war es auch bei ihm, und ich gehe ihm mehr oder weniger absichtlich auf den Leim, weil er charismatisch und lustig ist und offenbar weiß, wovon er spricht. Wir fahren also gemeinsam zum geheimnisvollen Turm des Schweigens, wie eine ehemalige zoroastrische Bestattungsanlage vor den Toren der Stadt genannt wird. Der Zoroastrismus, der vorislamische Glaube in Persien, sei keineswegs verschwunden, erklärt mir Amir auf der Fahrt. Neben kleinen Gemeinden in Iran selbst, in Indien, aber auch in den USA und Europa sei vieles vom zoroastrischen Glauben in alle anderen Religionen übergegangen. Die Maxime der Zoroastrier sei: Gutes tun, Gutes denken und Gutes sprechen – und dies finde sich unbestreitbar in allen Weltreligionen wieder. Man denke nur an die Zehn Gebote der Christen oder das Karma der Hindus. Auch die europäischen Aufklärer hätten im Prinzip nichts weiter als diese drei Leitgedanken formuliert. Es gehe sogar noch weiter, fährt Amir fort. Sogar durchaus spektakulär, wie ich finde, denn der Zoroastrismus hat Eingang in unser aller Sprachgebrauch gefunden. Der eine Gott, auch Zoroastrier sind Monotheisten, heißt Ahura Mazda. Und ebendiesen Ahura finden wir heute als Ausdruck von Freude in vielen Sprachen wieder. Hurra! *Hooray!*

Hurrah! Ob Mazda von Japanern für den Namen einer Automarke geklaut wurde, kann Amir mir leider nicht sagen. Möglich sei das aber durchaus, überlegt er nachdenklich.

Interessant geht es weiter, als wir schließlich den Turm oder eher die Türme des Schweigens erreichen. Es sind zwei, wie schon aus der Ferne zu erkennen ist. Die Türme waren für die Riten der Zoroastrier von zentraler Bedeutung. Ihr Glaube sieht vor, dass die Erde, auf der wir leben, auf keinen Fall beschmutzt werden darf. Schon gar nicht darf sie von den Körpern der Toten kontaminiert werden, und deshalb musste man sich etwas Besonderes einfallen lassen: Die Türme sind eigentlich natürliche Berge, deren Gipfel flach sind. Hier wurden die Überreste der Verstorbenen von Totenwächtern abgelegt und damit den Geiern überlassen. Die Knochen, die übrig blieben, wurden dann Löchern auf dem Gipfel übergeben, immer noch weit genug weg vom Boden, auf dem wir leben. Bis in die Sechzigerjahre hinein wurde diese Praxis an diesem Ort durchgeführt, klärt Amir mich auf. Dann wurde sie verboten.

Es folgt ein weiteres Beispiel für meine grenzenlose Ignoranz, denn ich wittere in meiner lehrerhaften Defizitorientierung sogleich die Diskriminierung religiöser Minderheiten. Amir lacht laut auf. Er möchte mal sehen, wie lange deutsche Behörden es dulden würden, wenn plötzlich eine Religionsgruppe darauf käme, ihre Toten an Wildtiere zu verfüttern. Da ist was dran, Ordnungs- und Gesundheitsämter wären dieser Idee sicher nicht besonders zugeneigt. So ist es auch hier, das Verbot hatte ausschließlich hygienische Gründe, schließlich ist die Stadt im Laufe der Zeit immer näher an den Turm des Schweigens herangewachsen. Außerdem müsse ich doch wohl zugeben, dass das alles mehr als ekelig sei, diese Riesenvögel dabei zu beobachten, wie sie Fleischfetzen und Innereien aus den Kadavern rissen und sie dann noch permanent über der Stadt kreisen zu sehen, wissend, dass ihre einzige Nahrungsquelle tote Menschen seien. Ich gebe Amir recht, besonders, als mir auffällt, dass tatsächlich kein einziger Aasfresservogel zu sehen ist, und er bestätigt, dass die Geier kurz nach dem Verbot ganz aus der Gegend verschwunden sind. Als natürliche Nahrungsquelle eignet sich die Dasht-e Kavir nämlich nicht. Oh Mann, Iran, wie oft willst du mich noch blamieren. Heute bestatten die Zoroastrier ihre Toten übrigens in oberirdischen Grüften auf eigens angelegten Friedhöfen.

Abbas Normal Farmer

Zwischen Yazd und Schiras befinden sich viele Täler im Zagros-Gebirge. In einem dieser Täler liegt Bavanat, ein kleiner Bezirk inmitten eines Gebietes, das bis heute von Nomaden bewohnt wird. Nicht weit von der Bezirksstadt entfernt befindet sich das Dorf von Abbas Barzegar, Abbas Normal Farmer, wie er sich selbst nennt. Seine Geschichte ist wirklich erstaunlich und einigermaßen unwahrscheinlich, fast schon fantastisch und gerade deshalb erzählenswert. Seine Legende geht so:

Zu einer Zeit, als Abbas am Boden zerstört war, nicht wusste, wie er seine Familie ernähren sollte mit den paar Walnüssen und Trauben, die auf seinem Grund wuchsen, und dem bisschen Getreide, das er dem kargen Boden abringen konnte, und schon aufgeben wollte, geschah es: Es klopfte an der Tür. Draußen war es dunkel und stürmisch, und es regnete. Abbas wunderte sich, wer um diese späte Stunde bei diesem Wetter noch Einlass begehrte. Fast hätte er die Tür nicht aufgemacht, aus Angst, Missmut und Lustlosigkeit. Er tat es doch, und sein Leben nahm eine unglaubliche Wendung.

Vor seiner Tür standen zwei Motorradfahrer. Sie waren den weiten Weg aus Deutschland gekommen und nun in der Gegend von Abbas Normal Farmer von schlechtem Wetter überrascht worden. Ihnen war kalt, sie waren müde und hatten Hunger. Gott würde es glücklich machen, wenn ich den beiden helfe, dachte Abbas und bereitete den beiden eine Nachtstatt, während seine Frau ihnen ein Abendessen servierte. Zufrieden, satt und ausgeschlafen setzten die beiden sich am nächsten Morgen auf ihre Motorräder und fuhren davon. Abbas wollte kein Geld für seine Gastfreundschaft, doch die Reisenden bestanden darauf, ihm eine Aufwandsentschädigung dazulassen. Es war eine für Abbas ungeheuer hohe Geldsumme. So viel, wie er sonst nicht in einem Monat verdient.

Ein paar Tage später nur klopfte es wieder an der Tür von Abbas Normal Farmer. Skeptisch öffnete er auch diesmal und erblickte eine größere Gruppe Menschen. Sie kämen aus Yazd, sagten sie und eröffneten ihm, dass dort zwei Motorradfahrer von seiner Gastfreundschaft und dem guten Essen in seinem Hause berichtet hätten. Das wollten sie nun auch probieren und hätten deshalb einen Fahrer engagiert, damit sie in sein Dorf hätten gelangen können. Zu seiner Verblüffung kamen diese Menschen wieder aus Deutschland. Wieder bereitete er ein Lager für die Nacht und seine Frau ein üppiges Abendessen. Die Gruppe war begeistert und reiste am nächsten Tag nach einem Frühstück wieder ab, nicht ohne ihm eine noch beträchtlichere Geldsumme dazulassen. Abbas begann, Licht am Ende des dunklen Tunnels zu erkennen, durch den er sich so lange hatte schleppen müssen.

Der Fahrer der Gruppe fuhr nun regelmäßig nach Bavanat zu Abbas Normal Farmer. Er war auch kein Fahrer mehr, sondern Reiseleiter, und er war umso erfreuter, als er erfuhr, dass Abbas' Frau eine Nomadin gewesen war, bevor sie ihn geheiratet hatte. Nomadische Kultur ist für Touristen aus dem Westen besonders exotisch, die kennen sie nicht und wollen deshalb gerne sehen, wie Nomaden so leben, wusste der Reiseleiter aus Yazd. Also organisierte Abbas Normal Farmer kurze Ausflüge in die Lager der Nomaden mit seinem neuen Auto. Die Touristen waren begeistert und noch begeisterter davon, dass sie bei ihm zu Hause traditionell nomadisches Essen bekamen. An Abbas' Tür klopfte es jetzt fast täglich.

Das alles passierte zu Beginn der Zweitausenderjahre, und Abbas weiß, dass er sich nur an folgenden Grundsatz halten muss: *I'm happy, you're happy, God is happy!* Denn solange Menschen sein Haus glücklich verlassen, werden andere kommen, um auch glücklich zu sein. Sind sie das, lassen sie Geld da, was wiederum Abbas glücklich macht und andere Dorfbewohner, die dann für Abbas arbeiten können und dafür gut bezahlt werden. Sein Erfolg wäre wohl nicht möglich gewesen ohne die Bescheidenheit, die er sich bewahrt hat: Noch heute sei er nur Abbas Normal Farmer, der andere Menschen glücklich machen will, sagt er, wissend, dass Touristen Normal Farmer lieber mögen als Special Farmer.

Dennoch grenzt es an ein Wunder, dass er, und da ist er durchaus glaubwürdig, noch immer Abbas Normal Farmer ist, denn seine Geschichte wird noch fantastischer. Seine heute siebzehnjährige Tochter Zahra erzählt sie uns, während sie vor einem Schrein steht, in dem Gegenstände aus aller Welt, die die Gäste der Familie als Geschenke mitgebracht haben, aufbewahrt sind.

Als lokale Fernsehsender von Abbas' Erfolg erfuhren, besuchten sie ihn und drehten einen Beitrag über seine Familie, die Touristen und die Nomadenkultur im Zagros-Gebirge. Plötzlich kamen auch iranische Touristen und waren genauso begeistert wie einst die deutschen Motorradfahrer. Abbas Normal Farmer konnte den Rummel nicht fassen, plötzlich war er so etwas wie eine Berühmtheit, und es sollte sogar noch besser kommen.

Eines Tages erhielt er eine Einladung nach Teheran. Er, Abbas Normal Farmer, der nicht an einem einzigen Tag seines Lebens eine Schule besucht hatte, sollte in die Hauptstadt reisen, um dort Interviews zu geben und vor wichtigen und gebildeten Leuten zu sprechen. Er wurde begleitet von Zahra und ihrer kleinen Schwester, die, in traditionelle nomadische Gewänder gehüllt, mit auf der Bühne standen. Nach diesem Auftritt dachte er, nun könne nichts mehr kommen, der Gipfel sei endgültig erreicht. Doch weit gefehlt, plötzlich wollte sogar der Präsident ihn und seine Töchter treffen. DER PRÄSIDENT! IHN! ABBAS NORMAL FARMER! Und dazu kam es dann auch, zu sehen auf einem Foto, das Zahra und Abbas zusammen mit dem damaligen Staatsoberhaupt Mahmud Ahmadinedschad zeigt.

Zusammen mit meiner eigenen kleinen Reisegruppe bin ich einigermaßen fassungslos über diese Geschichte, die schier kein Ende nimmt, von Höhepunkt zu Höhepunkt eilt und von der wir bis zu unserer Ankunft im Dorf gar nichts wussten. Wir haben gedacht, wir machen Stopp in einem Dorf zwischen Yazd und Schiras, essen und übernachten bei einem normalen Farmer und gelangen mit etwas Glück noch in das Gebiet der Nomaden. *»It's magic«*, dass wir gerade hier gelandet seien in dieser endlosen Weite der iranischen Wüsten, sagt Abbas. Seine Geschichte geht noch weiter.

Zahra führt uns in einen neuen Bau auf dem Grundstück der Familie. Er entpuppt sich als ein Museum. Die Exponate beschäftigen sich ausschließlich mit dem ungewöhnlichen Aufstieg der Familie, sind aber allein schon dann sehenswert, wenn man weiß, wie es überhaupt zu diesem Museum kam:

Der Präsident fand, dass Abbas Normal Farmer ein ganz famoser Botschafter seines Landes sein würde. Und so sandte er ihn ins Ausland zu Reisemessen und Tagungen. Auf diesen Reisen lernte Abbas so einiges über die Menschen, die ihn seit einigen Jahren täglich besuchten. Zum Beispiel erfuhr er in der Schweiz, dass die Menschen dort ihren Hunden Namen geben und die Tiere wie Familienmitglieder behandeln. Bei seiner Rückkehr erhielten auch seine Hunde Namen und stiegen von reinen Nutztieren zu Freunden der Familie auf. Ihm selbst gefällt das, den Touristen umso mehr. *I'm happy, you're happy, God is happy!* In Deutschland machte er Bekanntschaft mit der Begeisterung der Menschen für biologische Landwirtschaft. Seine Landwirtschaft ist sowieso schon immer biologisch gewesen, trotzdem betont er seitdem bei jeder Gelegenheit, dass bei ihm alles *organic* sei. *I'm happy, you're happy, God is happy!* Und in Paris hatte er den Eindruck, dass die ganze Stadt ein einziges Museum sei mit lauter Besuchern aus aller Welt. Also brauchte auch er ein Museum für die Menschen aus aller Welt. Nur, was darin ausstellen? Na klar, die Geschichte seines eigenen Aufstiegs. *I'm happy, you're happy, God is happy!*

Seitdem die Motorradfahrer an seine Tür klopften, sind fast sechzehn Jahre vergangen, dennoch versprühen Abbas Normal Farmer und seine Familie eine derart positive Energie, dass man ihn durchaus auch auf Motivationslehrgängen für ausgebrannte Großstädter auftreten lassen könnte. Zweifellos ist sein Geschäftssinn grandios, aber auch sein Mantra und Markenzeichen *I'm happy, you're happy, God is happy* zeigt nach all den Jahren keine Abnutzungserscheinungen und verleiht ihm eine Leichtigkeit, die jedem Start-up-Unternehmer von ganz alleine zu großem Erfolg verhelfen würde. Auch in der Schule werde ich diese Geschichte sicher erzählen. Vielleicht gelingt es mir sogar, Abbas Normal Farmer einzuladen und ihn vor der Schule sprechen zu lassen, um Schüler mitzureißen und sie zu ermutigen, niemals aufzugeben. Oh Iran, du erzählst große Geschichten.

Mit dem Schrein Schah Tscheragh befindet sich eine bedeutende Pilgerstätte für schiitische Muslime in Schiras. Hier liegen die sterblichen Überreste Amir Ahmads und Mir Muhammads, beide Brüder des im Iran ungeheuer wichtigen Imam Reza, einer der zwölf Imame und Anhänger Alis. Wörtlich sind die Schiiten (*Shiat Ali*) die Jünger Alis, der das Erbe des Propheten nach dessen Tod im Jahre 632 hätte antreten sollen und dem die zwölf Imame folgten. Alle Muslime zu einen, so argumentierten sie, dazu sei nur ein Blutsverwandter des Propheten Mohammed, dessen Neffe Ali war, in der Lage. Die Sunniten sahen das anders. Sie installierten den in ihren Augen geeigneteren Kandidaten Abu Bakr, ein Weggefährte, jedoch kein Verwandter Mohammeds, an der Spitze des Kalifats. Ali und seine Anhänger fühlten sich zurückgesetzt, harrten aber weiter geduldig ihrer Chance. Im Jahre 656 wurden sie belohnt, das Glück über das Kalifat währte jedoch nur kurz. Unruhig wurde es so richtig, als Ali nur fünf Jahre nach Übernahme des Amts ermordet wurde.

Die zwölf Imame, darunter Imam Reza, versuchten nun, die in ihren Augen legitime Herrschaftsfolge wiederherzustellen. Dabei kam es schließlich zu einem blutigen Hinterhalt in der irakischen Stadt Kerbela, in dem Imam Hussein, ein Enkel Mohammeds, der nun das Kalifat führen sollte, ums Leben kam. Der Schmerz darüber war und ist immens, die schiitische Gemeinde wartet seither auf den zwölften Imam, Muhammad al Mahdi, den Erlöser, der im Verborgenen auf seine Rückkehr wartet, um dann, endlich, alle Muslime zu versöhnen. Die elf übrigen Imame und Märtyrer fanden ihre letzte Ruhe an verschiedenen Orten, verstreut im ganzen Orient, die heute alle bedeutende Pilgerstätten gläubiger Schiiten sind. Herausragend ist natürlich Kerbela, der Ort des Leidens und des Verrats, an dem sich die sterblichen Überreste Imam Husseins befinden und der heute im Einzugsgebiet sunnitischer Extremisten liegt. Die haben hier in der jüngeren Vergangenheit übelste Massaker an schiitischen Pilgern verübt. Kerbela und auch Nadschaf, eine weitere wichtige Pilgerstätte im Irak, sind für schiitische Iraner zwar nicht außer Reichweite, aber doch sehr gefährliche Wallfahrtsorte.

Der Schrein in Schiras ist sicher, beherbergt mit den Brüdern eines der zwölf Imame aber auch nur die B-Prominenz der schiitischen Märtyrer. Davon ist nichts zu spüren, zum donnerstäglichen Bittgebet ist die Stimmung und die Atmosphäre in der gigantischen Anlage überwältigend. Es herrscht ein lebendiges Treiben sowohl im Innern des Schreins als auch unter freiem Himmel auf dem ausgedehnten Innenhof. Der Innenbereich ist angenehm klimatisiert und strahlt mit seinen reich verzierten Kuppeln eine ungeheure Erhabenheit aus. Dazu kommt das Licht, das sich durch die bunten Bleiglasfenster in allen Farben des Regenbogens bricht und, man kann es nicht anders sagen, die Besucher verzaubert.

Zu einer besonders sinnlichen Erfahrung wird der Aufenthalt im Schrein durch das Barfußlaufen – man schwebt wenige Meter über weichen Teppich, um dann vom kalten Marmor wieder geerdet zu werden. Schaut man sich um, blickt man in glückselige Gesichter, alle scheinen ergriffen von der Magie des Ortes und von der Freude darüber, dass sie diese Erfahrung mit so vielen anderen teilen dürfen.

Ich fühle mich erinnert an die Atmosphäre auf Techno-Musikfestivals, und so weit weg ist der Gedanke wohl auch nicht, wie mir nach Verlassen des Schah Tscheragh klar wird. Vor dem Besuch wurde mir erklärt, dass sich bei Berührung des Schreins alle negative Energie in positive umwandelt, alle Last abfällt und sich alles leicht und schwerelos anfühlt. Genauso ist es in den heiligen Tanzhallen westlicher Technofestivals, wenn sich die Energie von Tausenden bündelt zu einer wunderbaren Quelle großen und kaum zu fassenden Glücks. Mir ist soeben am eigenen Leib plausibel geworden, weshalb der Islam, wahrscheinlich Religionen insgesamt, so große Anziehungskraft besitzt und frenetische Begeisterung entfesseln kann. Alles eine Frage der Inszenierung.

Begeistert erzähle ich von dieser Erfahrung im Hostel. Unter meinen Zuhörern ist auch Ehsan, Tourist aus Isfahan, der eine ganz andere Sicht auf die Dinge hat und schon glaubt, mich vom Konvertieren abhalten zu müssen. Zu meinem Erstaunen erklärt er, dass der Iran ein nicht besonders religiöses Land sei, die Menschen dort aber ironischerweise unter einem Regime leben müssten, das durch die Religion seine Macht legitimiere. Sicher gebe es viele traditionelle und gläubige Familien, besonders auf dem Land, wie er betont. Die Mehrzahl der Menschen habe mit dem Islam aber genauso wenig am Hut wie die inzwischen so säkularen Europäer mit dem Christentum. Ich weiß nicht, woher er diese Zahl nimmt, aber er behauptet, dass die Moscheen überall im Land, auch auf den Dörfern, an normalen Tagen mit kaum mehr als zwanzig Prozent ausgelastet seien. Die Leute haben andere Sorgen und machen sich andere Gedanken, sie wollen nicht lammfromm dem örtlichen Ajatollah huldigen und sich von ihm richten und gängeln lassen.

Es ist nämlich so, wie ich am selben Tag in einer Medrese, also einer Koranschule, von einem leibhaftigen Ajatollah erfuhr, dass Männer, die in seinen Rang aufsteigen wollen, dies durch ein jahrzehntelanges Koranstudium tun können. Ajatollah ist lediglich der Titel, der dies bezeugt. Das Äquivalent der Sunniten ist der Mullah, klärte er mich noch auf. Diese Würdenträger erfüllen ganz verschiedene Rollen in ihren Gemeinden. Sie sind zum einen Lehrer, er selbst unterrichtet zurzeit

250 Schüler in Theologie, Philosophie und islamischem Recht, aber auch in Naturwissenschaften und Mathe. Dies alles geschieht auf Arabisch, der Sprache des Korans. Außerdem erstellen die Ajatollahs Rechtsgutachten, sogenannte Fatwas, im Namen des Korans. Bei dem Stichwort Fatwa läuten bei mir die Alarmglocken, weil mir sofort Salman Rushdie einfällt, der wegen angeblicher Ketzerei mit einer solchen belegt wurde und seither um sein Leben fürchtet. Ganz so krass sind die Fatwas, die der Ajatollah sonst so ausspricht, nicht, vielmehr sind es Gutachten im Namen des Korans, die den Menschen seiner Gemeinde in bestimmten Situationen helfen sollen. Wie verhalte ich mich richtig im Namen des Herrn? Eine Fatwa legt aber auch das Strafmaß für eine bestimmte Missetat fest. Der Ajatollah ist also Lehrer, Gutachter und Richter in Personalunion. Weiterhin ist er für den Erhalt seiner Medrese verantwortlich und bittet mich sogleich um eine kleine Aufmerksamkeit.

Genau das sei es, was die meisten Menschen nicht wollten, sagt Ehsan. Die Ajatollahs seien furchtbar arrogant und herablassend. Verständlicherweise, wenn einem den ganzen Tag huldvolle Ehrerbietung entgegengebracht wird und Menschen devot und unterwürfig um Rat fragen. Am schlimmsten seien die Träger von schwarzen Turbanen, denn sie stehen angeblich in direkter Linie zum Propheten Mohammed, wie ich erfahre. Weiße Turbane sind darunter angesiedelt, ihre Träger sind nicht verwandt, sie haben sich ihr Amt durch das Studium erworben, können aber auch zu hohen Würdenträgern aufsteigen und fallen ebenso durch Überheblichkeit auf.

Ich erkenne große Parallelen zu den christlichen europäischen Kirchen, besonders zur katholischen, deren Repräsentanten sich in der Vergangenheit ja auch gerne maßlos und arrogant zeigten. Das Problem des iranischen Regimes sei es, sagt Ehsan, dass es mithilfe der Religionswächter mitunter ausgesprochen brutal auf die Einhaltung der Regeln pochen könne, jedoch könne es die Menschen nicht in die Moscheen prügeln und sie zwingen, sich vor ihrem Ajatollah in den Staub zu werfen. Deshalb sei es letztlich nur eine Frage der Zeit, bis der Spuk ein Ende habe; in der gegenwärtigen Situation allerdings, mit lauter Krisen rund um den Iran herum und mit den Erfahrungen der brutalen Niederschlagung der regierungskritischen Proteste 2009, könne das noch etwas dauern.

Das ist wirklich interessant. Ich kann nur erstaunt nicken, als Ehsan abschließt, dass der Islam nur eine Ideologie zum Machterhalt der Eliten sei und dass es wohl doch jedem selbst überlassen sein solle, was er oder sie glauben möchte – solange es auf dem alten zoroastrischen Prinzip vom guten Handeln, Denken und Sprechen beruhe, welches sich sowieso im Kern in jeder Religion wiederfinde. Finde ich auch, das Göttliche liegt in jedem Einzelnen von uns, was sollen also all der Mummenschanz, die Rechthaberei und das Gerede von der einen Wahrheit, deren selbst ernannte Inhaber immer wieder zu mörderischen Höchstleistungen auflaufen? Andererseits habe ich heute auch erfahren, wie verlockend diese Inszenierungen sein können und wie einfach es wohl ist, sich diesem Spiel einfach hinzugeben, sodass ich den Tiefgläubigen gar nicht mit aufklärerischen Slogans wie »Bediene dich deines Verstandes« kommen wollte. Solange sie Frieden darin finden und nicht das heilige Wort mit dem Schwert verbreiten, ist doch alles gut. Oh Iran, du bist voller Widersprüche.

Isfahan, nesf-e jahan, Isfahan ist die Hälfte der Welt. Dieses alte Sprichwort kennt jeder im Iran. Was damit gemeint ist, wird sofort klar, wenn man die Stadt betritt. Sie ist überwältigend mit ihren reich verzierten Moscheen, den fantastischen Parks, den weitläufigen Plätzen und großartigen Brücken. Im Zeitalter der Safawiden zwischen 1501 und 1722 wurde sie als Hauptstadt immer weiter ausgebaut und verschönert. Schah Abbas holte Mitte des 16. Jahrhunderts 30 000 der talentiertesten und besten Handwerker und Künstler seines Reiches in die Stadt. Zum Erlesensten gehörte damals die sagenhafte Handwerkskunst der Armenier. Sie sollten seine Stadt weiter verschönern – eine zweifelhafte Ehre, denn als Christen wollten sie gar nicht ins muslimische Isfahan kommen, also zwang der Schah sie kurzerhand und verschleppte sie. Das zumindest sagen die Armenier; die Iraner sagen, die Künstler seien freiwillig gekommen, angelockt von den Möglichkeiten der Stadt. Die Frage ist heute noch ungeklärt.

Was man mit Bestimmtheit sagen kann, ist, dass das Werk aller Beteiligten durchaus gelungen ist. Auch der Stadtteil Neu-Jolfa, benannt nach der Stadt an der heutigen aserbaidschanisch-iranischen Grenze, aus der die Armenier ursprünglich stammten, ist wunderschön.

Was das alles so wunderschön macht, ist natürlich die spektakuläre Architektur, aber eine noch viel größere Rolle spielt, wie die Einheimischen dieses Setting mit Leben füllen. Nicht nur in Isfahan, sondern im ganzen Land drängen zu Sonnenuntergang Menschen aller Altersgruppen in die Parks und Plätze, um das Leben miteinander zu genießen. Die Picknicks sind üppig, alles ist dabei, von Köfte und Salaten über süßes Gebäck bis hin zu Tee, heiß und kalt.

Ich wiederhole mich, wenn ich sage, dass man im Iran ständig und überall eingeladen und in Gespräche verwickelt wird, doch so ist es auch in Isfahan. Ehe ich mich versehe, sitze ich auf einer Decke zusammen mit Omid und seiner Familie. Ich probiere dies und jenes, spiele Fußball mit seinen kleinen Geschwistern und genieße den Abend. Dabei verstehe ich, was meine Schüler aus dem Iran, aber auch aus arabischen Ländern meinen, wenn sie sagen, sie würden die Draußenkultur vermissen. Die gibt es zwar auch im Sommer am Timmendorfer Strand, in St. Peter-Ording oder in den Parks der Stadt, aber eben nicht so und schon gar nicht so sichtbar, so offen und einladend. Und schon gar nicht mit dieser generationenübergreifenden Leidenschaft und solcher Liebe zum Detail. Das ist etwas, was das Leben in Deutschland grundsätzlich vom Leben hier unterscheidet. Einerseits mag es seine Vorteile haben, dass wir kein ganz so intensives Verhältnis zu unseren Eltern haben – das macht freier –, aber andererseits merke ich gerade in diesem Moment, während ich zusammen mit acht Menschen aus drei Generationen auf einer Decke sitze, wie viel uns durch die Distanz zu unseren Familien wiederum fehlt. Macht mehr Picknick, Leute, und ladet fremde Menschen einfach so auf eure Decken ein! Der Iran stimmt mich ganz romantisch! Meine eigenen Eltern werden beim Lesen dieser Zeilen wahrscheinlich ob ihres individualreisenden Sohns mit den Augen rollen. Sei's drum – lasst uns ein Picknick machen, wenn ich wieder zu Hause bin!

Die Guidebooks meiner Schüler führen mich weiter nordwärts. In Täbris mache ich nur einen kurzen Stopp und tue der Stadt damit wahrscheinlich unrecht, komme auf dem Weg zur Grenze aber vorbei am großartigen Urmiasee, der einen ähnlich hohen Salzgehalt aufweist wie das Tote Meer, weil er in den letzten Jahren – man muss wohl von einer Umweltkatastrophe sprechen – ein Vielfaches seiner Größe durch Trockenheit und versiegende Zuflüsse eingebüßt hat. Während ich in dem salzigen Wasser ohne Anstrengung auf dem Rücken treibe, bemerke ich durch meine abendländische Sonnenbrille eine Kuriosität, die mich aufschauen lässt: Frauen nehmen voll verschleiert ein Bad und haben dabei einen Heidenspaß. Nur mühsam gelingt es mir, den Impuls zu unterdrücken, sofort aus dem Wasser zu waten und ein Foto von der Szene zu machen. Dann fällt mir auf, dass das im Iran völlig normal ist und ich sicher noch weitere Gelegenheiten bekommen werde, dieses für mich so exotische Treiben fotografisch zu dokumentieren. Obwohl: Völlig normal ist das nun auch wieder nicht. Das wäre der Fall, wenn die Frau aus Frankreich, die in diesem Moment am Strand steht, in Ermangelung eines *Burkinis* einfach auf ihren *Bikini* zurückgreifen könnte, ohne Schwierigkeiten zu bekommen. Ach Iran, das musst du wirklich mal mit deinen Frauen besprechen!

Nach dem Bad geht es weiter nordwärts nach Jolfa, nach Alt-Jolfa sozusagen, das heute nicht mehr von Armeniern bewohnt wird, und von dort aus entlang des Aras-Flusses, der die Grenze zu Nachitschewan, einer autonomen Teilrepublik Aserbaidschans, und später zu Armenien markiert, auf beiden Seiten flankiert von hohen Bergen in Richtung Norduz, dem Grenzort.

Rasul, der Fahrer, ist lässig entspannt. Wir machen ausgiebige Teepausen am Ufer und lassen die biblische Landschaft auf uns wirken. Nicht weit weg, auf türkischem Territorium, liegt der Berg Ararat, auf dem Noah seine Arche anlandete. Das kann aber nicht der Grund dafür sein, weshalb im Laufe der Geschichte immer wieder Armeen, mal von Norden, mal von Süden kommend, den Fluss überquerten, um die Reiche ihrer Herren auszudehnen: Perser, Griechen, der Mazedonier Alexander der Große, Römer, Mongolen, Osmanen und später noch Russen, Engländer und Amerikaner – sie alle konnten sich nicht so recht über den Verlauf der Grenze einigen. Auch heute ist sie auf beiden Seiten schwer bewacht, ständig kommen wir an Wachtürmen vorbei, und es begegnet uns Militär. Dann erreichen wir Norduz.

Als ich den Iran verlasse, schon in dem Moment, als mir der Grenzbeamte den Abschiedsstempel in den Pass drückt, fühle ich mich seltsam leer. Ist da nicht noch viel mehr, das sich zu entdecken lohnt, viel mehr Fragen, die sich diesen kultivierten Menschen bei Tee und Gebäck stellen ließen? Mehr unterschiedliche Sichtweisen, Meinungen und Weltbilder, die mir bisher verborgen geblieben sind? Ich merke, wie einnehmend das Land ist mit all seinen Facetten und auch mit seinen Trugbildern, mit seiner Herzlichkeit, Gastfreundschaft und seinen Ritualen. Schon jetzt bin ich ihm ungemein dankbar, dass es mir all diese Einblicke gewährt hat, die mir noch lange zu denken geben werden und die meine Sicht auf die Dinge ganz sicher verändert haben. Oh Iran, ich bin überwältigt von dir und recht entzückt und werde wiederkommen, so Gott will.

Es ist echt merkwürdig. Ich meine wirklich, wirklich merkwürdig. Ich habe in den letzten Wochen allerlei unterschiedliche Leute getroffen, darunter Menschen, deren erklärtes Ziel es ist, alle Länder der Welt zu bereisen. Ich frage mich, wie soll man das alles begreifen, ja je verarbeiten können? Für mich sind seit meinem Abschied aus dem Iran keine fünf Minuten vergangen, nicht mal eine entspannte Zigarette war mir vergönnt und ein paar Momente des Innehaltens, als verschiedene armenische Fahrer mir am Grenzübergang zwischen Norduz (Iran) und Agarak (Armenien), den ich zu Fuß über eine Brücke überquert habe, lautstark ihre Dienste anbieten. Ich habe kein armenisches Geld, kenne mich nicht aus mit der Währung, kaum mit der Geografie, ich weiß nicht mal, wo genau ich eigentlich hinwill. Schlecht vorbereitet, könnte man sagen, aber der Iran hat mir bis zur letzten Sekunde alles abverlangt. Es ist kurz nach Mittag, aber ich fühle mich müde. Mein Bedürfnis nach kurzer Ruhe und Einkehr ist überwältigend – das macht mich zum leichten Opfer für geschäftstüchtige Hustler. Egal, wo auf der Welt.

Jetzt soll ich mich plötzlich entscheiden, an welchen Ort ich will. Ich muss mich sogar entscheiden, denn unmittelbar nördlich der Grenze gibt es kein Dorf, kein Haus, in dem ich übernachten könnte. Der Schülerreiseführer von Tigran beschäftigt sich nur mit den Highlights der Hauptstadt Jerewan. Er ist keine große Hilfe in der Provinz. Stattdessen schaue ich jetzt fahrig auf meine abgegriffene Karte, die ich irgendwo mitgenommen habe, und erblicke eine kleine Stadt namens Kapan, scheinbar nicht weit entfernt von hier. Auf einen Bus dahin könne ich lange warten, erklärt mir Artur umständlich mit Handzeichen, denn den gebe es nicht. Ich muss also mit einem von ihnen fahren und entscheide mich direkt für Artur. Das heißt, er entscheidet das für mich, weil er der Vehementeste ist und die anderen Fahrer und natürlich ich selbst ihm haushoch unterlegen sind. Mit seiner schwarzen Lederjacke, den kurzen, streng nach vorne gegelten Haaren und einem Haifischgrinsen bugsiert er mich in Richtung seines Autos. Leichte Beute hat der Iran da heute ausgespuckt, denkt er sich wohl und hat damit nicht ganz unrecht. Passiv lasse ich mich auf den Beifahrersitz seiner abgerockten Mercedes-E-Klasse aus den Neunzigern fallen. Artur gleitet hinter das Lenkrad, weist stolz auf den Stern in dessen Mitte und fragt: *»You Germania?«* Ich nicke.

Wir fahren los, und schon die erste Kurve wird dominiert von einer großen Werbetafel für Schnaps. Darauf liebkost eine halb nackte Frau leidenschaftlich eine Flasche Whiskey. Nicht viel weiter die Straße hoch folgt Werbung für ein Spielkasino und Sportwetten. Dann der erste Puff. Der Übergang vom puritanischen und sündenfreien Orient in den verdorbenen, christlichen Okzident kommt derart plötzlich, dass ich es kaum fassen kann – und ich war gerade mal 28 Tage im Iran und wohne auf St. Pauli, wo ich quasi täglich mit Verlassen des Hauses mit der Lasterhaftigkeit der Welt konfrontiert werde.

Dass sich mir mit dem Übertritt nach Armenien eine andere Welt eröffnen würde, wurde mir schon beim Warten an den Grenzstationen klar. Hüben huschte eine dunkel verschleierte Putzfrau unauffällig durch die Gänge des Passkontrollgebäudes, drüben, etwa hundert Meter weiter, blaffte mich ihre kräftige Berufsgenossin mit tiefem Dekolleté und zerschlissener Kittelschürze barsch an, doch gefälligst aus dem Weg zu gehen. Nur hundert Meter und doch eine ganze Welt. Paradox.

Artur scheint amüsiert. Wir können uns nicht unterhalten, er spricht kein Englisch, und ich kein Armenisch, die, so viel hatte mir ein Armenier in Teheran nebulös erklärt, schwerste Sprache der Welt. Wahrscheinlich ist unsere Unfähigkeit zu kommunizieren der Grund, weshalb Artur die Musik so unerträglich laut stellt. Er findet es wohl merkwürdig, schweigend nebeneinanderzusitzen. Ich eigentlich auch, aber wenn's nicht geht, geht's nicht. Daran ändert auch der Höllenlärm nichts, der aus den Boxen plärrt. Vielleicht kann mein Fahrer armenische Folklore aber auch nur und ausschließlich in irrsinniger Lautstärke genießen, wenn er dabei in halsbrecherischem Tempo die Serpentinen des südlichen Kaukasus hinaufrast. Zum Glück steigt nur ein paar Kilometer weiter jemand dazu: Davit, ein Soldat, der zum Wochenende nach Jerewan will und dorthin trampen muss. Er tut Dienst in Karabach, der Krisenregion an der Grenze zu Aserbaidschan, die direkt hinter dem Hügel östlich von uns beginnt.

Mit Davit beginnt für mich die Reise in das krisenerprobte Land Armenien, denn mit ihm kann ich ernsthaft kommunizieren. Er spricht Englisch und freut sich sichtlich über Unterhaltung. Diese gestaltet sich allerdings schwierig, der diabolisch grinsende Artur weigert sich vehement, die Lautstärke runterzudrehen. Es scheint tatsächlich so, als könnte er die Berge nur kettenrauchend bei lauter Musik aus scheppernden Boxen bezwingen. Nach der ersten Zigarette, die ich ihm angeboten habe, greift er jetzt regelmäßig einfach in meine Schachtel, die zwischen uns in der Mittelkonsole liegt, und stößt mich auffordernd knurrend an, wenn er Feuer braucht. Die Kippe zwischen den nikotingelben Zähnen.

Ergeben gehorche ich, er soll alles haben, was er braucht, um uns heil durch diese Berge zu bringen.

Nach vielen steilen Serpentinen und einigen gewagten Überholmanövern in engen Kurven erreichen wir schließlich, einem Tinnitus nahe, einen Rasthof in den Bergen. Pause und Tanken.

Das ist gut, Artur muss mal runterkommen. Er befüllt seinen Boliden mit Gas und beschwert sich dabei lautstark über die Erdölknappheit. Davit erklärt, dass der Rohstoff in Armenien kaum zu haben ist. Was für ein Pech – jenseits seiner Grenzen ist Armenien umgeben von fantastischem Ölreichtum. In Aserbaidschan nebenan sprudelt es nur so, die Hauptstadt Baku avanciert zu einem Dubai am Kaspischen Meer. Auf dieser Seite ist leider nichts zu holen. Deswegen wurden viele armenische Autos umgerüstet auf den Betrieb mit Erdgas aus Russland. Das muss wohl stimmen, an den Säulen kann man ausschließlich Gas zapfen.

In der Cafeteria der Raststätte sitzen wir drei an einem runden Tisch und halten uns an schwarzem Kaffee fest. Artur fängt an, mit seinem Handy rumzufummeln, und brummt Unverständliches. Irgendetwas brütet er aus. Mit einer abrupten Handbewegung bedeutet er uns, dass wir hier jetzt fertig sind. Wir müssen weiter.

Im Auto verzichten wir ab jetzt auf Musik. Artur telefoniert. Hektisch und bestimmt redet er auf jemanden am anderen Ende der Leitung ein. Ich verstehe kein Wort, hinter mir sitzt Davit und grinst. Plötzlich reicht Artur mir das Handy. Telefon? Für mich? Davit bestätigt. Artur will, dass ich mit seiner Freundin spreche. Sie kann Englisch. »Hello«, flötet jemand ins Telefon. »Hello«, antworte ich. Sehr charmant fragt die Freundin mich, ob ich nicht Lust hätte, mich mit ihr in Jerewan zu treffen, da wolle ich ja sicher auch noch hin. Sie wohne zwar nicht dort, sei aber öfter beruflich in der Stadt. »Ja, ja, sicher«, antworte ich, »warum nicht?« Dann will sie wissen, woher ich komme, was ich so mache und wie mir Armenien bisher gefallen hat.

Wir geraten zusehends ins Plaudern. Es entwickelt sich ein nettes Gespräch, fast schon ein bisschen vertraulich. Im Augenwinkel bemerke ich, wie Artur mich mustert, denke mir aber nichts dabei. Schließlich hat er mir das Gespräch aufgedrängt, und der Respekt verlangt es, dass ich freundlich zu seiner Freundin bin – auf was auch immer dieses Gespräch hinauslaufen soll. Dann fragt die freundliche Stimme am anderen Ende der Leitung nach meiner Telefonnummer. Sie werde sich dann in ein paar Tagen melden, wenn ich in der Hauptstadt angekommen sei. Als Artur merkt, dass ich im Begriff bin, seiner Freundin meine Nummer zu geben, reißt er mir plötzlich das Telefon vom Ohr. Sofort beginnt er, aggressiv in den Hörer zu schnauzen. Ich bin einigermaßen überrascht. Irgendwann legt er auf, schimpft aber weiter vor sich hin.

Ich bitte Davit, für mich zu übersetzen und Artur zu fragen, was plötzlich in ihn gefahren sei. Der reagiert nicht. Er regt sich weiter kolossal auf, brüllt rum und hüllt den eben noch recht harmonischen Innenraum des Benz in eisiges Schweigen. Nach einer Weile bitte ich Davit nochmals, Artur zu fragen, was los sei und ob ich etwas falsch gemacht hätte. Der übersetzt, aber Artur zischt nur grimmig vor sich hin. »Er hat Streit mit seiner Freundin«, klärt Davit mich irgendwann von hinten auf. Aha. Das war mir noch gar nicht aufgefallen.

Schweigend setzen wir unsere Fahrt fort. Die Musik bleibt aus, aber Artur rast immer noch wie ein Irrer. Scheinbar habe ich beim flüchtigen Blick auf die Karte an der Grenze die Entfernungen im Gebirge unterschätzt. Nicht nur die Entfernungen im Gebirge, ich habe den ganzen Kaukasus unterschätzt. Wir schrauben uns höher und höher. Diesmal treiben das Auto keine armenischen Beats, nein, jetzt ist es die Wut Arturs auf seine Freundin. Oder sogar auf mich? Er bedient sich weiterhin wie selbstverständlich an meinen Zigaretten und an den Süßigkeiten, die ich aus dem Iran mitgebracht habe. Soll er machen.

Vorsichtig beginne ich ein Gespräch mit Davit. Er ist zwanzig und in seinem zweiten Jahr bei der Armee. Der zweijährige Dienst an der Waffe ist in Armenien obligatorisch für jeden männlichen Bürger zwischen 18 und 27. Das wusste ich schon von meinem Schüler Tigran. Sich diesem Dienst zu entziehen ist sogar für im Ausland lebende Armenier schwierig – Tigrans Mutter, eine professionelle Musikerin, versucht, Mittel und Wege zu finden, um ihrem Sohn diese Zeit zu ersparen. Er selbst weiß noch nicht, wie er sich nach dem Abitur verhalten soll. Entzieht er sich, ist sein Heimatland für ihn tabu, bis er 27 ist. Ansonsten drohen hohe Strafen und Zwangseinzug. Armenien liegt ihm am Herzen – deshalb will er unter Umständen den Dienst antreten. Seine Mutter hingegen weiß, der Konflikt, den Armenien mit seinem Nachbarn Aserbaidschan ausficht, ist kein Spaß. Immer wieder flammen Kämpfe auf um die umstrittene Region Bergkarabach, die beide Länder zu ihrem Territorium zählen. Genau da kommt Davit gerade her. Dieser schmächtige, jungenhafte und freundliche Typ mit seinem sanften Lächeln in einer irgendwie zu groß und unpassend wirkenden Uniform in Tarnfarbe passt besser an eine Universität oder als Azubi in eine Buchhandlung als an die Front in einem Krieg.

Er bestätigt, was Tigrans Mutter ahnt. Immer wieder kommt es zu Kämpfen mit Toten und Verletzten auf beiden Seiten. *»Fuck Aserbaidschan!«*, ruft er plötzlich ins Auto. Diese Sprache passt gar nicht zu seiner sonst so ruhigen und besonnenen Art. Artur gibt ihm recht: *»Fuck Aserbaidschan!«*, ruft auch er. Dafür reicht sein Englisch dann doch.

Ich muss zugeben, dass ich zwar weiß, dass es zwischen beiden Ländern einen Konflikt gibt, worum es im Einzelnen geht, weiß ich aber nicht. Vordergründig könnte es Religion sein. Armenien ist stolz darauf, das weltweit erste Land gewesen zu sein, das sich bereits Anfang des vierten Jahrhunderts zum

Christentum bekannt hat. Aserbaidschan ist muslimisch. Was ich aber sicher weiß, ist, dass sich so einfach kein Krieg erklären lässt.

Davit hilft: Stalin ist schuld. Unter ihm waren die heutigen souveränen Staaten Armenien und Aserbaidschan Teilrepubliken im riesigen Sowjetreich. Beide Völker blieben ihrer regionalen Identität treu, lernten Russisch in der Schule, in den Kolchosen oder in den Betrieben, hörten aber nie auf, Armenier oder eben Aseris (Einwohner Aserbaidschans) zu sein. Davit sagt, historisch gehöre Bergkarabach zu Armenien. Auch zu kommunistischen Zeiten war der bergige, dünn besiedelte Streifen Land zunächst Teil der Sowjetrepublik Armenien, dann aber, in einem Anfall von Großzügigkeit, schenkte Genosse Stalin die Region den Aseris. In der UdSSR fiel das wohl nicht weiter auf, sagt Davit. Die Zentralregierung in Moskau bestimmte ohnehin, wo es langzugehen hatte. Dann kam das Ende des Riesenreiches, und mit ihm erwachte das nationale Bewusstsein der Teilrepubliken. Plötzlich waren Armenien und Aserbaidschan souveräne Staaten, die beide Ansprüche an die Region Bergkarabach anmeldeten. Davit fährt fort: Armenien will das Land zurück, und auch die Menschen, die dort leben, sind mehrheitlich Armenier, die es hassen, nun Aseris sein zu müssen. Alle wollen den vorstalinistischen Zustand zurück. Auf jeden Fall auf dieser Seite der Grenze – offenbar sieht man das in Aserbaidschan anders. »*Fuck it*«, sage ich hilflos. Ganz schön opportunistisch. Einerseits bringe ich damit meine Missbilligung gegenüber Aserbaidschan zum Ausdruck und mache mich in dem alten Benz beliebt, andererseits ist die Formulierung völlig neutral, und ich schlage mich damit nicht explizit auf eine Seite. Aber: Was weiß ich schon? Über diesen Konflikt sicher nichts, was annähernd ausreicht, um die Lage zu beurteilen. Meine Oma hat immer gesagt, im Krieg lügen alle Beteiligten. Da hat jeder seine eigene Wahrheit. *»Fuck war!«*, füge ich hinzu. Davit nickt zustimmend.[3]

Lange nicht auf die Straße geachtet. Artur rast immer noch wie ein Berserker die Berge hoch, guckt dabei grimmig und raucht Unmengen von meinen Zigaretten. Wir sind mittlerweile sehr weit oben. Die Szenerie hat sich von dichtem Wald in eine schroffe Gebirgslandschaft verwandelt. Am Straßenrand sehe ich nur noch Felsen, bewachsen von Moosen und ein paar Sträuchern. Meine Ohren knacken. Noch dazu ist es nebelig, und es regnet leicht. Kaum zu glauben, dieser Kontrast. Noch vor einigen Stunden bin ich entlang des Flusses Aras durch karge, trockene Wüstenlandschaft gefahren, habe während der Pausen Tee getrunken, nette Gespräche geführt und war eins mit mir und meiner Umwelt bei 28 Grad Celsius. Jetzt sitze ich auf dem Beifahrersitz eines irgendwie sympathischen und dennoch ziemlich wahnsinnig wirkenden Fahrers, friere bei offenem

---

3 Diese Darstellung des Konflikts zwischen den beiden Ländern ist sehr vereinfacht: Er ist jahrhundertealt, es ging (und geht) um Christen und Muslime, besonders aber um Land. Beteiligt waren im Laufe der Zeit Russen, Perser, Osmanen, Briten, Armenier und Aseris. Als im frühen 20. Jahrhundert viele Armenier vor Tod und Vertreibung im Osmanischen Reich in die Region Bergkarabach flohen, kam es erneut zu blutigen Konflikten um Siedlungsraum. 1920 verfügte Stalin, damals schon einflussreicher Entscheider in der KPdSU, einfach per Federstrich, dass Armenien ab sofort auf die Region verzichten müsse. Beide Staaten wurden Republiken der entstehenden Sowjetunion, Konflikte an ihren Rändern wurden nicht geduldet. Die Unzufriedenheit über die Entscheidung überdauerte die folgenden Jahrzehnte und brach sich Bahn nach dem Zerfall der Sowjetunion. Das mehrheitlich von Armeniern bewohnte Bergkarabach erklärte sich für unabhängig, unterstützt von Armenien. Aserbaidschan beansprucht es weiterhin für sich. Seither schwelt der Konflikt. Oft gibt es kleinere Scharmützel, und regelmäßig kommt es zu offenen Kämpfen. Zuletzt im Frühjahr 2016 mit Dutzenden Toten auf beiden Seiten – nur wenige Monate vor meiner Begegnung mit Davit.

Fenster und sehe immer wieder Gevatter Tod vom Fahrbahnrand zu mir herüberwinken. Ab und zu kommen uns überbreite Laster aus kommunistischen Zeiten entgegen, denen Artur gekonnt ausweicht mit einer halben Reifenbreite über dem Hunderte Meter tiefen Abgrund, der bedrohlich neben uns klafft.

Plötzlich klingelt Arturs Telefon. Er nimmt ab und bellt sofort los. Eine minutenlange Schimpftirade geht auf die Person am anderen Ende der Leitung nieder. Wahrscheinlich seine Freundin. Ich starre stur geradeaus aus dem Fenster, selbst der kampferprobte Davit versinkt in der Rückbank. Artur telefoniert mit der einen Hand, raucht mit der anderen und lenkt den Benz mit dem Knie die Berge empor. Ich bereite mich darauf vor, ins Lenkrad zu greifen, falls hinter der nächsten Kurve wieder ein Sowjetlaster lauert. Der Motor röhrt, Artur schimpft, motzt und pöbelt, und Davit und ich haben Angst. Angst vor Lastern, dem Abgrund und der unberechenbaren Impulsivität unseres Fahrers. Wem um Gottes willen muss er etwas beweisen? Seiner Freundin? Davit? Sich selbst? Wohl eher mir, der aus Mercedesland kommt und den seine Freundin nach seiner Nummer gefragt hat. Ich will beruhigend auf ihn einwirken. Allein: Es gelingt mir nicht. Nervös stößt er mich an und deutet auf die Schachtel Zigaretten zwischen uns. Sie ist leer, er will mehr. Zum Glück finde ich in meinem Rucksack zu meinen Füßen ein weiteres Päckchen. Artur reißt es hektisch auf und steckt sich einen Glimmstängel ins Gesicht. Ich brauche auch eine, anders halte ich das nicht aus. Wie weit ist es denn noch bis Kapan, verdammt noch mal?

Mittlerweile ist es spätnachmittags, eine gefühlte Ewigkeit brettern wir nun schon durch diese bergige Einöde. Draußen wird es immer nebliger, und es ist kalt. »Kapan 15 Kilometer«, erkenne ich endlich durch dichten Nebel in lateinischen Buchstaben auf einem Schild. Endlich! Als Artur nach einer Ewigkeit sein entsetzliches Telefonat beendet, kann ich meine Rückspiegelunterhaltung mit Davit fortsetzen. Es ist Freitag, und er sagt, er freue sich auf ein Wochenende bei seinen Eltern und eine Feier mit Freunden in der Nähe Jerewans. Auf gutes Essen von Mama und ein paar Bier später am Abend. Ich freue mich auch schon wieder auf ein Essen bei Mama. Artur und sein Fahrstil machen mir Heimweh. Montag muss Davit wieder zurück in die Krisenregion Bergkarabach. Ich frage mich, ob die armenische Armee nicht wenigstens dafür sorgen kann, dass ihre Soldaten nicht auf der Straße sterben, als Davit sagt, er werde sich wohl wieder selbstständig um seine Anreise kümmern müssen. Nicht mal ein Bustransfer mit einem Fahrer ohne private Probleme zur Kaserne an der Front ist drin?

Nach kurzer Zeit bergab erreichen wir erste Ausläufer Kapans. Sie sehen aus wie Relikte aus längst vergangenen Sowjetzeiten. Sich eng an die Hänge schmiegende graue und vielstöckige Plattenbauten, oberirdische, taubenblaue und unverhältnismäßig dicke Versorgungsleitungen, rechtwinklige Kreuzungen. Insgesamt alles sehr eckig. Mir fällt ein, dass ich keinen einzigen Dram in der Tasche habe, um Artur für seine Dienstleistung zu bezahlen. Ich muss also zu einer Bank, um die Euros, die ich in der Tasche habe, zu tauschen oder um Bargeld mit meiner Kreditkarte abzuheben. Das ist hier ja wieder möglich, Armenien ist schließlich nicht wie der Iran vom internationalen Zahlungsverkehr abgeschnitten.

Davit übersetzt mein Anliegen für mich, und Artur steuert zielstrebig eine Bank an.

»Alles klar«, sage ich, »ich geh schnell rein und bin gleich wieder da«, als Artur den Benz vor der Filiale zum Stehen bringt. Er steigt auch aus und macht Anstalten mitzukommen. Warum, will ich von Davit wissen. »Er sagt, du wirst ihn brauchen«, erwidert dieser. Also gut, soll er doch.

In der Bank herrscht geschäftiges Treiben. Ich habe beschlossen, Bargeld zu tauschen, weil ich keine Ahnung habe, wie der Dram zum Euro steht. An einem Automaten würde ich aus Unwissenheit zu viel oder zu wenig Geld abheben. Also steuere ich direkt auf die Schlange hinter einem Schalter zu, als Artur mich an der Schulter packt. Was will er denn? Erst als er auf einen Nummernautomaten deutet, verstehe ich: Alle Kunden müssen zuerst eine Nummer ziehen und werden dann aufgerufen. Weshalb da dann eine Schlange vor dem Schalter steht, erschließt sich mir nicht. Artur erledigt das Nummerziehen für mich. Er hält einen Zettel in der Hand und bedeutet mir, mich auf einen der Stühle im Foyer der Bank zu setzen. Er setzt sich neben mich. Alle anderen starren uns an. Offenbar geben wir ein merkwürdiges Paar ab. Unwohl fühle ich mich aber nicht. Wir können uns nicht unterhalten, hatten diese merkwürdige Situation mit seiner Freundin im Auto und haben mehrfach dem Sensenmann durch die Windschutzscheibe in die Augen gestarrt. Irgendwie ist dabei eine seltsame Vertrautheit entstanden. Ich habe jetzt vielmehr das Gefühl, dass Artur im Grunde seines Herzens ein guter Typ ist. Er ist ganz aufgeregt und erklärt allen anderen ungefragt, was es mit uns auf sich hat. »Mmmmh, ahhh, oohooo!«, höre ich von allen Seiten und sehe verständnisvolles Nicken von alten Frauen und Männern, die entweder ihr Erspartes zur Bank bringen oder es von dort abholen wollen. Artur haut mir auf die Schulter und sieht stolz dabei aus. Gerne würde ich etwas dazu sagen. Leider fehlen mir die armenischen Worte. Nur *Sdrawstwujte* kann ich sagen und bin mir nicht sicher, ob ein russisches *Hallo* nicht dem einen oder anderen sauer aufstößt. Ich glaube nicht, die allgemeine Reaktion ist anerkennend freundlich.

Endlich bin ich dran. Artur zeigt aufgeregt auf die Nummer, die auf einem kleinen Monitor an der Decke angezeigt wird, und zieht an meinem Ärmel. Moment mal, denke ich, was will er denn jetzt? Mitkommen? Ja. Er kommt mit zum Schalter. Glücklicherweise spricht die Dame, über deren Kopf meine Nummer prangt, Englisch. »How can I help you?«, sagt sie. Ich nenne ihr mein Anliegen, während ich mich frage, wie es in armenischen Banken um die Diskretion bestellt sein mag. Artur ficht diese Frage offenbar nicht an. Er lungert direkt hinter mir rum, lauscht ungeniert und guckt mir über die Schulter. Die Bankangestellte schaut ihn unruhig an, als sie meine Euros entgegennimmt. Ich beruhige sie. Ich habe mich mittlerweile so an ihn gewöhnt, dass ich hemmungslos meine Barschaft zücke und ihr über den Tresen schiebe. Ist ohnehin nicht mehr der Rede wert, und die Hälfte gehört ihm sowieso für seine fahrerische Dienstleistung. Die Bankangestellte schiebt mir ein stattliches Bündel Dram zu, ich verstaue es in meinen Taschen, und gemeinsam mit Artur verlasse ich die Bank. Draußen auf dem Parkplatz wartet Davit und winkt, als wir auf ihn zukommen. Er wirkt fast so, als hätte er Schmiere gestanden, während Artur und ich den Laden überfallen haben. Es ist jetzt kurz nach 17 Uhr. Zu Artur ins Auto gestiegen bin ich gegen Mittag. Dazwischen hat sich allerlei Merkwürdiges zugetragen, und trotzdem oder gerade deshalb fühle ich mich den beiden verbunden.

Wo ich denn zu schlafen gedenke, will Davit plötzlich wissen, als wir neben dem Auto stehen und uns verlegen angucken. Gute Frage. Ich habe keine Ahnung. »Irgendwo werde ich schon was Nettes finden«, antworte ich souverän. Davit übersetzt für Artur. Der sagt sinngemäß, dass das hier alles scheiße sei und er mich doch mitnehmen könne nach Jerewan. Das seien nur noch ein paar Stunden. In Kapan könne man eh nichts machen. Ich schaue mich um, sehe nicht viel, außer Rechtecke aus Beton, grauen Himmel und auch sonst kaum Farbe. Hinter den Plattenbauten ragen steil die Berge auf, die bei schönem Wetter bestimmt eine Wanderung wert sind. Trotzdem entscheide ich kurzerhand, meiner Fahrgemeinschaft treu zu bleiben. Die Stimmung löst sich, alle scheinen erleichtert. An diesem Tag verbindet uns ein unsichtbares Band: Davit, den Soldaten, Artur, den Helldriver, und mich, den Fremden aus Mercedesland. Bevor es losgeht, besorge ich noch Zigaretten im Kiosk nebenan. Artur kommt mit, glotzt mir über die Schulter und sucht die Sorte aus. Das ist okay, schließlich wird er auch die meisten davon rauchen.

Von Kapan nordostwärts erklimmen wir noch ein paar Berge, dann geht es nur noch bergab. Serpentinen abwärts sind nicht minder gefährlich, Artur scheint das egal zu sein. Hochtourig ballert er sein gasbetriebenes Vehikel jetzt talwärts und nestelt dabei plötzlich wieder an seinem Telefon rum. Offenbar scrollt er seine Kontakte durch, findet eine Nummer, ruft an und pöbelt los, als jemand abhebt. Das muss wieder seine Freundin sein. Oh nein, geht das schon wieder los? Auch Davit rollt auf der Rückbank mit den Augen. Die Hasspredigt dauert wieder mehrere Minuten. Vielleicht hätte ich in Kapan bleiben sollen. Ich vermute, und bis heute bleibt es bei einer Vermutung, dass sowohl Artur als auch seine Freundin sich irgendeinen Vorteil von ihrer Bekanntschaft mit einem Ausländer aus Deutschland erhofften. Am Telefon wollte die Freundin sich den direkten Draht zu mir ergaunern, um mich in Jerewan zu treffen. Artur wusste das zu verhindern. Aber er ist deshalb noch immer sauer. Davit gibt mir auf dem nächsten Rastplatz recht. Das heißt, er äußert sich nicht wirklich, er nickt nur, als ich ihm meine Theorie offenbare. Warum? Leute aus Mercedesland haben Geld, und es ist auch sonst sehr vorteilhaft, wenn man sie kennt, ist wohl die simple und für mich enttäuschende Antwort. Ich behaupte allerdings, dass Artur nicht mehr nur den Geldadeligen in mir sieht, der ich ohnehin nicht bin, sondern auch einen netten Fremden, dem er gern die beste Seite seines Landes zeigen möchte. Dass ich einen für armenische Verhältnisse exorbitant hohen Preis für die Fahrt von der iranischen Grenze bis in die Hauptstadt zahle – geschenkt. Das ist mein Beitrag zur Entwicklung des arturschen Fahrgeschäfts. Er braucht dringend neue Keilriemen. Seine quietschen immer lauter.

Zur Abendbrotzeit halten wir an einem Rasthof an einer bergigen Passstraße. Artur drapiert Davit und mich an einen Tisch, verschwindet hinter dem Tresen aus dunklem Holz in der auch sonst sehr düster gehaltenen Gaststube und kehrt ein paar Minuten später zurück mit einer freundlichen Bedienung. Vollmundig bestellt er bei der netten Dame irgendetwas, was ich nicht verstehe. Dabei hat er einen gönnerhaften und zufriedenen Gesichtsausdruck. Kurz darauf kommt die Kellnerin zurück mit drei großen Bier, die sie vor uns abstellt. Oha, Bier! Ich komme aus dem Iran. Da habe ich wochenlang alkoholabstinent gelebt und Tee mit Rosenblütengeschmack getrunken. Artur lacht verächtlich. Ist ja schon gut, ich war vorher kein Kostverächter, und die paar Wochen Scharia haben keinen aus mir gemacht. Prost! Schmeckt lecker, das armenische Bier. Davit lacht. »Das finden viele Iraner auch«, sagt er. »Die kommen hierher, um zu saufen.«

»Und um zu spielen und in Puffs zu gehen«, erkläre ich die Werbetafeln hinter der Grenze.

»So sieht's aus«, stimmt er zu.

Dann kommt das Essen. Kleine Frikadellen auf Spießen mit Bratkartoffeln und einem Salat. Wir könnten auch in einem Gasthof in Norddeutschland sitzen: schwere, dunkle Möbel, große Humpen schweren Biers und dazu ein noch schwereres Tellergericht. Iran kommt mir in der nur Stunden alten Rückschau trotz seiner zum Teil menschenverachtenden Regeln federleicht vor. Das Essen, die Kultiviertheit, der Tee, die inspirierenden Gespräche. Ich vermisse es. Aber nur, bis ich in Arturs zufriedenes Gesicht blicke. Er ist stolz auf das, was er uns hier bietet, und das rührt mich zutiefst. Darauf noch ein Bier. Für ihn nur ein kleines. Besoffen fahren geht auch in Armenien nicht. Die Rechnung zahlt er höchstselbst aus eigener Tasche. Es ist schwer zu beschreiben, aber ich fühle mich regelrecht überwältigt von der Harmonie, die jetzt zwischen uns herrscht. Kein Telefongespräch, keine steile Kurve, kein finsterer Blick stört an diesem Tisch unsere zufriedene Eintracht.

Es geht weiter nach Norden. Es ist jetzt fast dunkel, und Artur heizt die Berge hinunter. Er muss das nicht tun, es ist egal, ob wir um 23 Uhr abends oder um zwei Uhr nachts die Stadt erreichen, will ich ihm sagen, weiß aber, dass es sinnlos wäre, selbst wenn ich es könnte. Seine Antwort kann ich mir vorstellen: »Ich habe diesen Benz. Den habe ich nicht, um damit langsam zu fahren.« Trotz des Tempos zieht sich die Fahrt. Armenien sieht zwar auf der Karte nicht sehr groß aus, würde man jedoch seine Berge mit einem gigantischen Nudelholz ausrollen, käme es wohl auf eine beachtliche Fläche, fantasiere ich mir zurecht. So langsam wird die Straße breiter, der Verkehr dichter, und vor uns können wir die Ebene erahnen, in der Jerewan liegt. Im Norden wird die Schwärze der Nacht bereits durch den hellen Lichtschein der großen Stadt durchbrochen. Im Westen kann man noch die Silhouette des biblischen Bergs Ararat erahnen. Er befindet sich unmittelbar südlich Jerewans, allerdings, wie bereits erwähnt, auf türkischem Territorium. Damit ist er für die meisten Armenier unerreichbar. Sie verehren den Berg, können aber nicht hin, weil die Türkei sich weigert, den Völkermord an den Armeniern in den Jahren 1915/16 anzuerkennen. Armenien und der Rest der Welt bestehen darauf, die Türkei sperrt sich.[4] Eine

---

4 Ein paar Tage später kam ich zufällig mit einem Politologen in einer Kneipe in Jerewan ins Gespräch. Er sei wirklich Politologe, wurde er nicht

so fundamentale Meinungsverschiedenheit bedeutet Schließung der Grenzen. »*Fuck Turkey, fuck Erdoğan*«, sagt Davit. Artur nickt mit dem Kopf. Armenien scheint umzingelt von Staaten, die ihm nicht wohlgesinnt sind. Davit preist den Umgang der Deutschen mit ihrer Geschichte. Wir hätten sie akzeptiert, Verantwortung dafür übernommen und jetzt sogar ein gutes Verhältnis zu Israel, sagt er anerkennend. Das wünsche er sich auch mit der Türkei. Allein: Er glaubt nicht dran. Das Gegenteil sei der Fall. Die Türkei unterstütze Aserbaidschan auch noch im Krieg gegen Armenien, schimpft er. Ich verstehe erst so langsam die Tragweite des Konfliktes. Hinter mir sitzt ein zwanzigjähriger Bursche in Militäruniform auf dem Weg von der Front eines Krieges, der in der Zukunft ohne Weiteres in einen multinationalen Konflikt münden könnte.

Die holprige Straße ist nun endgültig zur Autobahn geworden, und wir fädeln uns ein in einen Strom aus roten Rücklichtern. Ich möchte ins Zentrum, versuche ich, Artur zu verstehen zu geben. Ich hatte mir schon im Iran eine Adresse für eine Unterkunft in Jerewan geben lassen. Was die Hauptstadt angeht, bin ich also nicht komplett aufgeschmissen. Davit übersetzt,

---

müde zu betonen, und nicht jemand, der nur am Tresen ungefragt seine Thesen zum Besten gebe. Ich fand ihn dabei sehr glaubwürdig. Er sagte, dass die türkische Regierung sehr wohl wisse, dass es sich um einen Genozid gehandelt habe. Anerkennen könnte sie den Begriff aber nicht, weil das einherginge mit Forderungen nach Reparationszahlungen von armenischer Seite und, schlimmer noch, Rufen nach Zurückgabe von Land und Kulturstätten besonders in der Osttürkei in der Region um die Stadt Van. Der Aufarbeitung stehen also finanzielle Interessen entgegen. Das sei auch der Grund für die (künstliche) Empörung über die Armenienresolution des deutschen Bundestages, die erst wenige Monate zuvor im Juni 2016 verabschiedet und in Armenien sehr wohlwollend zur Kenntnis genommen wurde. Die heutige Türkei schüre lieber Nationalismus aus Selbstschutz. Der komme deutlich günstiger als eine Aufarbeitung der Geschehnisse von 1915/16, sagte mein Gesprächspartner.

aber Artur reagiert nicht. Na ja, denke ich, wo sonst würde er hinfahren, wenn nicht ins Zentrum? Doch weit vor den Toren der Stadt biegt er plötzlich ab. Artur macht jetzt einen irgendwie verunsicherten Eindruck. Fast so, als wüsste er selbst nicht, wohin er eigentlich will. Wir fahren viele verschiedene Straßen ab, Artur, nun langsam und umsichtig lenkend, blickt suchend aus dem Fenster. Plötzlich stößt er einen Freudenschrei aus und zeigt mit dem Finger auf ein Gebäude.

Wir biegen in den schäbigen Innenhof ein. »*Hotel! For you!*«, ruft er freudig. Der Eingang wird beleuchtet von roten und relativ eindeutigen Neonreklametafeln. Ein Puff mit angegliedertem Hotel. Aus der Tür tritt eine kleine, runde Frau im nur halb geschlossenen Bademantel mit einer Zigarette in der Hand. Sie ist irgendwo zwischen vierzig und fünfzig und hat riesige Brüste, die sie immer wieder nachlässig mit ihrem gestreiften Frotteetextil zu bedecken versucht. Artur steigt aus und erklärt ihr offenbar, dass er einen Hotelgast anliefere. Er strahlt. Ich steige aus und bitte Davit, zu übersetzen, dass ich durchaus weiß, wo ich hinwill: ins Zentrum. Schließlich habe ich kein Auto und will nicht stundenlang mit dem Bus in die Stadt fahren müssen, um mir die Sehenswürdigkeiten anzuschauen, erkläre ich umständlich. Gleichzeitig preise ich die Vorzüge seines Vorschlags. Ist bestimmt ganz interessant hier, trotzdem steht meine Entscheidung.

Artur schaut mich an, als hätte ich den Verstand verloren. Da bringt er mich direkt vor die Tür dieses in seinen Augen einzigartigen Ladens, das Aushängeschild seines Landes, und ich lehne ab? Irgendwann lenkt er ein. Resigniert schlurft er zur Fahrertür und weist Davit an einzusteigen. Die Puffmutter sagt währenddessen kein Wort, sie starrt uns nur ungläubig an, schnippt ihre Kippe auf den Parkplatz, zupft ihren Bademantel zurecht und verschwindet anschließend wieder im Innern ihres

Hotels, als wir erneut die Türen des alten Benz schließen und den Parkplatz verlassen.

Wir fahren weiter in Richtung große Stadt. Das heißt, wir versuchen es. Mit jedem Kilometer, den wir zurücklegen, wird Artur unsicherer. Die Millionenmetropole Jerewan scheint ihm Angst zu machen. Plötzlich wirkt er orientierungslos. Panisch wechselt er die Spuren, weiß nicht, ob er sich links, rechts oder in der Mitte einreihen soll. Auch Davit weiß nicht, wohin. Für ihn ist dieser Ausflug ins Zentrum Jerewans eine Extratour. Verblüfft höre ich ihn sagen, dass er eigentlich schon lange hätte aussteigen müssen, es aber nicht getan habe, weil er sehen wolle, wo ich schlussendlich lande.

Ich zücke mein Handy und rufe den Stadtplan von Jerewan auf. Doch Artur will davon nichts wissen. Es wäre ja noch schöner, wenn ein Fahrgast ihm den Weg weisen müsste. Lieber flucht er vor sich hin und macht hektische Handbewegungen in alle möglichen Richtungen. Schweißperlen bilden sich auf seiner Stirn. Es ist ganz offensichtlich, dass er kein Mann der Großstadt ist. Er ist ein Mann des Kaukasus, der Grenzregionen, der Wildnis und der Freiheit. Der auf den Passstraßen so souveräne Artur verhält sich plötzlich wie ein gehetztes Tier.

Für mich sehen die Straßen eigentlich recht übersichtlich aus. Die größte von ihnen führt schnurgerade in das Zentrum der Stadt. Viel Verkehr zwar, aber eindeutig. Denke ich zumindest. Vielleicht ist auch alles ganz anders. Denn Artur bleibt skeptisch. Immer wieder biegt er in Seitenstraßen ab, nur um dann murrend wieder umzudrehen. Was ist denn bloß los? Ich biete an, an Ort und Stelle auszusteigen und mir ein Taxi zu nehmen, das mich ans Ziel bringt. Auch dieser Vorschlag wird abgelehnt, er käme wohl ebenso wie die Nutzung des Stadtplans einer Demütigung gleich. Trotzdem – die Verwandlung Arturs ist nicht zu übersehen. Ich vermute jetzt, dass sein Versuch, mich in einem ihm scheinbar bekannten Puff abzuladen, ihn nur vor einer Fahrt in die Innenstadt bewahren sollte. An der Eingangstür zum Bordell endet sein Jerewan. Weiter ist er noch nie vorgedrungen.

Je weiter wir fahren, desto offensichtlicher wird, dass wir nun ein ganz anderes Armenien erreichen. Die stuckverzierten Fassaden sind weiß getüncht und in passives Licht getaucht. Ganz anders in den Orten, die wir heute durchfuhren. Dort war alles grau, eckig, bröckelig. Im Zentrum sind die Straßen keine schlaglochübersäten Pisten mehr, nein, es sind plötzlich von Bäumen gesäumte Alleen. Auf den großzügigen Bürgersteigen sehe ich adrett gekleidete Flaneure vor Schaufenstern; die Autos, die mit uns vor den Ampeln warten, sind neu, und ihr Lack glänzt im Schein der Lichter. Ganz anders Arturs dröhnendes Relikt aus Wendezeiten. Er repräsentiert ein anderes Armenien. Eins, dessen Realität, so viel ist mir jetzt schon klar, kaum etwas zu tun hat mit dem Bild, das sich in Jerewans Zentrum bietet. Adressat dieses schönen Scheins bin ich, der Tourist, und nicht Artur, der Fahrer, und auch nicht Davit, der Soldat. Deshalb fühle ich mich willkommen, die anderen nicht. Aber sie wollten es ja so.

Nach einer Weile erreichen wir einen zentralen Platz. Hier befinden sich die Oper und andere bedeutende Gebäude. Auch einige Hotels. Artur lenkt den schweren Benz erschöpft in eine Parklücke. Wir sind da. Die Adresse, die ich mir im Iran aufgeschrieben hatte, liegt nur wenige Gehminuten von hier entfernt, wie mein Smartphone mir freudig mitteilt. Es handelt sich um ein billiges Hostel und keineswegs um eines der großen Hotels, wie Artur scheinbar annimmt. Ich frage mich, was für einen Eindruck ich bei den beiden erweckt habe. Denken sie, ich sei mir zu fein für einen armenischen Puff? Glauben sie, ich würde mich für viel Geld in eine dieser Luxusherbergen einmieten? Ich versuche, das Konzept von Hostels zu erklären, in denen Reisende wie ich gewöhnlich absteigen, befürchte aber, dass die beiden mich nicht wirklich verstehen. Zu dritt stehen wir auf dem Bürgersteig herum, betrachten staunend die Umgebung und stellen fest, dass wir am Ende unserer gemeinsamen Reise angekommen sind. Es ist Zeit, Abschied zu nehmen. Artur hat nicht vergessen, dass ich ein gutes Geschäft bin. Er lässt über Davit ausrichten, dass ich, wenn ich in den nächsten Tagen einen Fahrer bräuchte, doch bitte ihn anrufen soll. Das werde ich tun, verspreche ich. Die Nummer seiner Freundin habe ich ja leider nicht, scherze ich. Artur guckt säuerlich, aber milde. Dann umarmen wir uns herzlich und klopfen uns auf die Schultern. Auch von Davit gibt es eine emotionale Umarmung. Plötzlich habe ich das Gefühl, die beiden schon mein halbes Leben zu kennen. Das ist umso merkwürdiger, weil ich mit Artur im Grunde kein einziges Wort gewechselt habe. Trotzdem: Die Stunden im engen Auto, ungezählte Zigaretten und ein gemeinsames Abendessen haben uns zusammengeschweißt. Ich bin mir sicher, dass meine Gefährten in diesem Moment ähnlich gefühlsduselig sind. Gerührt schultere ich mein Gepäck und gehe los bis zur ersten Kreuzung. Hier drehe ich mich um und sehe, wie Artur seinen schweren Benz rückwärts aus der Parklücke bugsiert, hupt und in die entgegengesetzte Richtung davonfährt. Ich spüre seine Erleichterung: weg von den blendenden Lichtern, dem irreführenden Schein und dem unechten Glanz, denen ich mich nun hingebe, zurück ins raue, bröckelige und kämpfende Armenien mit seinen steilen Hängen und schroffen Felsen. Irgendwie melancholisch – das Grundgefühl Armeniens, wie ich bald feststelle.

Nach ein paar Tagen Erholung von diesem unglaublichen Roadtrip bin ich soweit, mich der Hauptstadt zu öffnen. Ich finde Vako. Er bietet gegen eine kleine Spende Stadtspaziergänge in Jerewan an. Gemeinsam mit ihm können Interessierte mehr erfahren über die Stadt und das gesamte Land. Heute sind wir zu viert. Ein Pärchen aus Russland, eine österreichische Weltenbummlerin und ich. Vako weiß viel zu erzählen – besonders von der armenischen Diaspora, von der Sehnsucht nach der Welt und auch vom Heimweh. Er selbst hat diese Stadien durchlaufen, hat seinem Land den Rücken gekehrt, um Geld zu verdienen in Katar, ist mit Ende dreißig aus Heimweh zurückgekehrt, um als Künstler zu arbeiten und zu Hause zu sein. Er scheint noch immer hin- und hergerissen. Auf der einen Seite das kosmopolitische, unfassbar reiche Katar, auf der anderen Seite das kleine Armenien, das, wie er sagt, ein unbedeutendes Dasein unbemerkt vom Rest der Welt friste.

Sein Talent stelle Armenien anderen Ländern zur Verfügung, bedauert Vako. Das sei schon in vergangenen Jahrhunderten der Fall gewesen. So haben ja Armenier die persische Stadt Isfahan mit ihrer legendären Kunstfertigkeit erst zur besagten *Hälfte der Welt* gemacht, auf die die Iraner stolz verweisen.

Auch heute beglücken armenische Exilanten die Welt mit ihren Fähigkeiten. Stolz zählt Vako auf: den Chansonier Charles Aznavour, den Tennisspieler André Agassi, den Fußballspieler Henrikh Mkhitaryan und Cherilyn Sarkisian aka Cher. Auf Skandalnudel Kim Kardashian ist er nicht besonders stolz, wohl aber auf ihren Rappergatten Kanye West, der im ganzen Land Legendenstatus genießt, weil er vor ein paar Jahren während eines Familienbesuchs ein Freikonzert in Jerewan gab. Ähnlicher Ehrerbietung erfreuen sich nur System of a Down, in Kalifornien gestrandete Söhne Armeniens und von dort in den Metal-Olymp aufgestiegen.

Das sei nur eine kleine Auswahl Armenier, die ihrer Heimat den Rücken gekehrt hätten. Auf zehn Millionen Auslandsarmenier, verstreut in aller Welt, kämen nur knapp drei Millionen Daheimgebliebene, erklärt Vako. Dabei schaut er melancholisch in die Ferne, während seine schulterlangen schwarzen Haare, in die sich erste graue Strähnen mischen, im Wind wehen. In der neueren Geschichte hat die massenhafte Abwanderung zu tun mit dem von den Türken verübten Genozid und, nach dem Zusammenbruch der Sowjetunion, mit den schlechten Lebensbedingungen im Land. Die Menschen wandern bis heute in die USA aus, nach Russland und Europa. Auch in Australien gebe es eine beachtliche armenische Gemeinde, erfahren wir auf dem Spaziergang.

Als er so über die Ereignisse doziert, schwingen Einsamkeit und Traurigkeit über den Exodus von Talent in Vakos Stimme mit. Als eine der ältesten Kulturnationen der Welt habe Armenien dieses Schicksal nicht verdient. Was für ein kreatives Potenzial das Land besitze und wie schade es sei, dass diese Schaffenskraft nicht dem eigenen Land zugutekomme. Ich erzähle meine Geschichte und erwähne den cleveren Schüler Tigran, der irgendwann in Deutschland studieren und arbeiten wird. Genauso laufe das, sagt Vako, das Talent komme nicht zurück.

Ich kann mir vorstellen, dass das ein Gefühl von Unzulänglichkeit bei vielen Armeniern hervorruft. Allein schon weil, wie Vako sagt, die heimische Wirtschaft stark vom Geld der Auslandsarmenier abhängt. Wir stehen in einem kleinen, geometrisch angelegten Park mit Blumenbeeten und englischem Rasen. Auf den Bänken sitzen knutschende Pärchen und Zeitung lesende Alte, hinter ihnen erheben sich gigantische Kaskaden

aus Beton. Darin: das *Cafesjian Center for the Arts*. Cafesjian war
ein Exilarmenier in den USA. Dort hat er Karriere gemacht und
ist steinreich geworden. Nach dem Ende des Kommunismus
begann er dann, im ganzen Land zu investieren. Er steckte sein
Geld in Fernsehsender, in Immobilien und den Energiesektor.
Mit der Kunst konnte er über die Sowjetrussen triumphieren,
die die gewaltige Betonkaskade im Zentrum der Stadt errichtet
hatten, den Bau aber nicht vollendeten.

Heute können Besucher auf den Stufen sitzen, picknicken
und dabei ihren Blick über die Stadt bis hin zum Berg Ararat
schweifen lassen. Im Innern kann man Ausstellungen besuchen
und mit der Rolltreppe ganz nach oben fahren. Von dort oben
offenbart sich dann ein Blick auf viele Baukräne auf einem Ge-
ländekomplex, der offensichtlich auch noch zu den Kaskaden
gehört. Das ist ein Problem, sagt Vako. Irgendwann starb Cafesjian, die Investitionen wurden weniger, und die Armenier selbst
waren nicht in der Lage, die Vision ihres Gönners fertigzustel-
len. Immer müssten die Impulse von außen kommen, bedauert
Vako offen und schwermütig. Von hier komme nichts. Ich weiß,
dass Tigran ein großer Musiker ist. Vielleicht wird er eines fernen Tages Cafesjians Vision vollenden und im oberen, unferti-
gen Gebäudeteil das Tigran-Konservatorium errichten.

Eine Sache, die heute viele Armenier vertreibe und sie von
Investitionen abhalte, sei die unfassbare Korruption[5], die im
Land grassiere, fährt Vako fort. Neue Geschäfte würden abge-

---

5   Sehr interessiert und hoffnungsfroh verfolge ich im Mai 2018 die Nachrichten aus Armenien. Tigran bestätigt:»Da geht was, sehr gute Sachen
passieren im Land!« Eine *Samtene Revolution* ist ausgebrochen und im
Begriff, die korrupte Elite des Landes gewaltfrei in ihre Schranken zu verweisen. Wenn der neue Ministerpräsident Nikol Paschinjan es schafft,
seine Versprechen zu halten, die er vor allem den jungen Armeniern gab,
könnte das Land endlich die Fesseln der Vetternwirtschaft abschütteln.

würgt, weil immer irgendwelche Beamte ihre Hände aufhielten für Konzessionen, Genehmigungen und sonstigen sinnlosen Papierkram. Er kommt darauf, weil ich mir in den nächsten Tagen ein Auto mieten möchte. Ich will meinen Roadtrip durch Armenien fortsetzen. Vako kennt eine gute Adresse, warnt aber düster: »Wenn du mit dem Auto unterwegs bist, hab ordentlich Bargeld dabei.« *Jeder* Verkehrsteilnehmer im Land trage zum persönlichen Reichtum des Ministers für Verkehr und seiner Beamten bei, schärft er mir ein. Diese Behörde sei die schlimmste von allen. Der Minister residiere in einem der größten Häuser der Stadt. Vako klingt jetzt müde und resigniert. Merkwürdig. Ist Artur womöglich gewitzter als er? Kein einziges Mal wurden wir auf unserem Höllenritt von bestechlichen Uniformierten aufgehalten.

Roadtrip Nordarmenien

Am nächsten Morgen gehe ich zu der Adresse, die Vako mir für den Mietwagen empfohlen hat. Mir wird ein roter Nissan Micra vorgeführt. Ich willige ein. Der Vermieter wiederholt noch mal Vakos Platte: immer an die Geschwindigkeitsbegrenzungen halten, sonst drohen Polizeikontrollen. Habe ich verstanden, frage mich aber doch, wie Artur seinen Fahrstil vor dem Verkehrsminister rechtfertigt. Hat er ein Abo? Ist der südliche Kaukasus korruptions-, strafzettel- oder gar rechtsfreier Raum? Mal sehen – vielleicht übertreiben die verweichlichten Hauptstädter auch.

Meine erste Station ist das Kloster Geghard östlich von Jerewan. Wie es sich gehört für ein Land mit einer langen Geschichte, ist es steinalt. Gegründet wurde es bald nach der Christianisierung des Landes im 4. Jahrhundert, seine Hauptkapelle erhielt es im 13. Jahrhundert, und heute ist es UNESCO-

Weltkulturerbe. Im Innern des Klosters ist die Stimmung feierlich. Gläubige halten inne, zünden Kerzen an und verhalten sich ruhig und andächtig. Jedes Geräusch wird von den dicken Steinmauern absorbiert, Tageslicht fällt kaum in das Gemäuer. Die einzige wirkliche Lichtquelle sind die zahlreichen Kerzen der Gläubigen, denen ich nicht zu nahe treten will, wenn ich sage, dass mich das Kloster klaustrophobisch macht. Ich muss hier raus. In die Freiheit, in den Micra auf die Straße. Ich kann mir aber sehr gut vorstellen, wie asketische Mönche in diesem abgelegenen Tal ihren Alltag mit harter Arbeit bestritten und ihr Leben dem Leid Jesu Christi widmeten. Der Name des Klosters leitet sich her von *Geghard* für Lanze. Gemeint ist das Stichinstrument, mit dem die Römer überprüften, ob der Heiland am Kreuz auch wirklich tot war. Vielleicht ist die tiefe Verwurzelung im Christentum mitverantwortlich für die Schwermut, die in Armenien so oft spürbar ist, denke ich, als ich mich mit meinem Kleinwagen zum Sewansee davonmache. Ein Sprung ins Wasser kann nicht schaden bei über dreißig Grad.

Der See ist schön und erfrischend. An seinem westlichen Ufer finden sich ein paar hübsche Strände, antike christliche Gemäuer und verlassen wirkende Plattenbauten aus sowjetischen Zeiten. Zwischen den Bauwerken streunen Hunde, Rinder und Ziegen herum. Viele Menschen sind nicht zu sehen – auch an den Stränden nicht. Dabei ist es heiß, und es ist Freitag. Seltsam leer wirkt das Land. Ist das das Resultat der Verstädterung und der Abwanderung ins Ausland?

Auch weiter im Norden, in Orten wie Wanadsor und Spitak, ist nicht viel los. Verstärkt wird das Gefühl von Verlassenheit durch gigantische Industriebrachen, die die Straße zwischen den beiden Städten säumen. Ich stelle mir vor, wie das gewesen sein muss in den Monaten vor dem 21. September 1991, als sich Armenien für unabhängig erklärte und die Sowjetunion sich rasend schnell auflöste. Haben die Vorarbeiter in diesen Tagen zu ihren Leuten in den Fabriken gesagt: »So. Feierabend. Unser Land gibt's nicht mehr, wir können alle nach Hause gehen.«? Und dann haben alle ihre Werkzeuge zur Seite gelegt, haben die Schlüssel ihrer Bagger, Raupen und Baufahrzeuge abgezogen, die Türen der Hallen geschlossen, sind gegangen und niemals zurückgekehrt? Genauso sieht es aus auf den ehemaligen Fabrikgeländen, die heute überwuchert sind mit Pflanzen. Geisterhaft. Aber es fällt auch nicht schwer, sich die Anlagen im Einsatz vorzustellen. Bevölkert von Arbeitern, die zwischen rauchenden Schloten Güter auf Züge verladen, die dann tutend und stampfend auf den Schienen Richtung Norden davonfuhren. Die Schienen sind nicht mehr im Einsatz, auch sie überwuchert von dichtem Gestrüpp. Schon wieder ein Bild, das irgendwie melancholisch macht, das eine große Leere entstehen lässt. Ich verstehe Vako immer besser.

In einem Bogen über das Städtchen Aparan fahre ich wieder nach Süden zurück nach Jerewan. Je näher ich der Hauptstadt komme, desto mehr ist los. In den Tälern zwischen den Bergen entdecke ich noch etliche verlassene landwirtschaftliche Anlagen, aber immer öfter kreuzen Rinderherden die Straße, der Verkehr wird dichter, und – oh nein! – immer mehr Polizeiwagen stehen am Straßenrand. Vielleicht sind sie der Grund, weshalb sich Artur plötzlich ganz anders verhielt, als wir uns Jerewan in seinem schweren Benz von Süden her näherten.

Ich halte mich strikt an die Geschwindigkeitsbegrenzung, fahre sogar langsamer als erlaubt. Etwas weniger als sechzig Stundenkilometer in Orten, etwas weniger als neunzig außerhalb. Wobei es nicht immer einfach ist zu sagen, was Ort ist und was nicht. Plötzlich passiert es doch. Hinter mir leuchtet Blaulicht, ich werde aufgefordert, rechts ranzufahren. Ein spindeldürrer Uniformierter kommt an das Fenster meines Micra. Ich sei zu schnell gefahren, erklärt er mir in gebrochenem Englisch. Ich bestreite das. Er fordert mich auf, mit zum Polizeiauto zu kommen. Darin sitzt sein übergewichtiger Kollege am Steuer, der an einem kleinen Bildschirm am Armaturenbrett herumfummelt. Ein seltsames Paar, diese beiden.

Der Dicke zeigt mir ein bizarres Video. Zu sehen ist in schlecht aufgelöstem Schwarz-Weiß eine Straße mit Verkehr. Es könnte die Straße sein, auf der wir uns gerade befinden, das stimmt wohl, es könnte aber auch eine andere sein. Auf ihr fahren Autos, die so verpixelt sind, dass man unmöglich sagen könnte, wer da am Steuer sitzt. Am unteren Bildrand gibt eine Zahl Auskunft über die Geschwindigkeit, mit der die Autos unterwegs sind. Irgendwann kommt ein Kleinwagen ins Bild. Das sei ich, sagt der Dünne. Ich protestiere. Man kann überhaupt nicht sicher sagen, dass ich das bin. Über 110 Stundenkilometer, ruft er triumphierend. Ich streite das vehement ab und versuche, zu erklären, dass ich mich auf der gesamten Fahrt penibel an die Regeln gehalten hätte. Er schüttelt den Kopf. Das Video beweise doch alles. Ich kann es nicht fassen. Das Video beweise gar nichts, rege ich mich auf. Aber ich merke schon, dass mich das nicht weiterbringt.

»Fünfzig Dollar oder Euro oder mit auf die Wache«, sagt der Dünne jetzt schon aggressiver. Ich bin fassungslos und überdenke meine Optionen: Zahle ich an Ort und Stelle, werde ich mich über die Dreistigkeit der Polizisten ärgern, fahre ich mit auf die Wache, läuft es auf denselben Betrag hinaus oder sogar höher, und ich ärgere mich noch mehr über die Zeit, die ich zusätzlich verschwendet habe. Also zahle ich, steige wieder in meinen Micra und fahre wutschäumend davon.

Genau davor haben mich der Vermieter und Vako gewarnt. Sie empfahlen, Bargeld dabeizuhaben und davon auszugehen, bezahlen zu müssen. Die Typen trügen Uniformen, da könne man eben nichts machen. Als ich zurückkomme, fragt der Vermieter mich auch nicht, ob ich angehalten wurde, sondern nur, wie oft. Für ihn ist das ganz normal, ich fühle mich hilflos ob der Dreistigkeit, mit der die Beamten ihre Macht missbrauchen. »Welcome to Armenia«, sagt er frustriert. Ganz Armenien schaue neidisch nach Norden, ergänzt er jetzt. In Georgien habe es ebenso große Probleme mit Korruption gegeben. Eine junge und progressive Regierung habe das erkannt, große Antikorruptionskampagnen gefahren und eine revolutionäre Maßnahme ergriffen: Erhöhung der Polizistengehälter. Die Beamten hätten es nun nicht mehr nötig, den Bürgern das Geld abzupressen, sie könnten von ihren Gehältern leben.

Ich selbst bin auch Beamter und werde angemessen bezahlt, wie ich finde. Von dem Gehalt kann man gut leben, bestechen lassen müssen meine Kollegen und ich uns jedenfalls nicht. Trotzdem bekommen wir immer zum Schuljahresbeginn einen Hinweis von der Schulbehörde, dass wir uns strafbar machen, wenn wir Geschenke von Schülern oder Eltern annehmen, die einen Wert von zehn Euro überschreiten. Ich fand das immer lächerlich kleinkariert und hatte Schwierigkeiten, diese Grenze nachzuvollziehen. Hier in Armenien verstehe ich das besser. Als Beamter kann man sich von zwei Seiten bezahlen lassen. Auch ich könnte gute Noten gegen Geschenke oder Bezahlung vergeben, wenn mir das Wasser bis zum Hals stünde.

Vor ein paar Jahren musste ich einem Vater aus Afghanistan aufwendig erklären, weshalb ich einen Ring, den er mir schenken wollte, erst annehmen könne, wenn sich das Abhängigkeitsverhältnis zwischen seiner Tochter und mir gelöst habe. Wortreich versuchte ich, ihm begreiflich zu machen, dass der Eindruck entstehen könnte, ich sei bestechlich und er erkaufe seiner Tochter gute Noten. Er verstand mich nicht, und ich verstand nicht, weshalb ich den guten Mann durch die Verweigerung eines gut gemeinten Geschenks vor den Kopf stoßen sollte. Ein Geschenk zu verweigern kommt oft einer Beleidigung gleich. Auf einer armenischen Landstraße habe ich verstanden, dass es ziemlich gut ist, keine Geschenke annehmen zu müssen, geschweige denn, sie vorauszusetzen, wie die Polizisten es offenbar getan haben. Zurück in Jerewan kauft Vako mir einen Drink und prostet mir mit einem besserwisserischen Ich-hab's-dir-doch-gesagt-Blick zu.

Mein Abgang aus Armenien gerät etwas hektisch. Ich wäre gern länger geblieben, das Land ist schön und hat sicher noch viel mehr zu bieten. Zum Beispiel hätte ich mir gerne noch das Kloster Khor Virap nahe der türkischen Grenze angesehen, das Tigrans Reiseführer vorschlägt und darin einen grandiosen Blick auf den Berg Ararat verspricht. Aber nach zwei Wochen verspüre ich ein Gefühl von Aufbruch. Nicht zuletzt, weil mein Kosovo-Reiseführer mit dem besten Macchiato der Welt lockt, den es überall in dem kleinen Balkanland zu trinken gibt, habe ich einen günstigen Flug von Tiflis im benachbarten Georgien nach Pristina gebucht. Hektisch wird es, weil ich unfähig bin, Einladungen auszuschlagen. Vako und seine Freunde haben mich am Abend vor dem Flug mit reichlich armenischem Brandy der Marke Ararat abgefüllt. Oder besser: Ich habe mich abfüllen lassen. Legendär sei der Weinbrand und Armeniens beliebtestes Exportprodukt. Da kann man natürlich schlecht Nein sagen. Der Preis ist ein massiver Kater.

Als ich in dem lächerlich kleinen und unfassbar miefigen Hostelzimmer erwache, das ich mit vier Saufkumpanen von letzter Nacht teile, dröhnt mir der Schädel, und es erfasst mich Panik. Es ist viel zu spät. Auf jeden Fall zu spät, um entspannt den Bus nach Georgien zu erreichen. Hektisch krame ich meine Sachen zusammen, hetze auf die Straße und versuche, mich zu orientieren. Es ist heiß, mir rinnt der Restbrandy in Strömen den Körper herunter, und ich fühle mich elend. Nach einer kleinen Odyssee durch Jerewan komme ich gerade noch rechtzeitig, aber völlig fertig am Busbahnhof an. *»Barev! Vonc karoghem gnal Tiflis?«*, versuche ich umständlich, den Sprachteil in Tigrans Reiseführer zu bemühen, um zum Abschluss noch ein wenig auf Armenisch zu parlieren. »Tiflis, Tiflis«, sagt der Mann, der offensichtlich Busunternehmer ist, schroff und drängt mich ohne die kleinste Replik in einen Kleinbus nach Georgien. Na ja, Busbahnhöfe weltweit sind ja tatsächlich nicht bekannt für sinnlose Unterhaltungen.

Die anderen Passagiere tun mir jetzt schon leid. Unbeholfen wuchte ich mein Gepäck auf wackeligen Beinen ins Innere des Kleinbusses. Schweißnass, stolpernd, unbeabsichtigt rempelnd und nach Brandy und Zigaretten stinkend nehme ich auf einem leeren Doppelsitz Platz. Hoffentlich kommen keine Sitznachbarn mehr, in meinem Zustand bin ich eine Bankrotterklärung für die Menschheit. Ich will mich abschotten und leiden, also stöpsele ich mir meine Kopfhörer in die Ohren und hoffe, mich auf der sechsstündigen Fahrt bis Tiflis meinem Elend angemessen hingeben zu können. Fürs Erste gelingt das ganz gut – der Bus setzt sich mit einem leeren Platz neben mir in Bewegung, und ich nicke weg. Ich wache erst auf, als im Bus plötzlich Unruhe aufkommt. Alle kramen und wühlen in ihren Taschen. Was ist los? Ich drehe mich um und schaue in die Gesichter von zwei fröhlichen jungen Frauen. Sie erklären mir, wir würden bald die Grenze erreichen, und da brauche man seinen Pass. Das stimmt zweifellos. Die beiden sprechen fließend Englisch und erzählen, dass sie aus dem Iran kommen. Meine Reflexe funktionieren noch, es gelingt mir, die Begrüßungsrituale auf Farsi abzurufen. Die beiden schauen verblüfft und freuen sich, dass ein Ausländer ein paar Brocken ihrer Sprache kann. Sie wollen nach Batumi am Schwarzen Meer. Endlich mal Urlaub im Bikini machen, sagen sie. Das finde ich witzig. Der grauenhafte Gassenhauer mit der Zeile *Aber Scheiß drauf, Malle ist nur einmal im Jahr* fällt mir aus irgendwelchen halb besoffenen Gründen ein, und ... schon dämmere ich wieder weg.

In Tiflis gibt es schon wieder Alkohol. Bis zu meinem Flug muss ich etwas Zeit überbrücken, und deshalb suche ich im letzten Tageslicht ein nettes Lokal auf, in dem ich meine Sachen parken und etwas essen kann. Als ich nach einem kurzen Rundgang durch die wunderhübsche Altstadt zurückkomme, hat sich der Laden von einem netten Lokal mit Terrasse in einen orientalischen Bauchtanzclub verwandelt. Es gibt wieder Schnaps. Diesmal mit frommen, weiß gewandeten Touristen aus Kuwait und Saudi-Arabien. Kaum zu glauben: zu Hause Scharia, hier hoch die Tassen. Auf die Dekadenz! Die Getränke vertreiben meinen armenischen Kater, und trotzdem verpasse ich nicht den Absprung. Pünktlich, aber wieder ziemlich angezählt, sitze ich im Taxi auf dem Weg zu meinem Nachtflug nach Istanbul, wo ich drei Stunden Aufenthalt habe, bevor es weiter in das Kosovo geht.

Einchecken, einsteigen, rausgucken und aus dem Flieger wieder aussteigen kann man auch mit Restalkohol im Blut. Angenehmerweise ist in Istanbul das Gate für den Flug nach Pristina bereits ausgewiesen. Schnurstracks begebe ich mich dort hin, suche und finde eine Bank ohne Armlehnen, auf der ich mich bis zum Abflug langmachen kann. Mit dem angenehmen Gefühl, hier unmöglich meinen Flug verpassen zu können, schlummere ich weg. Mein Körper bettelt darum, die armenischen und georgischen Spirituosen endlich ungestört abbauen zu dürfen.

Ich wache auf und sehe, dass sich bereits immer mehr Menschen vor dem Gate versammeln. Sehr gut, es scheint, als würde es gleich losgehen. Knatschig rappele ich mich auf, wühle nach meinem Boarding Pass und etwas zu trinken in meinem Rucksack. Alles noch da. Sogar meine Schuhe unter der Bank, die ich nun umständlich anziehe. Neben mir steht eine Gruppe Geschäftsreisender, die mich bei meinem Treiben abschätzig mustern. So muss sich ein Obdachloser fühlen, der inmitten der Rushhour am Hamburger Hauptbahnhof erwacht. Kopfschmerzen, schwach, verwundbar. Außerdem kreidebleich mit fettiger Haut und in alle Richtungen abstehenden Haaren. Insgesamt erbärmlich.

Mir fällt auf, dass die meisten Umstehenden deutsch sprechen, denke mir zunächst aber nichts dabei, sondern vertrete mir kurz die Beine. Irgendwann werde ich aber doch skeptisch und frage die Geschäftsleute: »Nach Pristina, richtig?«

Entgeisterte Blicke treffen mich, niemand sagt etwas.

»Pristina?«, wiederhole ich unsicher.

»Nee, Bremen!«, sagt endlich einer, um sich sofort wieder seinen Gesprächspartnern zuzuwenden.

Was? Wieso Bremen? Ich bin fassungslos und stürze zum nächsten Monitor, der die Gates ausweist. Und da steht's: Die kleine Nummer rechts neben dem Zielort hat sich geändert, während ich meinen Rausch ausschlief. Ein Mann am Infotresen winkt ab. Es sei hoffnungslos, das Flugzeug bereits auf dem Weg zum Rollfeld. Aber es gebe einen Schalter für solche Fälle. Dorthin schickt er mich.

Hier geht alles erstaunlich reibungslos. Ich werde kostenlos umgebucht auf den nächsten Flug nach Pristina, der allerdings erst in vierzehn Stunden startet. Na ja, gut, es hätte schlimmer kommen können. Auf der Flughafentoilette bringe ich mein Äußeres in einen einigermaßen vorzeigbaren Zustand, latsche dann eine Weile von Duty-free-Shop zu Duty-free-Shop und beschließe dabei, erst mal zu frühstücken. Das ist leichtsinnig, wie sich herausstellt. Zu mir gesellt sich Burkhard, der gerade aus Erbil im Irak kommt und nun auf seinen Heimflug nach Frankfurt wartet. Er hat Zeit, Geld und viele Geschichten auf Lager. Und er trinkt zum Frühstück gerne Bier. Nicht alleine, sondern in Gesellschaft, und deswegen bestellt er einfach gleich zwei große Humpen. Einen für ihn, einen für mich. Was ist denn bloß los, warum wollen alle mit mir trinken?

Burkhard erzählt vom Leben in Erbil, von vielen NGOs, die dort ansässig sind, von der Bedrohung durch den IS und von der Sinnlosigkeit der Entwicklungshilfe im Allgemeinen. Jede Menge Geld werde verbrannt, ohne dass wirklich was dabei herauskomme. Er selbst habe das schon zuvor erlebt in einigen afrikanischen Staaten. Als Bauingenieur hat er eine Schule im Südsudan gebaut, die unmittelbar nach Fertigstellung von irgendwelchen Milizen niedergebrannt wurde. So gehe das oft, sagt er, so vieles, an dem er beteiligt war und das er wirklich sinnvoll fand, sei schon wieder zerstört.

So geht das Lamento weiter, und er bestellt mehr Bier, und ich protestiere nicht. Immer noch zu schwach und zu wehrlos. Ich ärgere mich über das Bier und nehme mir vor, mich nach dem nächsten aus dem Staub zu machen. In irgendeinen Duty-free-Shop vielleicht. Burkhard macht indessen nicht den Eindruck, als würde er bald aufhören, Bier zu ordern. Auf mich wirkt er wie einer, der sich vor seiner Abreise in die Heimat noch mal ordentlich zuschütten und sich den Frust von der Seele reden will. Egal, mit wem. Als ich von der Toilette komme, hat er, ohne zu fragen, schon den nächsten Halbliterkrug an meinen Platz gestellt. Der letzte ist noch halb voll. »Ist doch egal, du hast doch Zeit«, stellt er lapidar fest, als ich verwundert wieder Platz nehme. »Ist auch schon alles bezahlt«, schiebt er hinterher und setzt an zu einer weiteren Entwicklungshelfer-Horrorstory. So geht das weiter für ein paar Stunden und sage und schreibe fünf weitere Humpen.

Ich müsse mal irgendwo schlafen, sage ich gegen Mittag dann doch. Dreieinhalb Liter Bier seien ja auch irgendwie genug für einen Vormittag auf dem Istanbuler Flughafen. Burkhards Gegenwehr ist gebrochen, er kann mich nicht aufhalten.

Das Problem ist, dass das richtige Gate für den nächsten Flug noch nicht ausgewiesen ist und ich noch immer viel zu viel Zeit habe. Völlig paralysiert laufe ich im Flughafen umher, unsicher, was zu tun ist. Auf keinen Fall wieder verschlafen. Und so sitze ich stundenlang auf einer Bank, dämmere stumpf, aber dennoch jede Sekunde alarmiert vor mich hin – und schaffe es tatsächlich, am Abend den Flug auf den Balkan anzutreten. Hinter mir liegen drei Trinkgelage in drei Ländern und ein ewig schwelender Kater, der mir hart zusetzt. Oh Iran, ich vermisse deine Nüchternheit.

Pristina

Der Reiseführer meiner kosovarischen Schülerin Adea gibt Aufschluss über zwei Dinge, die ich interessant finde: Zum einen ist da der besagte Macchiato, zum anderen die Kleiderordnung in dem kleinen Balkanland. Da steht, die Kosovaren seien auf einen coolen Style bedacht und würden ihre Mitmenschen nach ihrer Kleidung beurteilen. Nach meiner Ankunft würde ich gerne eine Kaffeespezialität probieren, traue mich aber nirgends rein, weil ich aussehe wie Kraut und Rüben. Seit meiner Abreise aus Armenien habe ich mich nicht gewaschen und trage dieselben Klamotten, deswegen meide ich sogar die kleine Bar, die zu meinem Hostel gehört. Lieber erst mal duschen und ganz lange schlafen.

Am nächsten Tag sieht die Welt dann auch gleich ganz anders aus. Der Kater ist verschwunden, ich rieche nicht mehr unangenehm und habe Lust, das Kosovo besser kennenzulernen – und wie könnte man angemessener in den kosovarischen Tag starten als mit einer Tasse Macchiato? Die wird mir serviert von Marina, die im Hostel an der Bar arbeitet. Ich beobachte sie und staune über die Hingabe, mit der sie die Kaffeespezialität zubereitet. Es scheint also etwas dran zu sein an der besonderen Beziehung der Kosovaren zum Macchiato. Bohnen malen, Milch aufschäumen, Kaffeepulver aufbrühen und im richtigen Mischungsverhältnis und vor allem mit dem richtigen Timing zusammen in einer Tasse anrichten. Ein kleines Kunstwerk entsteht, das noch dazu fantastisch schmeckt.

Noch interessanter ist, der Kaffee taugt sogar als Metapher für den Zustand eines ganzen Landes, wie Marina mir erklärt, als ich ihr meinen Reiseführer zeige: Im Kosovo gibt es viele gut ausgebildete Menschen, denen schlicht die Perspektive fehlt. Es gibt keine Jobs, und nicht jeder will seine Heimat verlassen. Was bleibt, ist die Arbeit in Cafés und Restaurants oder, auf der anderen Seite, Nichtstun und Abstumpfen. Es steht also viel akademisches und handwerkliches Potenzial hinter den Tresen des Landes. Und es stimmt, sagt Marina, dass es unter den Baristas einen unausgesprochenen Wettbewerb um den besten Macchiato gebe, von dessen Namen man sich nicht irreführen lassen dürfe. Das Wort ist italienisch, seinen Ursprung habe das Heißgetränk aber hier. Historisch gewachsen sei das, über Jahrhunderte kamen hier orientalische und europäische Kaffeekunst zusammen, und dabei herausgekommen ist das Beste aus ganz vielen Welten in einer kleinen Tasse. Ich bin überzeugt und bestelle gleich noch einen. Und dann noch einen mit etwas türkischem Gebäck, eine weitere Hinterlassenschaft der Osmanen.

Danach betrete ich mit Herzrasen von der Koffeinüberdosis die Straßen Pristinas. Sofort möchte ich mir neue Klamotten kaufen. Ich trage ein zerschlissenes Unterhemd und eine weite Schlabberhose aus dem Iran, wo man seine Beine auch bei großer Hitze stets bedecken muss, kombiniert mit kaputten Turnschuhen. Mehr gab mein Rucksack nicht her. In diesem Aufzug bin ich wohl überall auf der Welt, sagen wir mal, *underdressed*. Hier, auf den Straßen der kosovarischen Hauptstadt, fühle ich mich wie ein Ausgestoßener, nicht zuletzt wegen des Hinweises auf das feine Auge für Kleidung in meinem Reiseführer. Mit diesem Gefühl stehe ich auf meinem ersten Orientierungsrundgang plötzlich vor Bill Clinton. Was ich nicht wusste: Ihm zu Ehren wurde an dieser Stelle ein Denkmal errichtet. In Stein gemeißelt, winkt er freundlich auf den Bulevardi Bill Klinton herab. Es wurde errichtet, um den Mann zu ehren, der 1999 beschloss, Belgrad zu bombardieren, um die Serben von ihrem Feldzug gegen die kosovoalbanische Minderheit abzuhalten.

Interessanterweise ist der Bulevardi Xhorxh Bush nicht weit entfernt, in dessen Nähe sich viele Shoppingmöglichkeiten befinden. Hier werde ich mich neu einkleiden. George W. Bush unterstützte das Kosovo bei seinen Bestrebungen, unabhängig zu werden, deshalb wurde eine Straße im Zentrum nach ihm benannt. Aber ohne Statue. Für ein mehrheitlich muslimisches Land ist die Namensgebung der Hauptstraßen bemerkenswert, wie ich finde: Folgt man den beiden amerikanischen Präsidenten stadtauswärts, gelangt man auf den Bulevardi Nënë Tereza (Mutter Teresa), die zwar katholisch, aber auch, und das ist wichtiger, Mazedonierin albanischer Abstammung war.

Im Zentrum rund um den Bulevardi Xhorxh Bush finde ich dann auch neue Schuhe, eine neue Hose und ein paar neue T-Shirts. Alles gefälscht, selbstverständlich, und sehr kostengünstig. Trotzdem fühle ich mich direkt besser, ich habe das Gefühl anzukommen. Kleider machen eben doch Leute.

Prizren-Break

Ein paar Tage später mache ich mich auf den Weg nach Prizren, eine der schönsten Städte im Land. So steht es in meinem Reiseführer. Und es stimmt. Balkanreisenden sei unbedingt diese Stadt empfohlen. Freundlich, hübsch und aufgeschlossen, umgeben von herrlicher Natur. Oberhalb Prizrens liegt die historische Kalaja-Festung, die verschiedenen Herrschern aus Byzanz, Serbien und dem Osmanischen Reich seit dem 11. Jahrhundert zum Schutz diente. Von hier erschließt sich dem Besucher ein grandioses Panorama über die pittoreske Stadt mit ihren vielen Brücken über den Fluss Bistrica, den orthodoxen Kirchen und vor allem den zahlreichen Minaretten, die das Stadtbild zieren. Das alles wirkt so friedlich, kaum zu glauben, dass noch immer KFOR-Truppen, darunter auch deutsche Soldaten, im Land stationiert sind.

Während des Aufstiegs zur Festung habe ich Besi mit seiner Familie kennengelernt. Er spricht gut Deutsch. Gelernt hat er das in Stuttgart, wo er einige Jahre bei Mercedes am Band stand. Er und seine Familie wünschen sich mehr Aufmerksamkeit für ihr Heimatland und vor allem einen Blick für das Positive im Kosovo, dessen Ruf, da macht sich niemand Illusionen, in Europa miserabel ist. Korrupt, kriminell, aggressiv und nationalistisch sind nur einige Schlagworte, die Westeuropäern einfallen, um das Kosovo und seine Menschen zu beschreiben, dünkt ihm. Klar gebe es große Probleme im Land. Das mache etwas mit den Menschen. Aber der Rest der Welt solle das kleine Land endlich nicht mehr nur als Krisenregion wahrnehmen, sondern auch als gleichberechtigten Partner. Dann müsste auch niemand mehr die Heimat verlassen und versuchen, im Ausland mit halbseidenen Methoden Geld zu verdienen, um sich und seine Familie über Wasser zu halten. Bei herrlichstem Sonnenschein hoch über der Stadt höre ich mir Besis Diagnose an und erfahre, dass er kaum einen Ausweg aus dem Dilemma sieht. Er hat ein großes Mitteilungsbedürfnis und freut sich, dass er Gelegenheit hat, einem Deutschen seine Sicht auf die Dinge zu erklären.

Er könne die Deutschen verstehen, die Probleme mit der Zuwanderung vom Balkan haben. Genauso wie die Bayern stolz auf ihr Bayern sind, sind auch die Menschen im Kosovo stolz auf ihre Identität. Niemand möchte das Land verlassen, nur werden sie, anders als die Bayern, dazu gezwungen. Er regt sich auf über europäische Doppelmoral und darüber, dass ein Bauer im Kosovo seine Paprika nicht mehr auf den Märkten verkaufen kann, weil in Billigdiscountern Produkte aus Spanien zu niedrigeren Preisen in den Regalen liegen. Die Paprika sind nur ein Beispiel, betont Besi, kein Landwirt kann, egal, mit welchem Produkt, je einen Preiskampf gegen internationale Handelsketten gewinnen. Das macht die Leute hilflos und frustriert, und die wirtschaftliche Misere ist auch der wahre Grund für Spannungen im Land, die es natürlich noch gibt. Die Leute in Westeuropa denken dann immer, das alles habe ethnische oder religiöse Gründe, aber das stimmt nicht, sagt er. Das alles hat zu tun mit Verteilung. Wenn die Kosovaren, ganz egal, ob nun serbisch-orthodox oder albanisch-muslimisch, eine korruptionsfreie Grundlage zum Wirtschaften hätten, würde es keine Konflikte geben, prophezeit er. Von hier oben könne ich ja sehen, dass Moscheen und Kirchen friedlich koexistierten.

Das stimmt, alles schön friedlich von hier oben. Was problematisch ist, gibt er zu, ist die völlige Überpräsenz kosovarischer Kriegshelden in allen Städten des Landes. Überall Statuen bewaffneter UÇK-Kämpfer, die das Nationalbewusstsein schüren. Die müssten weg, sagt er, um auch mit den Serben friedlich zusammenleben zu können.

Besis lehrreicher Monolog stimmt mich nachdenklich. Seine Analyse ist alles andere als optimistisch. Es kann kein schönes Gefühl sein, sein Heil nur in der Ferne suchen zu können, weil es zu Hause keine Chance auf ein Auskommen gibt, das ein Leben in Würde ermöglicht.

Auf dem Weg herunter von der Festung komme ich durch die Stadt, und mir fällt eine Parallele zu Bulgarien auf: Genauso wie im östlichsten Balkanland gibt es auch hier eine Vielzahl deutscher Sprachschulen. Sie alle werben auf Plakaten regelrecht aggressiv um Schüler. Sogar eine deutsche Berufsschule, die *DBBS Kosovo*, gibt es in Prizren. Von ihrem Plakat winken fröhliche Pflegekräfte, Elektroinstallateure, Bauarbeiter und Metallbauer dem Betrachter entgegen. Auf der Website der Schule heißt es, die *DBBS* habe die Absicht, so viele Leute wie möglich auszubilden, um sie »zum europäischen Arbeitsmarkt zu verschicken«. Dazu passt, was die Deutsche Botschaft schreibt. Mit dem Onlineportal *Make it in Germany* wirbt sie um Fachkräfte aus dem Kosovo. Darin sehen viele eine Chance, trotz ihrer Verbundenheit zur Heimat bereiten viele Menschen ihren Prizren-Break vor. Hierzubleiben ist keine Option. Schon ein paar Tage zuvor, im Sprachlernzentrum in Pristina, einem Partner des Goethe-Instituts, das ich als Kollege besucht habe, erfuhr ich, dass hier jährlich 1200 Auswanderwillige Deutschkurse besuchen. Das kommt mir aus Sofia bekannt vor.

Ein wenig zweifelhaft finde ich es schon, dass Deutschland versucht, gezielt Fachkräfte abzuwerben. Einfach, weil der Wettbewerb kein fairer ist. Die Menschen hier genießen keine Reisefreiheit, sind also mehr oder weniger gefangen in ihrem kleinen Land und noch dazu ohne jegliche Perspektive. Diejenigen, die ihre Heimat zum Guten verändern könnten, werden mit besseren Gehältern und Visa nach Westeuropa gelockt. Das Kosovo selbst kann in seiner Isolation kein gleichwertiges Angebot machen. Und das ist unfair. Wir nutzen die wirtschaftliche Schwäche aus, entziehen dem Land sein Potenzial und verunglimpfen die Kosovaren, die bei uns landen, dann auch noch häufig als Wirtschaftsflüchtlinge.

Na klar, Standorte stehen in Konkurrenz zueinander, und es ist das gute Recht deutscher Unternehmen, weltweit nach Personal zu fahnden. Ich persönlich finde das Resultat dieser Politik sogar ziemlich gut mit Blick auf meine Schüler. Die Ideen und unterschiedlichen Weltanschauungen, die die abgeworbenen Newcomer mitbringen, bereichern unser Land ungemein. Nicht richtig finde ich die Stigmatisierung, die gerade Menschen vom Balkan bei uns erfahren. Man stelle sich die Situation einmal umgekehrt vor: wenn es keine Jobs mehr in Deutschland geben würde und wir massenhaft auswandern müssten, um uns in Altenheimen, Krankenhäusern oder Fabriken auf dem Balkan zu verdingen. Herabgewürdigt und gedemütigt. So manchem, der in den letzten Jahren die politische Bühne mit ultranationalistischen Parolen in Deutschland betreten hat, wünsche ich genau dies.

Diejenigen sollten sich mal ansehen, mit was für einer Vehemenz deutsche Sprachinstitute in den Städten des Balkans werben. Das muss zwangsläufig den Eindruck vermitteln, dass Deutschland das Gelobte Land sei. Man könnte sogar auf den Gedanken kommen, dass das System hat. Betrachten wir die Länder des Balkans als Arbeitskräftereservoir für Jobs, die wir nicht gerne machen?

Wenn wir die Zuwanderung nicht wollen, sollten deutsche Unternehmen direkt im Kosovo investieren, anstatt die fähigsten Leute für unsere Wirtschaft abzuwerben. So bleibt es bei dieser Formel: Lern- und arbeitswillige Menschen können es in *Germany maken,* wenn sie die Gebühr aufbringen, das Deutschdiplom ablegen und sich auch sonst brav verhalten. Aber was ist mit dem Rest?

Dabei könnte alles so schön sein, wie Geldim sagt. Das ist sein Name, aber er möchte lieber G. genannt werden. Mit englischer Aussprache. Er betreibt ein Hostel in der Stadt und ist mein Gastgeber. Als solcher ist Tourismus ihm naturgemäß ein Anliegen in eigener Sache. Der allein könne die Probleme des Landes nicht lösen, aber durchaus dazu beitragen, dass der Rest der Welt beginne, das Land anders wahrzunehmen. Das stimmt wohl. Ich jedenfalls habe viele nette Menschen getroffen und gestaunt über schöne Natur und hübsche Städte. G. habe ich versprochen, Kosovo als Reiseziel zu bewerben. Das tue ich gerne. Dafür übersetze ich eine Liste der fünf reizvollsten Ziele im Land aus meinem von Adea auf Englisch verfassten Reiseführer:

– *Prizren ist mit seiner historischen Architektur eine der schönsten Städte im Kosovo.*
– *Die Bergregion um Rugova im Nordwesten der Stadt Peja. In den Albanischen Alpen kann man hervorragend wandern und klettern.*
– *In Prevalla, nur 28 km nördlich von Prizren, befindet sich im Sharr-Gebirge eines der besten Skigebiete des Landes. Aber auch im Frühjahr und Sommer lädt die Gegend zu Ausflügen ein: Die Natur ist ursprünglich und wunderschön.*
– *Im Mirusha-Park hat der gleichnamige Fluss über Jahrhunderte spektakuläre Canyons in die Karstfelsen gegraben. Noch heute kann man der Natur bei der Arbeit zusehen: Über einen Wasserfall stürzt sich der Mirusha in die Tiefe und lässt dabei neue natürliche Felsformationen entstehen.*
– *Ein weiteres Wintersportparadies befindet sich in Brezovica an der mazedonischen Grenze. Skiurlauber finden hier*

Pisten unterschiedlicher Schwierigkeitsgrade zwischen
300 und 3500 Meter Länge.

Diese Liste ließe sich sicher noch fortsetzen. Ich erlaube mir, sie ohne Adeas Einverständnis um zwei Punkte zu ergänzen:

– *Die Menschen im Kosovo sind aufgeschlossen, herzlich und freuen sich über Interesse an ihrem Land. Ständig und überall entstehen spannende Gespräche (oft sogar auf Deutsch), die den Blick auf die Region verändern.*
– *Das Land ist ein Geheimtipp. Noch (!) verirren sich nicht viele Touristen hierher. Es ist daher noch sehr ursprünglich und vor allem unheimlich günstig.*

Authentisch und günstig – darauf stehen Reisende. Das kann ich beurteilen, weil mein ehemaliger Chef in einem Unternehmen für Ostasienreisen mich als Katalogtexter anwies, diese Adjektive so häufig wie möglich einzustreuen. Günstig fand ich immer nachvollziehbar, authentisch irgendwie nicht. Ist nicht jeder Ort auf seine Weise authentisch?

Egal. Meine Reise führt mich von Prizren südwärts ins günstige und sicher auch authentische Bruderland Albanien. Auch für dieses Land kann ich nur eine uneingeschränkte Reiseempfehlung aussprechen.

Wilde Berge auf der einen Seite, naturbelassene Adriastrände auf der anderen. Dazu jede Menge Bunker, die der paranoide stalinistische Diktator Enver Hoxha seinerzeit im ganzen Land anlegen ließ. Für Freunde sogenannter *Lost Places* ein Hochgenuss. In die meisten Anlagen kann man einfach hineinspazieren und sich in gruselige Erinnerung rufen, dass Albanien bis zum Ende des Kommunismus als das Nordkorea Europas galt.

An der Küste mache ich nach Wochen der Strapazen Erholungsurlaub. Dazu gibt es auch nicht viel mehr zu sagen, außer dass das hier super geht. Günstig und authentisch – das ist Albanien. Ich hoffe nur, meine Schülerin Alma nimmt es mir nicht übel, dass ich in ihrem Heimatland nur auf der faulen Haut liege und ihren famosen Reiseführer nur bedingt nutze.

Gleiches gilt für Clara, eine venezianische Ballettschülerin im Hamburger John-Neumeier-Internat, deren Heimat ich mit einer albanischen Fähre von Durres nach Bari und von dort weiter mit dem Zug entlang der Adria erreicht habe. In ihrer Heimatstadt, die mit all ihrem Glamour ganz famos zum Ballett passt, staune ich über Grandezza und Anmut, mit der wohl kein Ort der Welt mithalten kann. Aber über Venedig wurde schon so vieles gesagt, ich verzichte darauf, dem mehr hinzuzufügen. Nur, dass mir das venezianische Frühstück, bestehend aus einem (nicht zwei oder drei) Grappa und einem Espresso, bestens schmeckt und ich mich in meinem kosovarischen Outfit wieder *underdressed* fühle, das möchte ich sagen.

Lassen Sie mich zu einer kurzen Vorrede ausholen, ehe ich auf meinen Aufenthalt in Polen zu sprechen komme: Schüler, die nach Deutschland kommen, müssen, na klar, zunächst einmal die deutsche Sprache lernen. Das ist gar nicht so einfach – all die unterschiedlichen Fälle und Konstruktionen, die fiesen Präpositionen und die Unberechenbarkeit der Geschlechter führen zu Konfusion. Haben sie die Grundlagen gemeistert, wird es in den Regelklassen richtig undurchsichtig. Undefinierte Endloswörter lassen beliebige Schulbücher wie schier übermächtige Widersacher erscheinen. Fachwortungetüme wie *Vegetationsgrenze*, *Meeresströmungsmessung* oder gar *Grundbedürfnisstrategien* wirken auf die Lernenden geradezu feindselig und jagen ihnen kalte Schauer über den Rücken. Diese neutralen Begriffe lassen sich durch eine hohe Frustrationstoleranz und eine ebenso hohe Anstrengungsbereitschaft in ihre Einzelteile zerlegen und durch eifriges Blättern in Nachschlagewerken unter Kontrolle bringen: *Vegetation-Grenze*, *Meer-Strömung-Messung*, *Grund-Bedürfnis-Strategie* sind leichter verdaulich und helfen, sich dem großen Ganzen zu nähern.

Noch schwieriger wird es bei historisch aufgeladenen Komposita wie *Machtergreifung*, *Ermächtigungsgesetz* und, am allerschlimmsten, *Reichstagsbrandverordnung*. In jeder Sprache gibt es Entsprechungen für die einzelnen Teile dieser Wörter, alle Teile zusammen ergeben jedoch nicht die Summe dessen, was sie bedeuten. Diese hier haben mit Hitler zu tun, dem deutschen Ungeheuer, von dem auch Schüler aus Nicaragua, Afghanistan oder Südkorea schon gehört haben, aber nicht genau wissen, wie sie mit ihm umgehen sollen. Auf jeden Fall nicht in Deutschland und erst recht nicht in der Schule, in der man bewertet wird und die, wie überall anders auf der Welt auch, viele Fallstricke (eine kaum zulässige Metapher im Zusammenhang mit dem Nationalsozialismus, Note 6) für die Schüler bereithält.

Mit Begriffen wie *Volksgemeinschaft, Rassegesetze* und in letzter Konsequenz *Vernichtungslager* habe ich als Nicht-Geschichtslehrer eigentlich gar nicht viel zu tun, ich merkte aber schnell, dass diese Phase der deutschen Geschichte große Faszination auf die meisten Schüler ausübt. Als meine Geschichtskollegin mit dem Thema in der Klasse begann, waren die Nazis plötzlich allgegenwärtig. Sie übten den Reiz des Verbotenen aus, des Schmuddeligen, über das man nicht wirklich gerne redet, und einige Schüler merkten, dass man mit Begriffen aus dem Nationalsozialismus sofort alle Aufmerksamkeit erhält. Nicht nur das, man kann die lieben Lehrer damit richtig vor den Kopf stoßen. Man braucht nur *Hitler* zu sagen, und, zack, alle gucken! Ein wirklich unschöner Zwischenfall mit Hakenkreuz-Schmierereien auf Tischen und in Büchern führte zu einem kleinen Schulskandal. Die Spur führte direkt in die 10d, was paradox ist, denn die meisten der Schüler wären den Kampagnen der Nazis ganz sicher zum Opfer gefallen. Dieser Hinweis und der Hinweis darauf, dass das Zurschaustellen von Nazisymbolen in Deutschland unter Strafe steht, lösten Erstaunen aus und verhinderten weitere Zwischenfälle dieser Art. Dennoch waren und sind die Nazis weiterhin da.

Dies führte mir Tanim während einer Klassenfahrt auf Rügen vor Augen. Traumatisiert von Flucht und Vertreibung mit seiner Familie aus Afghanistan, überwältigt von der ihm unbekannten Harmonie in unserer Herberge und übermüdet, wie man am Ende einer Klassenfahrt einfach ist, brach er zusammen und fantasierte von der Vernichtung der afghanischen Taliban in Gaskammern. Er selbst werde dafür sorgen, dass alle islamistischen Bartträger in Krematorien verbrennen würden, schrie er in die laue Ostseenacht. Sein Hass und seine Verzweiflung sind verständlich, sein Vater wurde bedroht, es wurde sogar auf ihn geschossen, weil er sich als Ingenieur für den Bau von Mädchenschulen eingesetzt hatte. Das wurde dermaßen gefährlich, dass die Familie sich für die nicht eben ungefährliche Flucht nach Deutschland entschied. Vertrieben aus der Heimat von Fanatikern, in Hamburg angekommen mit der bitteren Erkenntnis, alles neu lernen zu müssen und sich immer und überall unterzuordnen: Das ist die Realität für Tanim und seine Familie. Dass die Nazis keine Referenz für Rache und Hass sein können, musste Tanim noch lernen.

Svetlana aus Russland erzählte zum Tag des Sieges am 9. Mai, mit dem des Endes des »Großen Vaterländischen Krieges« gedacht wird, von faschistischen Interventionen in ihrem Land. Ich hatte sie gebeten, in einem kurzen Newsflash über das zu berichten, was die Zeitungen in Russland an diesem Tag schrieben. Erstaunt stellte ich fest, dass Einmischungen der Europäischen Union in der Ukraine und Sanktionen gegen Russland als faschistisch beschrieben wurden. Als Versuch, das Land zu destabilisieren, um es dann ein weiteres Mal anzugreifen und das zu Ende zu bringen, was die Nazidiktatur nicht geschafft hatte. In der Klasse wusste niemand so recht, was Faschismus eigentlich ist, und ich versprach, dass wir das gemeinsam herausfinden würden. Im KZ Neuengamme vor den Toren Hamburgs.

Ich habe mein Wort nicht gehalten. Es kamen unwichtige Dinge wie Schulveranstaltungen, Prüfungsvorbereitungen und Konferenzen dazwischen. Das Schuljahr endete, ohne dass wir Begriffe wie *Rassegesetze, Vernichtungslager* und *Faschismus* ausreichend verstanden hätten. Und ich sage ausdrücklich *wir*, denn wenn ich ganz ehrlich bin, hatte ich diese Worte bisher auch nicht wirklich verstanden. Bis jetzt. Ich bin in Krakau und gerade zurückgekommen von einer Besichtigung des Konzentrationslagers Auschwitz. Ich bin sprachlos, entsetzt, erschüttert. Beim Blick auf diese Adjektive stelle ich fest, dass sie nicht ausreichen, Auschwitz zu beschreiben, das kann wohl keine Sprache der Welt. Ich weiß nicht so recht, was ich mit mir anfangen soll nach diesem Tag, denke an meine Klasse, unsere gemeinsame Zeit und daran, dass ich ihr einen Besuch in einem Konzentrationslager vorenthalten habe. Also schreibe ich ihr einen Brief.

Eine Stunde Geschichte: Brief an die 10d

Liebe 10d,

ich schreibe Euch diese Zeilen aus Krakau. Eine wunderschöne Stadt in Südpolen. Fahrt mal hin. Mariusz, Aleks und Fabian geben sicher gute Reiseführer ab. Hier gibt es nette Menschen, gutes Essen, viele Partys – ganz nach Eurem Geschmack. In der näheren Umgebung befindet sich allerdings ein Ort, der ist alles andere als nett: Oświęcim, besser bekannt als Auschwitz. Hier haben die Deutschen während ihrer Besatzung in Polen das berüchtigtste Vernichtungslager von allen errichtet und unvorstellbare Gräuel verübt.

Ich ahnte schon immer, dass Bücher und Texte von Überlebenden zwar ein gutes Bild von dem vermitteln können, was in den Lagern geschah, nicht aber das ganze unbegreifliche Ausmaß der Vernichtung für den Einzelnen erfahrbar machen können. Das wird erst deutlich, wenn man plötzlich selbst an diesem Ort steht und begreift, wie ungeheuer kalt, menschenverachtend und zynisch diejenigen gewesen sein müssen, die all das in seinen nicht zu fassenden Dimensionen geplant, organisiert und durchgesetzt haben. Ich bin traurig, fassungslos und völlig fertig nach diesem Tag, und weil wir es nicht geschafft haben, gemeinsam einen dieser Orte des Schreckens zu besuchen, wünschte ich, ihr könntet Euch heute gemeinsam mit mir hilflos und deprimiert fühlen. Das ist vielleicht ein merkwürdiger Wunsch, schließlich möchte ich nicht, dass es Euch schlecht geht, aber seit heute weiß ich, dass ein Besuch in Auschwitz eine wichtige Erfahrung im Leben eines Menschen ist. Dieser Ort lässt sich mit dem Verstand nicht einfangen, er fordert ihn heraus und stellt Fragen, die wir nicht beantworten können. Ich zumindest habe keine Antwort auf die Frage, wie Menschen kalt lächelnd anderen Menschen ins Gesicht schauen und sie mit einer knappen Handbewegung in den Tod schicken können. Waren es die Uniform und die Macht, die sie ihren sadistischen Trägern verlieh? Der Rassenwahn? Und hätte der Rassist, der Nazi, der deutsche Soldat, der über Leben und Tod entschied, nicht im Augenblick seiner Entscheidung in den Augen seiner Opfer etwas Menschliches erkennen müssen, das ihn an sein eigenes Menschsein hätte erinnern, ihn hätte abbringen müssen von seiner mörderischen Tat? Offenbar nicht, denn am Ende waren alleine in Auschwitz zwischen 1,1 und 1,5 Millionen Menschen tot.

Ich beschreibe Euch mal, was ich heute sah. Die Tour begann im sogenannten Stammlager Auschwitz I. Ab 1940 internierten die Deutschen hier Häftlinge aus Polen, der Sowjetunion und Deutschland. Juden zumeist, aber auch andere, dem Dritten Reich nicht genehme Menschen. Die Lagerleitung experimentierte mit verschiedenen Massentötungsmethoden im Keller einer Baracke. Am Ende befanden die Mörder das Gas Zyklon B, ein Insektenvernichtungsmittel, für geeignet, die sogenannte Endlösung der Judenfrage herbeizuführen. Übrigens ein Mittel, das in Hamburg hergestellt wurde und durch dessen plötzliche große Nachfrage die Hersteller gut verdienten. Während dieser Experimentierphase gab es im Stammlager fortlaufend Erschießungen von Häftlingen an der Schwarzen Wand mitten im Lager. Auf einer Fläche von wenigen Quadratmetern fanden mindestens 20 000 Menschen den Tod durch

Kugeln, abgefeuert aus deutschen Gewehren von Soldaten der SS.

Das Schlimmste sollte aber erst noch kommen. Die Tour ging weiter ins Lager Auschwitz II (Birkenau). Hier begann ab 1942 die industrielle und systematische Tötung von Juden und in den Augen der Nazis unwerten Lebens in Gaskammern. Züge von überall aus den von Deutschland besetzten Gebieten erreichten das Lager. Aus der Slowakei, aus Tschechien, aus Polen, aus Rumänien, aus Frankreich, vom Balkan, aus Griechenland, der Sowjetunion und schließlich aus Ungarn. Die Waggons, vollgestopft mit Menschen, die seit Tagen in der Enge ohne Wasser und Nahrung aushalten mussten, fuhren durch das markante Eingangstor des Lagers, um an der sogenannten Rampe zu stoppen. Rausgelassen wurden sie aber noch nicht. Sie mussten warten, bis ihr Waggon an der Reihe war. Aus den Fenstern sahen sie aus großen Schloten schwarzen Rauch aufsteigen. Nicht weit weg, nur ein paar Hundert Meter vom Zug entfernt. Die Asche regnete auf ihre Waggons, und den Ersten muss hier bereits gedämmert haben, was da in den Öfen brannte und diesen dichten Qualm erzeugte.

Dann öffneten SS-Leute die Türen. Alles, was die Deportierten noch nicht bei ihrer Verladung in ihren Heimatländern hatten abgeben müssen, mussten sie jetzt abgeben und sich unter dem Gebrüll von Soldaten und dem Gebell von aggressiven Hunden aufstellen, um von Lagerärzten kurz begutachtet zu werden. Diese schickten bis zu 75 Prozent eines jeden Waggons direkt in die Gaskammern, alle anderen waren in ihren Augen noch in der Lage zu arbeiten. Oft in den Krematorien, um dort die Leichen ihrer Angehörigen und Freunde zu verbrennen.

Die Nazis haben versucht, das Lager kurz vor der Befreiung durch die sowjetische Armee zu zerstören, doch das gelang ihnen nur zum Teil. Das Tor, die Gleise, die Rampe, die Gaskammern und

Krematorien, die Baracken und Waschräume für die Häftlinge sind wenigstens teilweise erhalten und lassen die Besucher eindrucksvoll verstehen, was hier Unaussprechliches passierte. Hier stehe ich heute am 12. Oktober 2016. Es ist knapp über null Grad, und ich habe keine Winterklamotten dabei. Ich friere, aber ich weiß, dass ich heute Abend eine heiße Dusche nehmen kann und in einem warmen Bett schlafen werde. Für die Häftlinge nach ihrer Ankunft im Lager in Auschwitz war das undenkbar. Frieren bis in den Tod. Keine Wärme, keine Geborgenheit, keine Sauberkeit, keine Sicherheit. Nie wieder in ihrem Leben.

Es ist umso entsetzlicher, dass einige Leute in Deutschland heute wieder nach Volk und Vaterland schreien, nach einem starken Mann, der das Land rein hält von allem, was von außen kommt. Mir ist schon vorher jedes Mal, wenn ich deren Gesichter auf Plakaten oder im Fernsehen sah, ein bisschen Kotze hochgekommen. Nach heute glaube ich, die meisten, die solche Sprüche reißen, wissen einfach nicht, was sie sagen. Oder was meint Ihr? Schließlich sind die Mörder von damals auch nicht mit Raumschiffen auf der Erde gelandet – es waren ganz normale Menschen.

Ich bin zwar nur kurz in die Rolle Eures Geschichtslehrers geschlüpft, aber Ihr wisst, ich bin ein Freund des Common Sense. Und der gesunde Menschenverstand sagt mir, dass unser allerkleinster gemeinsamer Nenner nur sein kann, ein zweites Auschwitz zu verhindern. Bleibt bunt, bleibt so, wie Ihr seid, bereichert unser Land, und sagt allen, die Euch auf Eure Herkunft reduzieren wollen, sie sollen ihr verdammtes Maul halten.

Nur eine Sache noch: Sie betrifft nicht direkt Euch, doch aber Schüler in Eurem Alter, die ich unterrichtet habe. Dort kam im Unterricht eine Stimme auf, die sagte, dass der Staat Israel sich heute nicht anders verhalte als damals die Nazis. Er halte die Palästinenser in Gaza wie die Deutschen die Juden in Lagern.

Diese Stimme kam von jemandem, der Angehörige in Gaza hat,
die durch israelische Luftangriffe verletzt wurden. Das ist
grauenhaft, und das muss aufhören, aber man kann diese
Situation nicht mit dem Holocaust vergleichen. Industrielle
Tötungsmaschinen gibt es dort nicht. Außerdem muss man als
Deutscher auch wissen, dass die Pogrome gegen die Juden in
Europa und deren Vernichtung erst zur Bildung des Staates Israel
geführt haben. Daraus ergibt sich aus deutscher Sicht eine
weitere, ganz andere Verantwortung. Dieser Konflikt ist heikel, ich
weiß, aber ich glaube, es braucht auf beiden Seiten Stimmen des
Ausgleichs und keine Verrückten, die Konflikte immer wieder
eskalieren lassen. Ich weiß, das sagt sich leicht aus sicherer
Entfernung. Aber auch im Iran habe ich an einigen wenigen
Stellen ein anerkennendes ›Ah, you're German! Hitler was a
good man‹ gehört. Nee, war er nicht. Jetzt, nach diesem Tag in
Auschwitz, würde ich denen, die das zu mir sagten, gerne ein
paar Bilder zeigen, die ich heute gemacht habe.
Wie gesagt, ich finde es schade, dass wir es nicht geschafft haben,
uns vor Ort mit diesem finsteren Kapitel deutscher Geschichte zu
beschäftigen, aber ich hoffe, diese Zeilen dringen zu Euch durch.
Von heute mal abgesehen, hatte ich bisher eine grandiose Reise,
und nun freue ich mich auf einen Besuch in Hamburg, um dann
mit meiner Freundin Luisa wieder aufzubrechen. Nach Mittel-
und Südamerika zu Lucía, Rafael und Julia. Ihr wisst ja, wie sehr
ich den Hamburger Winter hasse, das ist also eine
schöne Gelegenheit.
Bis dahin, allerbeste Wünsche und Grüße
Mr. K.

TEIL 2

NICARAGUA

KUBA

KOLUMBIEN

1, 2, 3, 4 KUBA: Havanna
            Trinidad
            Santa Clara
            Remidios

5, 6, 7 NICARAGUA:

        Managua – Selva Negra

        Nicaraguasee

8, 9, 10, 11, 12

        KOLUMBIEN: Cartagena – Medellín

        Leticia – Barranquilla – Bogotá

Fremdgehen

Die 10d wird böse sein, aber das Angebot, das Lucía aus der Parallelklasse 10c mir gemacht hat, war einfach zu verlockend. Als ihr Geografielehrer wusste ich, dass sie vor ein paar Jahren aus Kuba nach Hamburg gekommen ist; dass ihre Familie ein Apartment in Havanna besitzt und dieses auch vermietet, war mir hingegen neu. Kuba! Das passt perfekt in unsere Pläne als Start in unser mittel- und südamerikanisches Abenteuer. Außerdem, so habe ich erfahren, ist Fremdgehen auf Kuba keine große Sache. Man darf sich nur nicht erwischen lassen. Wenn das passiert, darf der oder die Gehörnte einen Monat lang steil gehen, also so heftig auf den Putz hauen, wie er oder sie will, ohne dass der jeweilige Gegenpart sich darüber mokieren kann. So ist der Deal auf Kuba, insofern eignet sich kein Land besser für einen einmonatigen Seitensprung als die revolutionäre Karibikinsel.

Am allerbesten ist, dass mir das Fremdgehen ausgesprochen leicht gemacht wird. Es stellt sich heraus, dass Lucías Mom nicht nur ein Apartment in Havanna besitzt, sondern darüber hinaus auch noch hervorragend vernetzt ist auf der Insel. Schon im Vorfeld teile ich ihr die grobe Reiseplanung mit, und sie macht sich daran, entsprechende *Casas Particulares*, private Unterkünfte im eigentlich kollektivistischen Kuba, zu finden und zu reservieren. Auch eine Spanischlehrerin hat sie aufgetrieben, die meiner Freundin Luisa und mir in der historischen Kolonialstadt Trinidad einen Intensivkurs angedeihen lassen will.

Zunächst kommen wir in Havanna an. Die Stadt ist ein betongewordenes Klischee, alles ist da, was ich an Bildern im Kopf habe: überall Musik, überall Tanz und Rum und Zigarrenduft. Die alten, einst bunten und reich verzierten Fassaden bröckeln, ihre Balkone drohen herabzustürzen, durch ihre scheibenlosen und dunklen Fensteraugen starren sie die Menschen in den Straßen düster an und versprühen ihren morbiden Charme, der sich über die ganze Stadt breitet. An einigen Stellen klaffen große Lücken im Stadtbild. Hier standen einst stolze Häuser, heute wirken sie wie Wunden, die nicht verheilen. Zu alledem passen die Hitze und die Schwüle, die über der Stadt hängen wie ein bleierner Schleier und die den Bewohnern anzusehen sind. Die stolzen Besitzer der allgegenwärtigen Amischlitten aus den Fünfzigerjahren lehnen lässig, aber schlapp mit offenen Hemden an ihren frisch polierten Karossen und warten auf Touristen, knapp bekleidete Frauen drehen lustlos ihre Runden, und Straßenhunde lungern antriebslos in den Hauseingängen.

Einzig aus den nicht eben wenigen Bars, deren Ventilatoren auf Hochtouren laufen, schallen heiteres Gelächter, Son Cubano, Salsa und Cha-Cha-Cha. Abgerundet wird das Bild von der Revolution, die ebenso allgegenwärtig ist wie die anderen Stereotypen Kubas. Wie Götzen werden Abbilder Che Guevaras und Camilo Cienfuegos ausgestellt, um die Kubaner an ihren Sieg über den Imperialismus zu erinnern. Der *Comandante en Jefe* Fidel Castro persönlich ist allerdings kaum sichtbar. Von ihm gibt es keine Statuen, keine überlebensgroßen Plakate an den Wänden, nur kleine Anleitungen, wie die Revolution im Alltag zu leben ist, hängen in vielen Geschäften, Lokalen und Privatwohnungen.

Ernest Hemingway, der lange Jahre auf Kuba lebte und zu einem nationalen Heiligtum erhoben wurde, ist da präsenter. Besonders in den Bars begegnet man ihm oft. In anderen Städten muss man lange suchen, um das Bild im Kopf, mit dem man angereist ist, mit der Realität abzugleichen. Havanna knallt es seinen Besuchern direkt vor den Latz. Ich bin mir aber sicher, dass das Land über weitere Facetten verfügt, die auf den ersten

Blick unsichtbar sind. Bestimmt kann Lucías Mom uns helfen, sie für uns sichtbar zu machen.

Da trifft es sich gut, dass jetzt Elternsprechtag bei ihr ist. Schnell stelle ich fest: Sie hat mit dem vordergründigen Klischee der Stadt wenig bis gar nichts zu tun. Sie ist aufgeschlossen, herzlich, sprüht vor Unternehmungslust und brennt darauf, uns in die Geheimnisse Kubas einzuweihen. Keine Spur von Lustlosigkeit, Lethargie, Verfall oder Antriebsschwäche. Sie ist die Musik und der Tanz und steht dafür, was Kuba sein könnte, würde der Staat seine revolutionären Klauen nur etwas lockern, der bisher nur wenigen Lizenznehmern den Betrieb privatwirtschaftlicher Einrichtungen erlaubt. Ein lahmes »Ham mer nich', kriegen mer auch nich' wieder rein« gibt es bei Lucías Mom nicht. Das trifft zu auf Konsumgüter wie Essen, Bier und Rum, aber besonders auf Zeit, die sie sich nimmt, um uns das Land zu erklären und eine geeignete Reiseroute zu finden.

Diese kleine Prise Marktwirtschaft und Eigenverantwortung tut, sozialistische Romantik hin oder her, dem Land ganz gut. Wie wir später feststellen, isst man in privaten Einrichtungen besser, man schläft besser, und man wird auch sonst besser behandelt und nicht schlicht ignoriert, wie es an den Schaltern der Staatsbetriebe sonst oft üblich ist, die zwar sozialistisch charmant daherkommen, den Kunden aber das Leben zur Hölle machen können.

Meine Leistungsgesellschaftsnerven wurden etwa zum Zerreißen gespannt, als ich am Geldwechselschalter einer öffentlichen Bank stand, zunächst nicht wahrgenommen und dann von einem unerträglich langsam agierenden Staatsbeamten doch noch bedient wurde. Am liebsten hätte ich den Mann am Kragen gepackt und die Geldscheine aus ihm herausgeschüttelt. Wird Zeit für etwas kubanische Gelassenheit und Pragmatismus. Ich kann mir allerdings gut vorstellen, dass es das öffentliche Leben lähmt, wenn man für einfachste Handlungen wie Geld zur Bank bringen, das Verschicken eines Briefes oder den Erwerb eines Bustickets stundenlang anstehen und warten muss oder sich gar eine barsche Abfuhr einfängt. Aber zurück zum Elternsprechtag.

Wie sonst Lucía vor mir im Geografieunterricht sitzen wir nun vor ihrer Mom, die eine große Landkarte auf einem großen und stilvollen Tropenholztisch im angenehm luftigen Wohnzimmer ihrer Herberge ausgebreitet hat und uns ihr Land erklärt. Wo ist es gut, wo eher nicht, was wird überschätzt, wo befinden sich unentdeckte Schätze, von wem wird man abgezockt, und an wen können wir uns in Ort X oder Y wenden, wenn es Probleme gibt? Wieso wird dieses überschätzt, jenes aber nicht, was sind die kulinarischen Köstlichkeiten der Region A, B und C, welchen Berg sollte man besteigen, und welches Tal kann man getrost auslassen, wie unterscheidet man echte Zigarren von gefälschten? Sie legt dabei ein derartiges Tempo vor und nimmt allerlei Markierungen in der Karte vor, dass ich Schwierigkeiten habe, ihren Ausführungen zu folgen. Ich hoffe, sie fragt das Gesagte nicht später in einem Test ab. Ich wäre verloren. Luisa und ich entscheiden, dass es das Beste ist, alles so zu machen, wie Lucías Mom es vorgibt. Deshalb ist die wichtigste Information, die sie uns heute geben kann, ihre Telefonnummer. So können wir unsere Wissenslücken unterwegs immer wieder schließen und sie mit Fragen nerven. Das ist nur fair, schließlich hatten die Hamburger Schüler auch immer meine Telefonnummer und machten davon ausschweifend Gebrauch, wenn Klassenarbeiten anstanden. »Herr Kammann, was kommt noch mal in der Arbeit morgen dran? Ich hab mir das nicht aufgeschrieben.« Als ich den Ausführungen von Lucías Mom aufgrund unseres Entschlusses schon gar nicht mehr richtig zuhöre, erschließt sich mir plötzlich der Sinn und Zweck von unangekündigten (!)

Tests, für die einige meiner Kollegen so gefürchtet sind. Ich glaube, das werde ich mir auch angewöhnen, wenn ich meinen Dienst wieder antrete. Nur so stelle ich sicher, dass jeder zuhört, wenn ich gestenreich auf irgendwelche Karten deute und dabei über diesen oder jenen Erdteil referiere. Den Ruf des harten Hundes muss man sich in Schülerkreisen mit brutaler Härte erarbeiten, denke ich noch, als Lucías Mom plötzlich mit ihren Ausführungen zum Ende kommt. Ich bin erleichtert, als sie uns ohne Nachfragen in den Abend und am nächsten Tag nach Trinidad entlässt.

Schulbankdrücken in Trinidad

Trinidad ist eine alte, schöne und traditionell reiche Stadt an der Südküste Kubas. Als eine der ersten Städte der Neuen Welt wurde sie 1514 von Spaniern gegründet, die in ihrer Gier nach Gold von hier aus in weiter westlich gelegene Gefilde aufbrechen wollten. Diejenigen, die an Ort und Stelle nach mehr Reichtum strebten, entwickelten allerdings auch eine kreative, aber ebenso menschenverachtende Methode: Sie importierten Sklaven aus Westafrika, die sie dann auf den umliegenden Zuckerrohrplantagen für sich schuften ließen. Der Zucker wiederum wurde nach Europa verschifft oder vor Ort zu Rum veredelt. Beides lukrative Devisenbringer, die den Mächtigen der Stadt ein luxuriöses Leben ermöglichten.

Als eine der wenigen Städte Kubas, gar der gesamten Karibik, ist Trinidad in den vergangenen Jahrhunderten von Naturkatastrophen wie Hurrikanen oder Erdbeben verschont geblieben – das brachte seinen Bewohnern den Ruf ein, große Glückpilze zu sein, und führte ebenso dazu, dass der ehemalige Reichtum auch heute noch zu erahnen ist. Die alten und ziemlich bunten Häuser sind zwar alle ein bisschen windschief, zeugen aber durchaus von ehemaliger Pracht und kolonialem Savoir-vivre. Auf den Kopfsteinpflasterstraßen flaniert es sich heute genauso herrschaftlich wie zu Zeiten der spanischen Kolonialherren. Völlig zu Recht wurde die Stadt in das UNESCO-Weltkulturerbe aufgenommen. Ein Prädikat, das sich für heutige Zeitgenossen als recht hilfreich erweist, an einstige Zeiten anzuknüpfen und den Reichtum wieder zu mehren. Urlaubende Gringos (für die meisten Kubaner sind alle Weißen Gringos) tragen das Geld säckeweise in die Stadt.

Das führt zu paradoxen Verhältnissen, die die kubanische Revolution korrumpiert und eine regelrechte Zweiklassengesellschaft entstehen lässt, die abzuschaffen Fidel Castro und Che Guevara mit ihren Getreuen einst angetreten waren. Wie das alles genau zusammenhängt, erklärt die Afrokubanerin Anja, die in Trinidad für eine Woche unsere Spanischlehrerin ist.

Dazu muss sie zu einem kleinen Exkurs in das Währungssystem Kubas ausholen: Es gibt zwei gültige Währungen, den an den US-Dollar gekoppelten CUC (Peso Cubano Convertible) und den Peso. Kubaner zahlen mit Pesos, Touristen mit CUC, dessen Wert das 25-Fache des Pesos beträgt. Das ist für alle Beteiligten einigermaßen verwirrend und führt in der Realität dazu, dass Touristen ein Vielfaches dessen bezahlen, was für Kubaner üblich ist. Zum Beispiel zahle ich als Gringo für eine ultrafettige Käsepizza an einer Straßenbude (überall in Kuba äußerst beliebt) einen CUC, während *Locals* nur acht Pesos, also 0,32 CUC, zahlen. Das kann man natürlich verhandeln, meistens bestehen die Händler allerdings auf CUC, weil es für sie viel lukrativer ist, und sowieso kommen Gringos nur schwer in den Besitz von Pesos, denn alle, die mit ihnen zu tun haben, kassieren vorzugsweise in CUC ab.

Dass das keine gute Entwicklung ist, weiß auch Anja. Sie hat lange in staatlichen Schulen gearbeitet, nun aber aus finanziellen Gründen umgesattelt. Sie bietet private Sprachkurse und Stadtführungen an. In beiden Disziplinen ist sie fantastisch, und trotzdem sagt sie, dass das Land sich mittelfristig damit selbst das Wasser abgrabe. Niemand will mehr Lehrer sein oder Arzt oder Ingenieur, weil man mit den Touristen innerhalb kürzester Zeit ein kubanisches Vermögen verdienen kann. In ihrem alten Leben hat sie monatlich die unfassbar kleine Summe von etwa dreißig CUC verdient – ein Betrag, der auch in Kuba nicht wirklich zum Leben reicht und den sie heute innerhalb eines Vormittags bei einer Stadtführung einnehmen kann. Das bedeutet, dass die privaten Tourismusdienstleister, trotz einer kostenpflichtigen Lizenz und hohen Steuern, an guten Tagen mehr verdienen können als das, was sich unsere kubanischen Berufsgenossen in den staatlichen Schulen in einem ganzen Monat erarbeiten müssen. Dadurch entsteht überall im Land eine bizarre Zweiklassen-Parallelwelt, in der diejenigen, die mit Ausländern zu tun haben, profitieren und diejenigen, die das nicht können oder wollen, das Nachsehen haben und gefangen bleiben in der realsozialistischen Pesowelt. Die Globalisierung rückt der Revolution auf die Pelle, und ich bin mir bewusst, dass ich als Tourist die wachsende Ungleichheit im Land mit befeuere.

Eine Lehrerin wie Anja würde jedem Schulsystem gut zu Gesicht stehen. Unsere Spanischkenntnisse sind äußerst limitiert, der Plan war, erst einmal einige Versatzstücke zu pauken, um damit irgendwie durch den kubanischen Alltag zu lavieren. Anja sieht das ganz anders – eine Sprache lerne man von der Pike auf oder eben gar nicht, das müsse ich doch wissen, ich sei schließlich vom Fach. Puh, das geht ja gut los, direkt presst sie mich in die Rolle des faulen Pennälers. Aber ihrer Vehemenz und ihrer Energie kann ich nichts entgegensetzen. Ich traue mich auch nicht, einzuwenden, dass ich in der Hamburger Lehrerausbildung gelernt habe, dass man Sprachen am besten durch aktive Konversation und viel Herumprobieren verinnerlicht und versteht. Mit diesen didaktischen Spitzfindigkeiten würde ich nur ihre Rolle untergraben, und nichts liegt mir ferner, denn seit meinem anfänglichen Fragenfeuerwerk beäugt sie mich sowieso schon recht skeptisch. Also füge ich mich in die Rolle des Schülers und lerne brav die Grammatik, die Anja auf vielen Seiten handschriftlich (!) für uns zusammengefasst hat. Der Lehrerjob ist in Abwesenheit von Computern, Internet und Druckern noch mal wesentlich aufwendiger, denke ich schwer beeindruckt. Jedes Blatt, das wir in Händen halten, ist ein Unikat, denn auch Kopierer sind schwer zu finden auf Kuba.

Unsere zweite Stunde beginnt mit Abfragen der Hausaufgaben. Am Tag zuvor hatte ich große Schwierigkeiten, mich, mit einem kühlen Bierchen auf einer Dachterrasse mit Blick über die Stadt sitzend, den Endungen der spanischen Verben hinzugeben, doch nun bin ich glücklich, zufriedenstellende Ergebnisse präsentieren zu können. Ich merke, dass Anja großen Wert auf Disziplin legt und keine Versäumnisse duldet. Streberhaft falle ich Luisa ins Wort und korrigiere sie übereifrig. Nicht sehr solidarisch und auch nicht im Sinne der Revolution. Ich ernte genervte Blicke für mein unrühmliches Verhalten.

Unsere Lehrerin erklärt, dass für kubanische Schüler der Schultag stets mit demselben Ritual beginnt: *¡Seremos como el Che!*, »Wir werden sein wie Che!«, rufen sie jeden Morgen aus, die linke Hand zum kommunistischen Gruß an die Stirn hebend. Wie Che sein, das bedeutet unter anderem, jeden Tag leidenschaftlich für die Revolution zu arbeiten und sich stets für Gerechtigkeit und Solidarität einzusetzen. Für jede große Tat seien, der globalen Ikone des Freiheitskampfes zufolge, viel Fleiß und Disziplin vonnöten. Dann also her mit den Verben und der nächsten handschriftlich angefertigten Konjugationstabelle.

In der folgenden Stunde wende ich altklug ein, dass es mir nun viel schwerer falle, in leichte Gespräche einzusteigen, weil ich nun unbedingt die richtige Verbform verwenden wolle. Während ich mich vorgestern noch, wenn auch unelegant, schnell verständlich machen konnte, breche ich mir heute ewig einen ab bei dem Versuch, meine Sätze in korrektem Spanisch zu formulieren. Anjas Replik ist eindeutig und knapp: Wenn ich weiterhin so klingen wolle wie ein Bauer, dann könne ich ja gerne so weitermachen! Oha! Das saß! Was ich als Lehrer von ihr lernen kann, ist, sich nicht in zu viele belanglose Gespräche mit Schülern einzulassen und die plumpen Versuche, vom eigentlichen Stoff abzulenken, sofort abzuwürgen. Und sie hat ja auch recht – wenn man es ernst meint mit dem Erlernen einer Fremdsprache, dann sind die Grundlagen das Wichtigste. Also weiter mit der Deklination der wichtigsten Substantive.

Nach einer Woche täglichen Unterrichts erhalten wir die vollständige spanische Grammatik auf dreißig beidseitig beschriebenen DIN-A4-Bögen mit dem dringenden Hinweis, sich täglich mit ihnen zu beschäftigen. Diese Seiten werden uns in den kommenden Wochen eine ständige Mahnung sein, die Sprache korrekt zu verwenden und uns zu befreien vom ewig reduzierten Pidgin, das die Schönheit der Sprache mit Füßen tritt. Weg vom »Du haben Zimmer für Nacht?« hin zum »Wir würden gerne ein Zimmer für diese Nacht in Ihrer wunderschönen Unterkunft mieten«. Allein: Das ist gar nicht so einfach, und plötzlich habe ich, wie schon im Iran, in Armenien, auf dem Balkan, großes Verständnis für meine Hamburger Schüler, die, selbst wenn sie einen inhaltlich richtigen Text geschrieben haben, diesen mit lauter roten Markierungen am Rand zurückbekommen, weil er voller sprachlicher Ungenauigkeiten ist.

Am nächsten Tag versuchen wir in mehr oder weniger formvollendetem Spanisch, Tickets an einem Schalter der staatlichen Busgesellschaft für eine Fahrt nach Santa Clara in Zentralkuba zu kaufen. Damit scheitern wir spektakulär. Nicht, weil die Sprache mangelhaft und missverständlich wäre, sondern weil es uns als Touristen nicht gestattet ist, reguläre öffentliche Verkehrsmittel zu nutzen, wie der wortkarge Beamte hinter seinem Schreibtisch grimmig anmerkt. Er schickt uns ein Gebäude weiter zu einem Schalter einer ebenfalls staatlichen Buslinie, die exklusiv für Touristen vorgesehen ist und deren Busse klimatisiert und luxuriös ausgestattet sind, die aber stattliche Preise für den Transfer ins nicht eben weit entfernte Santa Clara aufruft.

Es ist schon klar, dass Kuba die vielen Gringos als Devisenbringer begreift, trotzdem oder gerade deshalb entscheiden wir uns gegen die Fahrt in einem der durch Klimaanlagen auf Minusgrade heruntergekühlten Luxusvehikel und für ein sogenanntes *Taxi Colectivo*. Diese werden gefahren von privaten Unternehmern, die ebenso wie die Betreiber der *Casas Particulares* vorher eine Lizenz erwerben müssen und hohe Steuern auf ihre Einkünfte zahlen, aber mit den Touristen dennoch überdurchschnittlich gut verdienen.

Gustavo fährt einen steinalten Lada aus Zeiten, in denen der große und mächtige sowjetische Bruderstaat noch existierte und seinen sozialistischen Glaubensbrüdern mit dem Nötigsten aushalf. An seinem Gefährt ist wohl nichts mehr original, die Karre ist ein Meisterwerk der Improvisation, die überlebenswichtig ist in einem Land, in dem es an allem fehlt. Besonders auffällig ist ein großes Loch im Unterboden, durch das man den Asphalt der Landstraße vorbeirauschen sieht.

Gustavo ist eine hervorragende Gelegenheit, unsere Spanischkenntnisse auszuprobieren. Er spricht etwas Englisch, das macht die Kommunikation trotz des fabelhaften Sprachkurses etwas leichter. Auf der Fahrt wird er unser Tandempartner, und so erfahren wir, dass er eigentlich studierter Computerspezialist ist, seinen Job vor einigen Jahren allerdings an den Nagel gehängt hat, um als Taxifahrer mit Touristen zu arbeiten. Das war, wie bei Anja, keine Entscheidung des Herzens, sondern eine rationale Abwägung, weil so schlicht mehr Geld in die Haushaltskasse fließt. In nur drei Jahren hat er mit dem Taxifahren so viel Geld verdient, dass er seiner Familie ein Haus bauen konnte.

Dadurch, dass er nun mit Gringos arbeitet, ist es seiner Frau sogar möglich, ihren Job als Ärztin weiterhin ohne finanzielle Sorgen ausüben zu können. Mediziner verdienen in Kuba ähnlich schlecht wie Pädagogen. Unglaublich – ein Pärchen, das in Westeuropa zur oberen Mittelschicht gehören würde, schafft es in Kuba kaum, sich durch die Jobs seiner Wahl über Wasser zu halten. Die Lehre in den Unis funktioniere aber tadellos, bemerkt Gustavo. Das müsse sie auch, denn dort werde das Kapital für die Revolution ausgebildet. Neben Rum und Tabak zählt auch gut ausgebildetes Personal zu Kubas wenigen Exportschlagern. Besonders Mediziner und Pädagogen werden nach ihrer Ausbildung nach Venezuela entsandt, das dann im Gegenzug Treibstoff liefert.

Gustavo klingt trotz seines wirtschaftlichen Erfolges etwas resigniert, aber es ist nun mal so, dass jeder für die Revolution Opfer bringen muss. So wie Che Guevara es alle Kubaner gelehrt hat, nachdem er die Stadt Santa Clara im Dezember 1958 mit seiner Rebellenarmee vom imperialistischen Batista-Regime befreit hatte. Ich bin froh, dass wir endlich ankommen, denn der alte Lada entlässt seine Abgase nicht nur durch den Auspuff, sondern irgendwie auch in den Innenraum. Alle Insassen haben tränende Augen und wirken trotz offener Fenster benommen. Auch ich fühle mich einigermaßen stoned vom venezolanischen Kohlenmonoxid, taumele aus dem Auto in die Straßen der Stadt, die vor revolutionärem Pathos nur so strotzt.

Als Teenager und sogar noch später habe ich T-Shirts getragen mit dem weltbekannten Konterfei Che Guevaras. Eigentlich sogar noch heute, denn ich finde, ein wenig mehr Gerechtigkeit und ein bisschen weniger Unterdrückung würden der Welt insgesamt ganz gut zu Gesicht stehen. Und dafür hat die globale Ikone des Klassenkampfes schließlich ihr Leben gegeben, oder nicht? Seinen ersten herausragenden Erfolg konnte der argentinische Berufsrevolutionär genau hier feiern, in Santa Clara. Hier hat er gegen alle Wahrscheinlichkeiten mit seiner treuen Guerilla über einen scheinbar übermächtigen Feind gesiegt und so der kubanischen Revolution unter Fidel Castro den ruhmreichen Weg bis nach Havanna geebnet. Er selbst, oder vielmehr ein Foto von ihm, steht seither global für das Aufbegehren gegen das Establishment, und auch das ist eine gute Sache, wie ich noch immer finde. Denn nur wenn Autoritäten herausgefordert werden, bewegen sie sich.

Manchmal führt das in meinem Job zu Interessenkonflikten, denn schließlich bin ich als Lehrer selbst eine Autoritätsperson. Und als solche finde ich es einerseits gut, herausgefordert zu werden, andererseits ist das im grauen Alltag wahnsinnig anstrengend. In der Schule ist mir Che Guevara mehrfach eindrücklich begegnet – nicht beim Blick in den Spiegel auf meinem eigenen T-Shirt, sondern zuletzt auf dem eines meiner Schüler, der dabei erwischt wurde, wie er das Anarchie-A, also ein hingerotztes A in einem zu kleinen Kreis, auf die weißen Wände der Schulflure mit einem dicken schwarzen Edding geschmiert hat. Das geht natürlich gar nicht, wie meine Kollegin und auch ich befanden.

Meine Kollegin, weil sie ernsthaft entsetzt war über diesen Ausbruch adoleszenter Zerstörungswut, und ich, weil ich keine

Lust hatte, nun zeit- und nervenraubende Gespräche mit dem Delinquenten selbst und seinen Eltern führen zu müssen. Zu allem Überfluss musste auch noch eine Klassenkonferenz einberufen werden, weil dieses Vergehen nicht das einzige dieses rebellischen Schülers war.

Da ich ebenjenen Schüler sehr gut kannte und auch schätzte, weil er seine Renitenz im Klassenraum durchaus originell zur Schau stellte, befand ich mich nun in einem Dilemma. Oder auch nicht, wenn ich meinen Job so interpretiere, wie die Schulbehörde es von mir verlangt. Für solche Fälle gibt es einen mehr oder weniger eindeutigen Maßnahmenkatalog. Der reicht, wenn der Verfehlung, wie bei diesem Schüler, etwaige andere vorausgegangen sind, bis zum Ausschluss von einer Klassenfahrt, in diesem Fall sogar der Abschlussfahrt. Genau dies forderte die Konferenz, der alle Fachlehrer des betroffenen Schülers angehörten. Als Klassenlehrer habe ich, genau wie alle anderen, einfaches Stimmrecht und wurde folglich überstimmt. Der anarchische Revolutionär und seine Guerilla, die aufgrund anderer Vergehen ebenfalls auf der Anklagebank saßen, wurden von der Klassenfahrt ausgeschlossen. Als Kollege habe ich den Beschluss der Konferenz dann mittragen müssen, finde aber noch immer, dass das Urteil ein wenig streng ausfiel. Oder doch nicht?

Vielleicht lag ich falsch, denn als Rebell will man doch Konsequenzen, man will spüren, wie die Obrigkeit sich immer absurdere Strafen ausdenkt, wie sie sich verrenkt, sich verrät und am Ende der Lächerlichkeit preisgibt. Man will nicht auf Verständnis stoßen und für seine Provokationen ein mildes Lächeln ernten. Man will Gegenwind, sich aufreiben und sich abarbeiten an den Regeln der Etablierten. Und als Lehrer bin ich zweifellos Etablierter, dessen Missbilligung, dessen Abneigung, ja gar dessen Zorn man als jugendlicher Aufmüpfiger spüren will.

Hätte ich mich mit meiner Laisser-faire-Attitüde durchgesetzt und die Rebellen mit auf große Fahrt genommen, wäre es dann als Schüler nicht nur folgerichtig, die Autorität mit noch entsetzlicheren Taten zu provozieren?

Um zu provozieren, müssen sich die Kids in Santa Clara andere Symbole suchen. Che Guevara gehört hier eher dem konservativen Lager an. Ihm wurde ein Denkmal errichtet aus Beton, zu dem heute nostalgische Sozialromantiker aus aller Herren Länder reisen, um ihrem Helden die Ehre zu erweisen. Zu Ches Füßen treffen wir auf Franzosen, Spanier, Engländer, Niederländer, natürlich Deutsche und auch Argentinier. Einige mit Ansteckern, T-Shirts oder Mützen, bedruckt mit dem weltberühmten Gesicht ihres Idols. Kubaner sehe ich kaum. Und wenn, dann nutzen sie die riesige Anlage, um dort zu picknicken, Drachen steigen zu lassen oder Baseball zu spielen, den Nationalsport Kubas. Die Statue verkörpert das in Stein gehauene Establishment, die auf Spanisch so heldenhaft klingenden Slogans wie *¡Hasta la victoria siempre!* verlieren bei ihrem zementierten Anblick an Durchschlagskraft und erinnern plötzlich an Erich Honeckers dröge Parole »Den Sozialismus in seinem Lauf halten weder Ochs noch Esel auf«.

Am Abend spielt eine Son-Cubano-Band in einer Bar im Zentrum Santa Claras. Die Musiker sind allesamt Zeugen der Revolution, also ziemlich alt, deswegen aber nicht weniger leidenschaftlich an ihren Instrumenten. Für mich und viele andere Touristen sind diese Musiker das Gesicht und die Stimme Kubas. Aber genau das ist das Problem – sie produzieren ein nostalgisches Abbild von dem, was wir sehen wollen und wahrscheinlich auch sollen. Sehr rührend wird es, als die Band zu Ehren Ches den antiimperialistischen Evergreen *Hasta Siempre, Comandante* anstimmt. Füllige Matronen mit riesigen Busen und tiefen Dekolletés springen sofort auf und schwingen erstaunlich elegant ihre Hüften. Von ihnen bekomme ich eine enorm wichtige Tanzlektion, als ich teutonisch steif auf der Tanzfläche mitschwofe. Ich hatte immer gedacht, ich würde mich einigermaßen grazil bewegen, doch das Gegenteil ist der Fall, wie mir attestiert wird. Der Fehler liegt darin, dass ich nicht meine Hüften bewege, wie ich immer dachte, sondern nur meine Schultern und Füße irgendwo rund um den Takt mitwippen lasse. Das Resultat ist ein wenig anmutiger Stil, mit dem ich offenbar jahrelang in Tanzlokalen weltweit zur allgemeinen Erheiterung beigetragen habe, wie mir plötzlich klar wird. Mit den praktischen Tipps der Kubanerinnen fühle ich mich sofort pudelwohl. Ich lokalisiere meine Körpermitte und lasse den Rest zu karibisch-revolutionären Klängen um sie kreisen. Die Ladys sind begeistert, und auch die Musiker nicken mir aufmunternd zu. Zum Abschluss das obligatorische *Guantanamera*, und ich bin völlig erledigt. Schwitzend bestelle ich einen ebenso obligatorischen Mojito und komme mit einem der Musiker ins Gespräch. Er ist sage und schreibe 87 Jahre alt, der Mann an den Bongos sei gar schon neunzig, erzählt er. Wie ein Auftritt in einer Geriatrie wirkte das allerdings nicht – in dieser Bar ist die Revolution bester Stimmung und äußerst lebendig.

Nostalgisch berichtet der Musiker von Che Guevara und den großen Tagen Ende der Fünfzigerjahre, als die Imperialisten und Yankee-Freunde aus der Stadt gejagt wurden. Ich bin mir fast sicher, dass er ein Tränchen verdrückt beim Gedanken an diese glorreiche Zeit. Auch ich bin gerührt und denke, dass es für Che vielleicht sogar eine Gnade war, den Tod vor seiner Zeit in der bolivianischen Provinz durch die Kugel eines imperialistischen Schergen gefunden zu haben. Er bleibt für immer jung, ein Märtyrer, konserviert mit entschlossenem Blick und markantem Barett auf dem Kopf. Wie sähe er wohl heute aus, hätte er sich nicht dazu entschlossen, Kuba zu verlassen, um die Revolution in die ganze Welt zu tragen? Würde er in Kampfmontur hinter einem Schreibtisch sitzen und sich mit realsozialistischen Problemen herumärgern? Ich bin mir sicher, es wären andere Bilder entstanden, die an seinem Widerstandsimage genagt hätten. So bleibt er für immer der Kämpfer mit dem großen Herzen, ein Symbol gegen Unterdrückung und für Gerechtigkeit. ¡Seremos como el Che! – das lässt sich leichter sagen mit dem Bild des unbeugsamen Helden im Kopf, nicht so gut, wenn der einstige Held zum haspelnden Tattergreis geworden ist, der sich in Widersprüche verstrickt.

Draußen vor der Tür feiert die Jugend der Stadt. Sie schmücken sich mit den Symbolen des Westens, Comandante Che sehe ich nicht auf ihren T-Shirts. Dafür die Schriftzüge amerikanischer Bands. *Slayer*, *Metallica* und *Nirvana* steht da, auch Skateboards, Iros und Tattoos sind zu sehen und, besonders aufmüpfig, Kappen der New York Yankees als das ultimative Zeichen der Ablehnung. Für die junge Generation ist die Revolution konservativ, wahrscheinlich in etwa so reizvoll und interessant wie für uns die Vorstellung, Helmut Kohl würde noch immer von Bonn aus regieren. Oder nein, noch weiter zurück, als würde Konrad Adenauer mit seiner altbackenen CDU weiterhin die Geschicke des Landes leiten.

Seit 1959, also seit dem Jahr des ruhmreichen Einmarsches in Havanna, herrscht die PCC, die Partido Comunista de Cuba, unter Fidel und von 2008 bis 2018 Raúl Castro über das Land. Sie musste mit ansehen, wie 1989 die Mauer fiel und die Weltrevolution in weite Ferne rückte. Die übrig gebliebenen kommunistischen Regime, besonders in China, haben sich bis zur Unkenntlichkeit entstellt und sind dem Kapital verfallen. Einzig Nordkorea ist noch dabei, wobei dessen steingraue und technokratische Interpretation von Sozialismus so überhaupt nicht zum sonnen- und musikverliebten Kuba passt.

Kaum zu glauben, dass die kleine Insel es geschafft hat, sich seit so vielen Jahrzehnten dem Lauf der Dinge zu widersetzen. Als Besucher kommt man sich vor wie in einer Zeitkapsel. Das ist faszinierend und aufregend, aber beim Anblick der jungen Kubaner kommt das Gefühl auf, dass die Tage der Revolution gezählt sind. Das Establishment provoziert man hier nicht mit sozialistischen Parolen, sondern mit der Hinwendung zum amerikanischen Klassenfeind. Auf Kuba schmücken sich brave und linientreue Schüler mit den Ornamenten des Klassenkampfes, Revoluzzer wählen Nike-Schuhe. Bei aller Sympathie für die alten Helden finde ich es doch nur konsequent, wenn die Jugend die Chance erhält, ihre eigene Geschichte zu schreiben.

La revolución del silencio

Als wir am 26.11.2016 aufstehen und auf die Straße gehen, ist irgendetwas anders. Wir können noch nicht sagen, was, aber Kuba fühlt sich verändert an. Gedämpft, bedrückt, irgendwie missmutig. Oder ist es nur das schläfrige Tempo der Kleinstadt Remedios, in der wir gestern am Abend angekommen sind? Die Straßen sind nahezu leer, Musik ist keine zu hören, nur ab und an begegnen wir geknickten Gestalten. Komisch. Erst mal einen Kaffee trinken, dann sieht Remedios sicher wieder kubanisch-normal aus und fühlt sich auch so an. Wir setzen uns in ein Hotel am Hauptplatz und bestellen. Wir sind die einzigen Gäste in der riesigen Lobby, im ganzen Haus ist es merkwürdig still, das Personal allerdings scheint sehr aufgeregt. Mit ernsten Mienen und sehr leise laufen die Mitarbeiter hin und her, pendeln zwischen Empfangstresen und einem Hinterraum, aus dem der flackernde Schein eines Fernsehers nach außen dringt.

Sehr mysteriös das alles. Dann kommt eine Kellnerin zu uns mit der Bestellung. Was denn los sei, fragen wir, alles sei so anders. Und dann sagt sie die Worte, die wir trotz unserer (noch) limitierten Spanischkenntnisse sofort verstehen. »¡El Maximo Líder Fidel Castro es muerto!«, der große Anführer Fidel Castro ist tot! Schon gestern am späten Abend wurde die schockierende Meldung dem Volk übermittelt, nur haben wir davon nichts mitgekriegt. Die Kellnerin ist sichtlich bewegt, ihre Stimme und ihre Hände zittern, als sie den Café Americano (ausgerechnet) vor uns auf den Tisch stellt. Auch wir sind sprachlos. In den letzten Wochen haben wir viele Witze über den greisen Comandante en Jefe gerissen und uns gefragt, wie lange er es wohl noch macht oder ob er überhaupt noch lebt. Schließlich war er für die Öffentlichkeit kaum noch sichtbar, sein Bruder Raúl sein Sprachrohr. Der kommunizierte dem Führer der Revolution das Weltgeschehen, und dieser kommentierte und gab Anweisungen. So ganz genau wusste man das in Kuba schon lange nicht mehr. Der Zeitpunkt seines Ablebens spielt für Kuba im Grunde auch keine Rolle – es wäre an jedem Datum bewegend.

Auch uns bewegt die Nachricht tief. Da überlebt der Mann über 600 Attentatsversuche der ihm stets nach dem Leben trachtenden CIA (diese Zahl hat die kubanische Regierung in Umlauf gebracht), um gerade jetzt das Zeitliche zu segnen. Eine Ära der Weltgeschichte geht zu Ende, und wir können das bezeugen. Später am Tag erklärt mir Ramon, ein etwa dreißigjähriger Angestellter einer staatlichen Tourismusagentur, dass zwar alle wüssten, wie schlecht es um den Gesundheitszustand Castros bestellt und dass es nur noch ein Frage der Zeit gewesen sei, bis das Undenkbare schließlich eintrat. Er sagt, das sei wohl in etwa so, als würde der eigene Großvater nach langem Leben und langem Siechtum schlussendlich sterben. Für Kinder, Enkel, vielleicht sogar Urenkel war Opa immer da, ein Leben ohne ihn kaum vorstellbar. Er hat das Leben der Familie bereichert mit seinen Sinnsprüchen und seiner Erfahrung. Manchmal hat er die Ansichten einzelner Familienmitglieder hart abgekanzelt, manchmal fand er milde Worte. Ganz egal, wie man zu ihm stand, seiner Meinung konnte man sich nicht entziehen. Genauso verhält es sich heute mit allen Kubanern – sie kennen kein Leben ohne Fidel. *¡Por siempre Fidel!* Jetzt, da er endgültig weg ist, entsteht ein Vakuum, das auch sein Bruder Raúl nicht lange wird füllen können. Schließlich ist auch er schon Mitte achtzig. Was danach kommt, weiß niemand. Nur, dass der 25.11.2016 nicht nur in Kuba ein historisches Datum bleiben wird, das weiß heute schon jeder.

Ein Ereignis dieser Tragweite muss entsprechend begangen werden. Die Regierung ruft eine neuntägige Staatstrauer aus. Das bedeutet, neun Tage keine Musik, keinen Tanz, keinen Alkohol. Die Auflage wird vom ersten Tag an streng umgesetzt: Polizei patrouilliert und überprüft die Einhaltung der Trauerpflicht. Bei Zuwiderhandlungen drohen hohe Geldstrafen oder Schlimmeres. Plötzlich ist die Leichtigkeit wie weggeblasen, die karibische Lebenslust ist fundamentalistischer Enthaltsamkeit gewichen, und Kuba fühlt sich plötzlich an wie der asketische Iran. Die Musik ist aus, kein Cha-Cha-Cha weht durch die Straßen, alles ist nur noch depressiv, jemand hat endgültig den Stecker gezogen.

Wirklich? Wir verlassen das verschlafene Küstenstädtchen Remedios Richtung Havanna. Ein bisschen Sensationsgier ist wohl dabei, als wir weiße Strände und sanfte Meeresbrisen eintauschen gegen die stickige Hauptstadt, die nun auch noch Trauer trägt und in der nicht mal mehr ein Mojito zu haben ist, um den Trübsinn zu vertreiben. In den ersten Tagen wird die Asche von *El Presidente* in einer Urne am Platz der Revolution aufgebahrt, Hunderttausende kommen, um zu kondolieren. In den langen Menschenschlangen kollabieren Menschen zuhauf vor Hitze und Erschöpfung, das Staatsfernsehen überträgt in Endlosschleife vom Ort des Geschehens und wiederholt Dokus, die die Heldentaten Fidel Castros seinen Untertanen immer und immer wieder in Erinnerung rufen. Moderatoren mit bedeutungsschweren Gesichtern erklären den weiteren Ablauf der offiziellen Feierlichkeiten und fragen sich, wie es nun weitergehen soll.

Am fünften Tag der Staatstrauer findet in Havanna eine offizielle Trauerfeier statt, bis zu einer Million Menschen werden erwartet, internationale Staatslenker sind eingeladen, Abgesänge auf Fidel zu halten. Es verspricht, historisch zu werden, und wir können dabei sein. Zusammen mit Tausenden anderen machen wir uns an jenem Tag auf den Weg zum Platz der Revolution, der überblickt wird von Fidels entschlossenen Mitstreitern aus den Tagen des Umsturzes, Che Guevara und Camilo Cienfuegos. Überlebensgroß blicken die beiden erhaben und entschlossen von den Fassaden riesiger Hochhäuser auf das Fußvolk, das langsam den gigantischen Platz füllt.

Die Stimmung ist entspannt, aber dem Anlass entsprechend feierlich. Die Kubaner kennen diese Art von Massenveranstaltungen schon, routiniert suchen sie sich gute Plätze und warten. Viele haben Snacks dabei und vertreiben sich die Wartezeit mit Gesprächen mit ihren Nachbarn. Unsere Begleiterin aus Havanna erzählt, das letzte Mal, als sie Fidel persönlich an diesem Ort habe sprechen hören, seien ähnlich viele Menschen da gewesen. Außerdem sagt sie, wir sollten uns auf einen langen Abend einstellen. Bei seiner letzten Performance auf dem Platz der Revolution habe der *Maximo Líder* in einer One-Man-Show sage und schreibe sechs Stunden referiert. Ständig habe er wieder bei neuen Phänomenen und Problemen angesetzt, die er seinen Landsleuten habe verständlich machen müssen, für jeden Zuhörer sei das ein Kraftakt gewesen. Gewagt, vor dem Ende zu gehen, hat natürlich niemand. Heute sprechen viele verschiedene Menschen, das verspricht wenigstens etwas Abwechslung. Der Abend beginnt mit einer eigens für Fidel geschriebenen Hymne, die als einziges Musikstück schon in den Tagen zuvor überall zu hören war. Die muss vorproduziert gewesen sein, anders geht es nicht. Andererseits weiß ich, dass auch deutsche Fernsehsender Nachrufe auf noch lebende Persönlichkeiten schon vor deren Ableben zusammenschneiden. Das sagt also nichts über einen möglichen früheren Tod Fidels. Ist ja auch egal, das ist hier und heute völlig nebensächlich. Es geht weiter mit ausgewählten Trauerrednern von Weltrang. Mit dabei sind Vertreter aus allen Weltgegenden, sie alle preisen die Verdienste Fidel Castros im Kampf gegen globale Ungerechtigkeit und rühmen seine Beharrlichkeit im Widerstand gegen die kapitalistischen Yankees aus dem Norden. Fast alle schließen wahlweise mit *¡Hasta la victoria siempre!*, dem Schlachtruf der sozialistischen Internationale, oder mit *¡Viva Fidel, Viva Cuba!* und ernten dafür den warmen Applaus des Publikums. Die Rednerliste ist imposant. Folgende Nationen haben ihre Staatschefs oder andere hohe Repräsentanten entsandt, um sich von Castro mit einer Rede zu verabschieden: Ecuador, Südafrika, die Dominikanische Republik, El Salvador, Griechenland (Alexis Tsipras wurde frenetisch gefeiert von der Trauergemeinde), Algerien, die Volksrepublik China, Iran, Russland, Vietnam, Palästina, Weißrussland, Bolivien, Mexiko, Nicaragua und Venezuela.

Alle haben sich auf die Ungerechtigkeit in der Welt bezogen und das Diktat der westlichen Welt angeprangert. Unfaire Handelsbedingungen, Verträge zugunsten des reichen Nordens, im Umkehrschluss Ausbeutung in ihren Ländern. Fidel konnte an diesem Abend noch einmal seine integrative Kraft entfesseln und die abgehängten Länder hinter sich vereinen, als Symbol für Widerstand wird er nun in den Stand eines unbesiegten

Märtyrers erhoben, der sein Leben lang gegen übermächtige Feinde gekämpft – und dabei stets gewonnen und vor allem überlebt hat.

In den folgenden Tagen hängt die Staatstrauer schwer über dem Land. Havanna ist ohne Musik nun noch träger, auf der weltbekannten Flaniermeile Malecón hängen die Menschen lustlos ab und warten darauf, bis sie endlich mit ihrem Leben weitermachen dürfen. Viele würden das lieber woanders tun – zum Beispiel in Florida. Sie wollen dem Mangel entkommen, der im ganzen Land durch die Sanktionen spürbar ist. Außerdem wollen sie mit ihrer Arbeit ein vernünftiges Auskommen erwirtschaften, das ihnen ein würdevolles Leben garantiert. Sie sind gut ausgebildet und wollen nicht täglich improvisieren müssen und von der Hand in den Mund leben.

Und so versuchen viele auf unterschiedlichsten Routen, die Insel zu verlassen. Das wird auch in der Post-Fidel-Ära so weitergehen, jedenfalls so lange, bis die verhassten und gleichzeitig verehrten Yankees ihre Sanktionen aufheben. Und dann? Keiner scheint ernsthaft zu wollen, dass sich die Insel erneut zu einer nordamerikanischen Kolonie entwickelt, die sie unter Batista ja schon einmal war. Ein Dilemma, das wohl nur rationale und weitsichtige Verantwortliche lösen können – und die sind sowohl in Kuba als auch in den USA zurzeit nicht wirklich in Sicht.

¡Adiós Cuba!

Die Insel ist ein hochspannendes, wunderschönes, sehr herzliches, manchmal auch gleichgültiges, romantisches, melancholisches, oft fröhliches, insgesamt vor allem ein sehr ambivalentes Ereignis. Ein unmöglicher Ort, einerseits isoliert vom Rest der Welt, andererseits globales Symbol für Träumer und Utopisten. Unterwegs habe ich Lucías Mom mehrfach angerufen, um Adressen, Infos zu Fortbewegungsmitteln, Apotheken oder Ratschläge zum Umgang mit Offiziellen zu erhalten, ich werde das weiterhin tun müssen, um die Insel als Ganzes zu verstehen. In einem Test würde es wahrscheinlich trotzdem niemals zu einer guten Note reichen, zu komplex, zu vielschichtig ist das Land. Ob es Lucía in Hamburg umgekehrt genauso ging mit den seltsamen Deutschen? Davon gehe ich aus.

Zum Schluss machen wir noch eine realsozialistische Erfahrung mit Cubana de Aviación, der staatlichen Fluggesellschaft. Zunächst wurde der Flug von Havanna nach Managua in Nicaragua ohne Angabe von Gründen um drei Tage nach hinten verschoben. Am Abflugtag selbst dauert alles noch mal unendlich lange, und wieder haben meine Leistungsgesellschaftsnerven Probleme, das endlose Prozedere beim Check-in zu ertragen. Am Gate verstreicht die geplante Abflugzeit, niemanden scheint das ernsthaft zu wundern. Nur ein paar Europäer scharren nervös mit ihren Füßen und schauen minütlich auf die Uhr. Plötzlich öffnet sich das Gate, wir steigen in einen Bus, der uns zum Flugzeug bringt. Allerdings öffnen sich die Türen nicht. Stattdessen fahren wir zurück und sitzen wieder am Gate.

Am wenigsten komme ich mit der spärlichen Informationspolitik des offiziellen Kuba klar: Keiner kann einem sagen, wie lange das alles noch dauern wird und wieso es überhaupt zu diesen Verzögerungen kommt. Als Bürger Kubas braucht man eine gehörige Portion Fatalismus, um das alles zu ertragen. Und Rum, wie ein kubanischer Flugreisender erklärt. Und es stimmt, in einem passiven und leicht besoffenen Zustand ist alles gleich viel leichter. Irgendwann, nach ein oder zwei oder drei oder auch vier Stunden, öffnet sich erneut das Gate, wir steigen wieder in den Bus, der am Flugzeug tatsächlich seine Türen öffnet und die Passagiere in die Maschine entlässt. Wenig später heben wir endlich ab.

Rafael war ein Gründungsmitglied der Klasse, die in unserem letzten gemeinsamen Schuljahr die 10d werden sollte. Nach zwei Jahren verließ er leider die Schule, weil eine andere Hamburger Bildungseinrichtung für ihn verkehrsgünstiger lag. Ich denke, ich spreche für die gesamte Klasse, wenn ich sage, dass wir seine herzliche, kommunikative und heitere Art bis zum Schluss vermisst haben. Mit seinen unbedarften Äußerungen hat er jedem Unterrichtsgespräch eine oft unerwartete Wendung gegeben, die auch mir oft eine neue Sicht auf die Dinge ermöglicht hat. In jeder Stunde war er Botschafter Nicaraguas, eigentlich des gesamten lateinamerikanischen Kontinents, und zeigte uns auf, wie vielfältig dieser Erdteil ist und wie erschreckend wenig wir über ihn wissen. Rafael machte uns zum Beispiel klar, dass jede Schule in Deutschland sofort den Betrieb einstellen müsste, wenn der Kontinent plötzlich aufhörte, sein Hauptexportprodukt in unsere Supermärkte zu liefern: Ohne Kaffee geht schließlich nichts in Lehrerzimmern.

Obwohl Rafael nicht mehr Teil der Klasse war, haben wir dennoch sporadischen Kontakt gehalten. Ich wusste, dass er mit seiner Familie nach der 10. Klasse nach Nicaragua zurückkehren würde, er sich darauf einerseits freute, andererseits aber auch nicht, weil das ja bedeutete, seine neu gewonnenen Freunde zurücklassen zu müssen. Damit ihm der Abschied nicht zu schwerfiel, wollte er wenigstens seinen Lehrer in der nicaraguanischen Haupt- und seiner Geburtsstadt Managua treffen. Den Gedanken fand ich gut: den Spieß mal umdrehen und mir von einem Schüler alles erklären lassen. Dazu kam es leider nicht, denn nur ein paar Tage vor seiner Abreise erhielt er eine niederschmetternde Leukämiediagnose. Die Aussichten, die das Leben nun für ihn bereithielt, waren düster: Chemotherapie für mindestens ein Jahr in einer Hamburger Klinik, wahrscheinlich sogar länger, je nach Verlauf der tückischen Krankheit. Als ich ihn in der Klinik besuchte, erwartete ich einen entsprechend geknickten Rafael. Ich war schockiert, nur durch eine Schleuse zu ihm gelangen zu können, zu hoch ist die Infektionsgefahr für ein durch eine Krebstherapie geschwächtes Immunsystem. In seinem Zimmer fand ich ihn dann nachdenklich und melancholisch, keineswegs aber desillusioniert und resigniert, eigentlich sogar recht hoffnungsfroh. Er sagte, dass es doch ein Segen sei, die Diagnose in Deutschland erhalten zu haben und nicht in Nicaragua, wo sich die Gesundheitsversorgung in einem erbärmlichen Zustand befinde. Er müsse jetzt halt eine Pause einlegen, da könne man nichts machen. Die Verwirklichung seiner Träume müsse eben noch ein bisschen warten.

Nun sitze ich an einem nicaraguanischen Strand, schreibe diese Zeilen und denke an Rafael, der noch immer im Krankenhaus liegt, mitten in dem kräftezehrenden Prozess, diese verdammte Krankheit niederzuringen. Er hat uns auf unserer Reise durch sein Heimatland aus seinem isolierten Zimmer mit Blick auf den Hamburger Winter begleitet und mit vielen nützlichen Tipps versorgt, sich immer wieder nach unserem Befinden erkundigt und sich um unsere Sicherheit gesorgt. Ich habe in jeder Nachricht rausgehört, wie sehr er darauf brennt, endlich selbst wieder eine Reise durch sein Heimatland unternehmen zu können.

Du warst uns eine echte Hilfe, Rafael, und ich wünsche Dir, jeder einzelne Deiner Träume wird in Erfüllung gehen. Ich bin da ganz zuversichtlich – mit Deiner positiven Grundhaltung kann da eigentlich nichts schiefgehen. *¡Pronta recuperación, mi amigo, manténgase fuerte!*

Endogene und exogene Prozesse – so steht es geschrieben im Hamburger Lehrplan für das Fach Geografie in Klasse 10. Erstere beschreiben alles, was seinen Ursprung im Innern der Erde hat, also Vulkanismus und Erdbeben, Letztere erklären die äußeren Einflüsse auf unseren Planeten wie Stürme, Gletscher, Gezeiten und Niederschläge. Mit Inhalt zu füllende Schlagwörter sind Epizentrum, Magma und Lava, Plattentektonik, Hurrikane, aber auch Subduktionszonen und der Pazifische Feuerring. Anfänglich kam dieses Thema bei meinen Schülern gut an. Naturgewalten sind auch aus der Entfernung spektakulär. Später wurde es ihnen dann zu theoretisch und abstrakt. »Langweilig«, hieß es dann oft und vor allem »nicht prüfungsrelevant«, denn am Ende der 10. Klasse standen wichtige Abschlussprüfungen an, die alle Energie aufzusaugen drohten. Außerdem spielten in den freitagnachmittäglichen Geografiestunden immer schon das Wochenende, Partys und das jeweils andere Geschlecht eine größere Rolle als staubige Atlanten in einem miefigen Klassenzimmer. Noch zwei Stunden absitzen und dann ab in die Freiheit. Ich kann das gut verstehen, ich war ja auch mal Schüler.

Ich behaupte allerdings, dass kein Schüler beim Anblick eines rauchenden Vulkans auf die Idee käme, endogene Prozesse als »langweilig« zu bezeichnen oder exogene als »uninteressant« im Angesicht perfekter pazifischer Wellen, die auf einen palmengesäumten Strand donnern, oder karibischer Brandung, die sanft und azurblau langsam, aber sicher die Küstenlinie des Landes verändert und sich ab und zu mit der Energie von Tropenstürmen zu wahren Monstern auftürmt. Schier überwältigt wäre auch der lustloseste Pennäler im tropischen Nebelwald, der dank des fruchtbaren vulkanischen Bodens hier noch üppiger wächst als anderswo und eine verschwenderische Artenvielfalt in sich beherbergt, die einem den Atem raubt. Vom Pflanzenreichtum mal abgesehen, gibt es viele Affenarten, faszinierende Amphibien, unzählige Vogelarten in allen Farben und Größen, außerirdisch anmutende Insekten, große und kleine Fische in den Flüssen und Seen und, meine absoluten Favoriten, Faultiere, die träge in den Bäumen hängen. Für einen Pausensnack braucht man an vielen Stellen einfach nur in den nächstbesten Baum zu greifen: Hier wachsen Mangos, Guaven, Papayas, Bananen, Avocados, Kokosnüsse, Erdnüsse in den Ebenen, Kaffee und Kakao auf Plantagen. Exkursionen nach Nicaragua sollten obligatorisch sein für jeden Leistungskurs Geografie. Der könnte dann auch die Kehrseite des Landes beleuchten, die globalen und lokalen Disparitäten, denn trotz dieser gigantischen Fülle an natürlicher Schönheit ist Nicaragua nach Haiti das zweitärmste Land des lateinamerikanischen Kontinents.

Deutschtümelei im Schwarzwald

Rafael hat den Selva Negra, den Schwarzwald Nicaraguas, als lohnenswertes Ziel ausgewiesen. Er liegt im Norden des Landes, und seine Namensgebung geht tatsächlich auf deutsche Einwanderer aus dem Schwarzwald zurück, die Mitte des 19. Jahrhunderts hier siedelten, um Kaffee anzubauen. Dies taten sie sehr erfolgreich, der Boden ist fruchtbar, die Bedingungen noch heute großartig. Sie waren die Ersten in der bergigen Region um die Städte Matagalpa, Jinotega und Estelí, die das Geschäft mit dem Kaffee erfolgreich und professionell aufzogen. Der vulkanische Untergrund half ihnen dabei, gute Ergebnisse zu erzielen. Das ging so lange gut, bis das nationalsozialistische Deutschland begann, ganz Europa ein zweites Mal mit Krieg zu überziehen und einen Völkermord zu begehen. Nicaraguas Verbündete waren England und Frankreich, und so erklärte es den Deutschen 1941 den Krieg und fing an, deutschstämmige Siedler zu verfolgen und zu verhaften. Angeführt wurde dieser Feldzug von Anastasio Somoza García, dem damaligen Diktator Nicaraguas, dessen Nachfolger aus der eigenen Familie das Land in den folgenden Jahrzehnten als Selbstbedienungsladen begriffen und es noch lange beschäftigen sollten.

Vielleicht können heutige deutschtümelnde Zeitgenossen in Deutschland daraus lernen, dass Sippenhaft keine wirklich faire Sache ist. Konkret will ich sagen, dass niemand Muslime dafür verantwortlich machen sollte, dass irgendwelche durchgeknallten Kriminellen im Namen ihrer Religion übelste Verbrechen begehen. Die deutschstämmigen Einwanderer in Nicaragua und anderswo in der Welt hätten das ihrerzeit sicher auch begrüßt.

In den Fünfzigerjahren kamen Nachfahren der deutschen Siedler zurück in den Selva Negra. Bis heute bauen sie erfolgreich Kaffee an und betreiben eine Hacienda mit Unterkünften für Touristen. Das Anwesen ist riesig, wunderhübsch und besteht aus drei Komponenten: Zum Tal erstreckt sich die ausgedehnte Kaffeeplantage, auf halber Höhe liegt die Ferienhacienda, und oberhalb davon wilder Nebelwald. Für uns sind das drei Tage Abenteuer.

Am ersten Tag fahren wir auf unserem gemieteten Motorrad die Plantagen ab wie Großgrundbesitzer vergangener Tage, überprüfen kritisch die rot funkelnden Kirschen in den Sträuchern, die ausgesprochen sonnenempfindlich und auf den Schutz der schattenspendenden Bananen und Avocados angewiesen sind, und grüßen während der Fahrt lässig die Arbeiter in den Feldern, die die zarten Kaffeepflanzen mit Macheten von lästigem Unkraut befreien.

Am zweiten Tag bestaunen wir die kleinen Häuschen für die Touristen in der mittleren Ebene, die seltsam deutsch von hüfthohen Lattenzäunen eingehegt sind. Überall sind Gärtner unterwegs, befreien die Gärten vom Wildwuchs und stutzen die üppige Vegetation auf ein für Touristen erträgliches Maß. Sogar Laubbläser, Kantenschneider und elektrische Heckenscheren kommen zum Einsatz. Hach, ich fühle mich wie zu Hause, wo mein Vater seit meinen Kindheitstagen täglich mit diesen Geräten hantiert und ihr Sound mich unzählige Male unsanft, aber vertraut aus dem Schlaf gerissen hat. Auch der Geruch von abgeschnittenem Gras weckt Erinnerungen an lange vergangene, aber wunderschöne Tage. Diese werden noch verstärkt, als ich die Karte des Restaurants studiere. Auf der stehen Schwarzwälder Kirschtorte, Kaffee in Kännchen und Wiener Schnitzel mit Pommes. Ich bin verliebt in den Selva Negra. Auch die nicaraguanischen Touristen finden das großartig. Auf der Terrasse machen sie Selfies mit ihrer Torte auf dem Teller vor einem See, der genauso im Schwarzwald liegen könnte.

Am dritten Tag brechen wir auf in die Nebelwälder des Anwesens, das eigentlich ein ganzer Gebirgszug ist. Wir denken nach den Erfahrungen des zweiten Tages, im Selva Negra sei alles so hübsch übersichtlich wie im Touristendorf. Irrtum. Nach einem steilen Aufstieg entlang anfangs noch gut gepflegter Pfade wird das Terrain immer undurchdringlicher. Wirklich verlaufen könne man sich ja nicht, erkläre ich noch großmäulig, im Zweifel einfach wieder abwärts. Ganz so einfach ist das dann allerdings doch nicht; als es oben so langsam dunkel wird und es auch noch anfängt zu regnen, werden die schmalen Wege immer rutschiger, die Umgebung ist nur noch schemenhaft zu erkennen. Einfach talwärts geht nicht, überall wuchert dichtes Gestrüpp auf steilem Untergrund. Wir müssen mühsam den nur noch zu erahnenden Pfaden folgen.

Zwischendurch kann ich nicht mal mehr sagen, ob ich hoch-oder runterlaufe, ein schöner Erdkundelehrer bin ich. Zum Glück behält Luisa einen klaren Kopf. Sie identifiziert die Wege, die sich mittlerweile in braune, schlammige Rutschbahnen verwandelt haben, und führt uns nach einigen Stunden ver-schrammt und geschunden von tropischen Schlingpflanzen, klatschnass und matschverschmiert ins nun umso surrealer wirkende Museumsdorf, und ich freue mich, ganz Teutone, auf ein bayerisches Weißbier, das im Restaurant selbstverständlich auch auf der Karte steht.

Jenseits des Schwarzwaldes lebt der perfekte Erdkundelehrer

Auf unserem Motorrad verlassen wir den Schwarzwald, nur um hinter seinen nebelbewaldeten Hügeln erneut auf einen Deut-schen zu treffen. Hier residiert Jürgen nur auf den ersten Blick abgeschottet von der Welt. Er ist ein Aussteiger alter Schule, kam als Lehrer nach Nicaragua und hat sich im Laufe der Jahre ein wirklich bezauberndes Domizil im Süden der Cordillera Isabelia, der nordnicaraguanischen Gebirgskette, gebaut. Völlig autark lebt er dort mit seiner kleinen Familie, versorgt sich mit Strom aus einem Mini-Wasserkraftwerk, das in einem Bach auf seinem Grundstück installiert ist, baut Kaffee an und beher-bergt Reisende aus aller Welt, die sein selbst angebautes Röst-werk mal mehr, mal weniger lecker finden.

Ihn aufzuspüren war gar nicht leicht: Auf dem Weg ist eine der Bremsen ausgefallen, dadurch wurde die Anfahrt über holp-rige Schotterpisten, vorbei an kleinen Dörfern und durch dichte Vegetation, zu einem Drahtseilakt. Mehrfach habe ich unser zweirädriges Gefährt nur knapp an Abhängen vorbei wieder in die Mitte des Weges manövrieren können. Hinzu kamen matschige Spurrinnen, die uns immer wieder auf Abwege führten, und ein erstaunlich ergiebiger Regenguss. Darüber sollte man sich nicht wundern, immerhin befinden wir uns in den Tropen. Trotzdem war dies ein massives Naturereignis, das den Weg nahezu auflöste und uns zu einer langen Pause unter dichtem Blattwerk zwang.

Wirklich aufschlussreich, die Klimadiagramme aus den Schulatlanten mal mit der Realität abzugleichen. Die jährliche Niederschlagsmenge im nicaraguanischen Nebelwald ist ungleich höher als die im nicht eben regenarmen Hamburg, so viel war theoretisch klar. Was so ein staubtrockenes Klimadiagramm mit seinen abstrakten Zahlen aber nicht wirklich veranschaulicht, bekommen wir auf dem Weg zu Jürgen zu spüren. Der Regen wird zu einem dichten Vorhang, durch den man keinen Meter weit gucken kann, und es ist so laut, dass man sein eigenes Wort nicht mehr versteht. Jedes noch so teure Stück Funktionskleidung verwandelt sich in einen lächerlichen Fetzen nutzlosen Stoff, der triefnass und sinnlos am Körper klebt. Als einziger wirkungsvoller Schutz gegen den Guss erweist sich die eigene Haut. Zum Glück ist es warm in den Tropen, und zum Glück verschwinden die Wolken genauso schnell, wie sie gekommen sind. Auf unserem Motorrad, einer Maschine chinesischen Fabrikats mit 250 Kubikzentimetern, rutschen wir talwärts und kommen auf Jürgens kleiner Hacienda zum Stehen.

Jürgen freut sich über unsere Ankunft. Er hatte vorher am Telefon lapidar angekündigt, dass die Fahrt zu ihm ein Kinderspiel sei, die vier Kilometer von der Hauptstraße quasi im Schlaf zurückgelegt werden könnten. Nun sitzen wir abgetrocknet und geschlaucht von der doch irgendwie nervenaufreibenden Fahrt mit ihm bei einer Tasse seines selbst angebauten und gerösteten Kaffees auf seiner prachtvollen Terrasse im üppig grünen Garten, und er erklärt, wie er vor einigen Jahren begann, dieses

Stück Land nach seinem Gusto zu formen und ein Haus darauf zu errichten. Alles Baumaterial hat er selbst hierhergeschafft, jeden einzelnen Stein in der Stadt besorgt und an Ort und Stelle transportiert. Am Anfang hat er wochenlang in einem Zelt geschlafen, umgeben von nichts außer Wald. Ich bin beeindruckt, Jürgen hat die Einsiedelei perfektioniert und sich im nicaraguanischen Nirgendwo ein herrliches Idyll geschaffen. Nach Nicaragua gekommen ist er vor vielen Jahren als Lehrer für den Deutschen Akademischen Austauschdienst, hat sich dann immer weiter von der Hauptstadt Managua und seiner Profession entfernt, um eines Tages hier zu landen. Über die Jahre ist er das geworden, was wohl viele Kollegen meiner Zunft gerne wären: der perfekte Erdkundelehrer.

Für eine Tour, die uns über zwei Stunden quer über sein Anwesen führt, rüstet Jürgen sich mit einer Machete aus. In Kombination mit Hut und seinem urbayerischen Akzent wirkt er plötzlich wie eine alpine Hippievariante von Crocodile Dundee, dem australischen Archetyp des Abenteurers und Held meiner Jugend. Das Werkzeug sei unbedingt notwendig, erklärt er, denn in diesen Breiten wachsen die Pflanzen derart rasant, dass die schmalen Pfade, die sich die steilen Hänge hinter seinem Haus hinaufschlängeln, mehrmals die Woche freigeschnitten werden müssen.

Beim Aufstieg verheddere ich mich auch prompt in dichtem Gestrüpp, das aus allen Richtungen zu wachsen scheint. Mit gekonnten Hieben befreit Jürgen mich aus meiner misslichen Lage und weist darauf hin, dass Pflanzen hier tatsächlich auch von oben wachsen. Im Kampf um Sonnenlicht siedeln sogenannte Epiphyten hoch oben auf den Ästen ihrer Wirtsbäume, in diesem Fall den Phorophyten, und haben so einen deutlich kürzeren Weg zum freien Himmel oberhalb der Baumwipfel. Eine schicksalhafte Gemeinschaft, denn die Baumriesen brechen früher oder später unter dem Gewicht der Mitbewohner zusammen. Beide sterben ab und verwandeln sich in natürlichen Dünger für nachfolgende Pflanzen. Von einer parasitären Beziehung würde Jürgen deshalb auch nicht sprechen, die Pflanzen sind ganz einfach Teil des ewigen natürlichen Kreislaufs vom Kommen und Vergehen, der in tropischen Gefilden viel schneller abläuft als in unseren Breiten.

Parasiten, das sind für ihn in erster Linie die Menschen, die sich die Natur in rabiater Art und Weise untertan machen. Besonders im agrarischen Nicaragua, das nach wie vor unter großer Armut stöhnt, entdecken Farmer immer mehr die Rinderzucht für sich. Das Fleisch der Tiere bleibt dabei keineswegs im Land, sondern wird fast ausschließlich in die reichen Nationen dieser Welt exportiert. Natürlich auch nach Deutschland. Es hat in den letzten Jahren sogar den Kaffee als wichtigstes Exportprodukt abgelöst. Bis zur Schlachtreife brauchen die Tiere viel Platz, deswegen wird in Nicaragua viel gerodet. Der Urwald geht dadurch für immer verloren, der Boden bleibt, für immer seiner Artenvielfalt beraubt, degeneriert und instabil zurück.

Für bewussten Konsum überall auf der Welt plädiert Jürgen deshalb, ohne dabei oberlehrerhaft zu wirken. Das muss er auch gar nicht, die Umgebung spricht für sich selbst. Als wir den Bergkamm oberhalb seines Grundstücks erreichen, können wir auf der anderen Hangseite kahl geschorene Hänge sehen. Sie dienen auf dieser Tour quasi als Mahnmal für uns als Vertreter der Spezies *Homo parasiticus*.

Bewusster Fleischkonsum – das war oft Thema in den Geografiestunden mit meiner Klasse. In Klasse 9 sieht der Hamburger Lehrplan den großen Themenkomplex Nachhaltigkeit vor. Wir haben unseren ökologischen Fußabdruck bemessen (meiner war mit Abstand der größte, und das nicht aufgrund meines Alters, vielmehr wegen regelmäßiger Fernreisen mit

dem Flugzeug), haben Möglichkeiten erörtert, Energie im Alltag zu sparen, und unseren Lebensmittelkonsum auf die Probe
gestellt. Ich selbst habe mich dabei oft als *Flexitarier* dargestellt,
der aus ethischen und ökologischen Gründen an Tagen seiner
Wahl auf Fleisch verzichtet. In Wahrheit muss ich aber zugeben,
dass mein eigener Konsum wohl kaum zum Erhalt der Regen-
wälder Süd- und Mittelamerikas beiträgt, da ist definitiv noch
Luft nach oben.

Meine Schüler haben ohnehin schnell gemerkt, dass ich da
eine idealtypische Fantasiefigur erfinde, die nicht deckungsgleich ist mit der Person, die sie vor sich hatten. Wird also Zeit,
meinen eigenen Konsum von fast allem zu überdenken. Ich bin
derart faul geworden in der Lehrerwohlstandsoase. Den Begriff *Flexitarier* sollte man generell auf die Probe stellen. Eigentlich ist er nur ein jämmerlicher Euphemismus, mit dem man so
ziemlich alles schönreden kann. So ähnlich wie *Genussraucher*
oder *Gelegenheitstrinke*r. Auch das bin ich, aber das ist ein anderes Thema.

Nachhaltig geht es mit Jürgen weiter, als wir auf unserer
Wanderung seine kleine Kaffeeplantage erreichen. Hier, oberhalb seines Anwesens, sind die Bedingungen perfekt: Es ist nicht
zu heiß und nicht zu kalt, die Temperaturen betragen das Jahr
hindurch zwischen zwanzig und dreißig Grad, und insgesamt
hält das Wetter nur wenige Überraschungen bereit. So mögen es
die zartbesaiteten Sträucher, bloß keine extremen Ausschläge
nach oben oder nach unten. Auch strebt der Kaffee, der, wie gesagt, nicht gerade als Sonnenfanatiker bekannt ist, anders als
viele andere Arten des Regenwaldes nicht in einem brutalen
Verdrängungswettkampf erbarmungslos nach oben zur Sonne.
Vielmehr brauchen die wertvollen Zöglinge sogar Schatten für
ideales Wachstum. Deshalb stehen in der Plantage Bananen-
stauden und Avocadobäume, die die sensiblen Sträucher für-

sorglich beschirmen und ein ausgewogenes Licht- und Schattenverhältnis gewährleisten. Will man ein gutes Ernteergebnis erzielen, müssen die Pflanzen natürlich gut gepflegt und von Unkraut befreit werden. All dies macht Jürgen gemeinsam mit nur einem Mitarbeiter.

Von der Aussaat bis in die Tasse bedeutet das jede Menge Arbeit. Hut ab vor dieser Leistung, das Aussteigerleben bedeutet für Jürgen keinesfalls lässiges Schwingen in einer Hängematte unter tropischer Sonne, es ist, im Gegenteil, harte Arbeit. Er kann sich sogar erlauben, den Kaffee ökologisch *und* fair gehandelt herzustellen, weil er, anders als alle anderen nicaraguanischen Kaffeefarmer, nicht auf den Gewinn angewiesen ist. Er findet, wir Konsumenten sollten zuerst darauf achten, dass wir unser Lieblingsgetränk aus fair gehandelten Quellen beziehen. Denn nur wenn Farmer und Arbeiter ihren gerechten Anteil am Gewinn bekommen, können sie in einem nächsten Schritt auf ökologischen Landbau umsatteln. Der ist arbeitsintensiv und teuer und kaum zu machen für Kaffeefarmer vor Ort, solange wir nicht bereit sind, etwas mehr Geld für das Pulver auszugeben, das unsere Büros, Betriebe und Schulen erst arbeitsfähig macht.

Hinzu kommt, dass viele Bauern gar nichts wissen über Biodünger und biologisch abbaubare Pestizide, sie kennen nur die chemische Keule, die selbstverständlich von großen Industriekonzernen eingekauft werden muss. Aus- und Weiterbildung sind also entscheidend für die Emanzipation der Bauern und den Schutz der Natur. Zurzeit ist das Geschäft mit dem Schmiermittel westlicher Gesellschaften ein schmutziges. Jede einzelne der rot leuchtenden Kaffeekirschen muss von Hand geerntet werden, der durchschnittliche Tageslohn für einen Pflücker auf einer nicaraguanischen Plantage beträgt nicht mehr als zwei, drei Dollar pro Tag. Damit kann man auch in Nicaragua nicht ernsthaft eine Familie ernähren, damit kann man sich nur knapp oberhalb des Existenzminimums von Plantage zu Plantage schleppen und auf Arbeit hoffen.

Jürgen selbst lebt unter anderem von seinen herzallerliebst eingerichteten *Cabañas*, die er an Touristen vermietet. So ganz unabhängig ist er dann doch nicht, wie er nach unserer Tour bei wirklich fantastischem Kaffee aus eigener Herstellung feststellt. Als touristischer Kleinstunterunternehmer muss er irgendwie auf sich aufmerksam machen. Ohne Internet geht da gar nichts, und hier ist er dann doch auf Bewertungen angewiesen, die die Touristen als Orientierungshilfe benutzen. Ich muss lachen, als er uns vorsichtig bittet, vielleicht ein paar warme Worte auf einer Reiseplattform über ihn zu verlieren. Am Anfang hatte ich das Gefühl, der Mann stehe komplett über so unbedeutenden und profanen Dingen wie dem Internet. So ganz kann er sich dem weltlichen Treiben dann offenbar aber doch nicht entziehen.

Als ich ihn im Internet finde, wird mir auch klar, warum er gerne ein paar positive Berichte auf seiner Seite lesen würde. Vor uns waren ein paar Besucher dort, denen sein Kaffee offenbar überhaupt nicht geschmeckt hat. Die Lektüre ist echt lustig und deckt sich überhaupt nicht mit dem, was uns geboten wurde. Ich glaube allerdings, es ging nicht so sehr um den Kaffee, als vielmehr um den streitbaren Jürgen selbst. Er ist ein gradliniger Typ, der Konflikte nicht zu scheuen scheint. Vielleicht ist das unseren Vorgängern übel aufgestoßen.

Ich finde es komisch bis tragisch, dass man als Mensch überall Kompromisse machen muss, dass wir immer ein kleines bisschen auf das Wohlwollen unserer Artgenossen angewiesen sind. Sogar so einer wie Jürgen im nicaraguanischen Urwald. Mir bleibt seine Erdkundestunde lebhaft und ausgesprochen positiv in Erinnerung, gerne würde ich ihn mal einladen in eine meiner eigenen Stunden. Er hat mir vor Augen geführt, was ich aufgrund meines Geografiestudiums schon wusste, was eigentlich jeder aufgeklärte Kaffeetrinker und Fleischkonsument weiß, aber mit wahrer Leidenschaft, vor Ort und ohne ein einziges Körnchen vom Staub der Theorie. Es ist gut zu wissen, dass es Menschen wie Jürgen gibt, die hart für ihren Traum arbeiten, der sich dann schlussendlich in einem wunderschönen Garten Eden mitten im Urwald manifestiert.

Zum Abschluss kaufen wir ihm ein Pfund fair produzierten und ausschließlich ökologisch behandelten Kaffee ab und verabschieden uns auf unserem Motorrad mit nur einer Bremse Richtung Ozean.

Wellenschlitzen

Neben Kaffee sind Wellen ein weiteres Lifestyleprodukt Nicaraguas. Sie brechen besonders schön an der pazifischen Küste, deren Verlauf sie im Laufe von Jahrmillionen geformt haben und weiterhin formen. Als Erdkundelehrer nenne ich das einen exogenen Prozess, als Betrachter bin ich sprachlos über den wunderschönen und perfekten Verlauf der Wellen, und im Wasser staune ich in Ehrfurcht über die gewaltige Kraft, die der Ozean entfesseln kann. Eigentlich entfesselt sie nicht der Ozean, sondern der Wind, der in Tiefdruckgebieten irgendwo über dem Pazifik seine Energie auf das Wasser überträgt und den sogenannten *Swell* nährt, der dann die Westküsten des gesamten amerikanischen Kontinents und die zum Ozean ausgerichteten Ostküsten Asiens und Australiens erreicht, ihre Küsten formt und den Surfer allerorten frenetisch feiern. Der *Swell* ist auch Dauerthema in Gesprächen mit ihnen.

Am ersten Tag in Playa Gigante im Südwesten Nicaraguas werde ich also mit meinem Brett von Energie auf den Strand geschmettert, die ihren Ursprung in der Atmosphäre irgendwo über dem Pazifik hat. Wenn man es ganz genau nimmt, ist eigentlich die Sonne mit ihrer Strahlung verantwortlich für meinen unsanften Aufschlag und die fiesen Schürfwunden auf dem Rücken. Sie erwärmt die Erde vom Äquator zu den Polen ungleich, sodass zwangsläufig warme (Äquator) und andernorts kalte (Pole) Luftmassen entstehen, die entweder in die Höhe steigen (warm) oder abfallen (kalt) und dadurch Hoch- und Tiefdruckgebiete erst entstehen lassen. Da die Sonneneinstrahlung in äquatorialen Gefilden intensiver ist, es also wärmer ist, gibt es hier besonders viele Tiefdruckgebiete. Die Natur, stets um Ausgleich bemüht, möchte aber, dass der Luftdruck überall gleich ist. Es strömt also Luft von Gebieten mit höherem in Gebiete mit niedrigerem Luftdruck. Das nennt man dann Wind. Oder Sturm, Orkan, Hurrikan oder Taifun – je nachdem, im Grunde sind das alles gigantische Tiefdruckgebiete.

Am niedrigsten ist der Druck in ihrem Zentrum, also im Auge des Hurrikans, und genau dorthin strebt all die Luft. Die kreisförmigen Bewegungen, die man in solchen Tiefs auf meteorologischen Karten sehen kann, entstehen durch die sogenannte Corioliskraft. Diese Kraft bezeichnet die Energie, die durch die Erdrotation auf die Luftströmungen einwirkt und ihnen dann die charakteristischen Wirbel verleiht. Um es ganz genau zu nehmen, sind es aber weder die Sonne, Tiefdruckgebiete, Corioliskräfte oder andere Wetterphänomene, die für meine Hautabschürfungen verantwortlich sind, sondern mein eigener Übermut. Aus der Hängematte unseres über dem Strand thronenden *Monkey House Hostels* sah die Naturgewalt so sanft und zugänglich aus.

Ein blutiger Anfänger bin ich nicht, einen blutigen Rücken habe ich aber. Schon andernorts habe ich beobachtet, dass Surftouristen, ganz egal, wo auf der Welt, sich gegenseitig extrem auschecken. Das ist wie auf dem Schulhof. Niemand will sich eine Blöße geben, alle erwecken den Eindruck, als wären sie perfekte Wellenreiter. Sie tragen die Embleme der Surfindustrie wie Monstranzen vor sich her, beäugen sich gegenseitig skeptisch und lachen nur selten. Wenn sie gut gelaunt sind, ist vielleicht mal ein Kopfnicken drin oder ein lässiges *»What's up, Dude?«*. Das ist jedenfalls mein Grundgefühl, als ich, geschwächt und gedemütigt vom Ozean, mit meinem Surfbrett unterm Arm zurück in unsere Herberge schleiche und nun bestehen muss im Spalier meiner äußerst coolen und abgeklärten Mitbewohner.

Der Coolste von allen ist Oliver, Inhaber des *Monkey House*, *Local* und seines Zeichens *Surfpro*. Ganz entgegen meinen Befürchtungen mustert er mich nicht spöttisch und verächtlich, sondern lächelt milde und verständnisvoll. Auch alle anderen sind entspannt und freundlich, bieten mir sogar ein beruhigendes Bier an. Viele scheinen geradezu dankbar und erleichtert, dass da jemand seine Unzulänglichkeiten so offensichtlich zur Schau tragen muss. Es erlöst sie (und auch mich) vom Perfektsein-Müssen, das die Surfindustrie mit ihren Hochglanzbildern vorgibt. Blöße zeigen befreit einen selbst und alle anderen um einen herum also ungemein. Auch meinen Schülern kann ich diese Haltung nur sehr ans Herz legen: Entspannt euch, und seid euch sicher, dass ihr nicht die Einzigen seid, die sich ab und zu mal schwach fühlen.

Oliver kennt diesen Küstenabschnitt wie seine Westentasche und gibt mir ein paar Tipps für die nächste Konfrontation mit dem Ozean. Das heißt, Konfrontation ist das falsche Wort. Besser passt harmonische Begegnung mit den Wellen. Wie immer im Leben solle man stets mit dem *Flow* gehen, erklärt er. Im *Line-up* der Surfer abwarten, tief in den Bauch atmen, das Ausatmen nicht vergessen, passende Welle anpeilen, energisch anpaddeln, aufstehen, runtersurfen und die Energie des Ozeans

auf einem entspannten Ritt nutzen, anstatt gegen sie anzu-
kämpfen.

Auch Oliver ist auf seine Art und Weise ein perfekter Erdkundelehrer. *»The waves are your friends«*, sagt er noch, während
er nachdenklich auf den unendlichen Pazifik blickt, und fügt
hinzu: *»Some people aren't.«* Ich bin irritiert – dieser Ort und
seine Menschen wirken unendlich freundlich auf mich; mir ist
nicht klar, von wem er wohl redet. Oliver klärt auf.

Some people, das sind die Planer des Nicaraguakanals, dessen
Verwirklichung schon seit Jahren wie ein Damoklesschwert
über dem *Monkey House*, den anderen Bewohnern Playa Gigan-
tes und seinen Nachbarbuchten schwebt. Das Projekt soll den
Pazifik mit der Karibik verbinden und ist das Lieblingskind des
sozialistischen, skandalumwitterten und ebenso schillernden
Präsidenten Daniel Ortega. Mit dem Kanal würde Nicaragua
Panama den Rang ablaufen, da diese Passage viel breiter und
tiefer werden würde als die dortige Verbindung zwischen den
Ozeanen. Größere Schiffe mit höherem Frachtvolumen seien
hier möglich, und Nicaragua werde so zum Nadelöhr für globale
Warenströme zwischen Asien, Nordamerika und Europa. Das
Land könne die Armut mit einem Schlag überwinden, viele Arbeitsplätze entstünden allein durch den monumentalen Bau.
Später katapultiere die Verwaltung des Kanals das kleine mit-
telamerikanische Land an die Spitze des Großkapitals und der
Globalisierung. Nicaragua wäre plötzlich ein gewichtiger Spie-
ler im großen Konzert der Weltwirtschaft. So gehen die Gedan-
kenspiele der Regierung Ortega.[6]

---

6 Stand Juni 2018 hat Präsident Ortega ganz andere Probleme als den Kanal. Seit Mitte April gibt es im ganzen Land gegen ihn und seine Frau Ro-
sario Murillo, die Vizepräsidentin, massive Proteste, die zum Teil blutig
niedergeschlagen wurden. In der Schule zeigte Rafael sich immer sehr
politisch und klärte uns auf, dass Begriffe wie links und rechts in Latein-

Oliver sieht das naturgemäß ganz anders, denn der Eingang des geplanten Kanals läge genau hier, zu Füßen seines Paradieses, in dem die Wellen so ungestört auf den Strand treffen. Mehr noch – der Kanal soll durch den nur wenige Kilometer landeinwärts gelegenen Nicaraguasee ostwärts in die Karibik führen. Der See ist das größte Süßwasserreservoir Mittelamerikas, Lebensgrundlage vieler Menschen und Heimat einzigartiger Arten wie des Bullenhais, des weltweit einzigen größeren Hais, der auch in Süßwasser leben kann. Der Kanal würde das sensible Gleichgewicht dieses Ökosystems empfindlich stören, denn durch die Verbindung zum Ozean stiege der Salzgehalt des Wassers. Seine Nutzung wäre plötzlich unmöglich, die endemischen Arten vom Aussterben bedroht. Und profitieren würden sowieso nur wenige, da dürfe man sich keine Illusionen machen.

Das ist ein bisschen wie bei der Elbvertiefung, die oft Thema war in meinem Geografieunterricht und die Thema bleiben wird in ganz Hamburg und seinem Umland. Im Gegensatz zu Nicaragua möchte Hamburg kein Global Player der Weltwirtschaft werden, sondern einer bleiben. Dazu muss die Elbe von ihrer Mündung bis zum Hafen immer tiefer werden im Wett-

---

amerika eine noch tiefere Bedeutung haben als bei uns. Heute interpretiert er den Konflikt wie folgt: Der ehemals linke Revolutionär Ortega ist nur noch ein weiteres Beispiel für Cliquenwirtschaft, Machtmissbrauch und persönliche Bereicherung. Er klammert sich an die Macht und hat dabei keinerlei Skrupel, auch auf seine eigenen Leute zu schießen, während in den Straßen alte Revolutionslieder gesungen werden, die er einst mitsang, um 1979 den korrupten Somoza zu stürzen.

Stand Juni 2018 ist auch, dass Rafael selbst gerne in sein Heimatland reisen würde. Nicht so sehr, um den Protesten beizuwohnen, sondern um Freunde und Verwandte zu besuchen. Noch immer ist dies aus gesundheitlichen Gründen nicht möglich, und noch immer wünsche ich ihm von Herzen, dass er diese Reise, nach der er sich so sehnt, bald gesund und munter antreten kann.

bewerb um Ankerplätze für immer größere Schiffe. Auch hier droht die Versalzung des Flusses durch einfließendes Wasser aus der Nordsee, auch hier können Anlieger wie die Obstbauern im Alten Land das Wasser nicht mehr zur Bewässerung ihrer Obstplantagen nutzen, und auch hier sind endemische Arten in Gefahr. Zwar ist der Schierlings-Wasserfenchel nicht so spektakulär wie ein Bullenhai, aber zweifellos hat auch er eine Existenzberechtigung. Auf der anderen Seite steht die Hamburger Hafenwirtschaft mit ihrer Tradition und ihren Arbeitsplätzen, die langfristig verloren gingen, würde man die Elbe nicht ausbaggern. Was also tun? In Nicaragua geht das Dilemma noch weiter: Jenseits des Sees im Osten des Landes leben viele indigene Völker, deren Territorium der Kanal durchschneiden würde. Enteignungen und Vertreibungen sind nicht unwahrscheinlich, die jetzige Regierung steht nicht im Ruf, besonders rücksichtsvoll zu sein. All die Probleme hat man auf offizieller Seite bei der Planung des Kanals, dessen Realisierung im Moment allerdings durch finanzielle Schwierigkeiten eines chinesischen Investors in weite Ferne gerückt ist, großzügig übersehen. Ortega ist es scheinbar aber durchaus zuzutrauen, dass er andere Mittel und Wege findet, denn für seine Vision von einem unabhängigen Nicaragua und seine eigene Unsterblichkeit ist der Kanal von fundamentaler Bedeutung.

Im Unterricht war auch Rafael immer hin- und hergerissen. Könnte der Kanal, der der Natur und den Menschen enorme Opfer abfordern würde, das Land, in dem noch immer Kinder unterernährt sind, auf einen Schlag reich machen? Oder würden am Ende doch nur einige wenige ihre Geldbündel zählen, und die Anwohner des Sees, die indigenen Völker Zentralnicaraguas, Oliver und die Surfer im *Monkey House* hätten das Nachsehen? Ein perfektes Dilemma für eine Abituraufgabe, in der man zu einem eigenen Ergebnis kommen muss:

*Wägen Sie die Kosten und Nutzen des Nicaraguakanals
gegeneinander ab. Geben Sie den Entscheidern in der
nicaraguanischen Regierung anschließend eine begründete
Empfehlung für oder gegen den Bau.*

Mein Ergebnis steht nach einigen gestandenen und perfekt abgerittenen Wellen fest: Dieses Paradies darf nicht zerstört werden. Seine ursprüngliche Art hat das Potenzial, dem Land auf nachhaltigere Art und Weise aus der Krise zu helfen. Trotz aller nicht zu leugnenden Probleme wirkt dieser Ort zu sehr im Gleichklang mit seiner Umwelt.

Dieser Eindruck wird noch verstärkt bei unserer Anfahrt auf die Isla de Ometepe, eine unvergleichliche Doppelvulkaninsel im Nicaraguasee, auf die uns ein rostiger Seelenverkäufer ein paar Tage später aus der Provinzhauptstadt Rivas bringt. Dieser Anblick ist wohl einzigartig auf der Welt: Zwei Vulkane erheben sich mächtig in sattem Grün mit wolkenumsäumten Gipfeln aus dem Wasser. Der Concepción und der Maderas dominieren das ohnehin schon fantastische Panorama. Nicaragua ist der vulkansteinige, üppige Karibiktraum aller Erdkundelehrer.

Wandertag

Wenn in der Schule ein Wandertag ansteht, sind es meist die Schüler, die übernächtigt und in einem oft lustlosen und desolaten Zustand am vereinbarten Treffpunkt auflaufen. Trotz einiger Nica-Libre-Longdrinks, einer Variante des Cuba Libre, mit unserer vierköpfigen Reisegruppe am Abend zuvor sind alle pünktlich da, als es um fünf Uhr morgens losgehen soll zum Gipfel des Concepción. Nur der Reiseleiter fehlt. Das ist seltsam, denn uns wurde immer wieder vehement eingeschärft, dass wir unbedingt früh losmüssten, schließlich betrage die Nettowanderzeit beachtliche neun Stunden. Erstens sei es angenehmer, in frühmorgendlichen Temperaturen zu wandern, und zweitens wisse man nie, was unterwegs passiere. Und bei Einbruch der Dunkelheit sollten wir besser nicht mehr am Berg sein, denn dann werde es gefährlich. Es wird 5 Uhr 30, die Sonne ist schon am Horizont zu erahnen, die Silhouette des riesigen Berges zeichnet sich bereits am Himmel ab, doch von unserem Tour-guide ist nichts zu sehen. Den Bus, der uns zum Einstieg am Berg bringen sollte, haben wir schon verpasst. Die Reise-gruppe wird unruhig und quengelig. Gerade als sich der Erste um 5 Uhr 45 scheinbar enttäuscht, aber doch irgendwie glück-lich über die Möglichkeit, sich wieder ins Bett verkriechen zu können, verabschieden will, erscheint Milton. Unser Reiseleiter macht keinen Hehl aus dem Grund seines Zuspätkommens. »War ein bisschen viel Schnaps gestern«, verkündet er und ruft schwankend seinen Freund an, der uns mit seinem Tuk-Tuk anstelle des Busses zum Vulkan bringen soll.

Er mustert seine ihm für heute anvertraute Gruppe, befindet allesamt für fit und fähig und gibt die Marschroute für heute vor: »Wir müssen uns jetzt eben ein bisschen beeilen.« Der Mann gefällt mir schon jetzt, wie er komplett verkatert und schwitzend, aber mit einem verschmitzten Grinsen im Gesicht vor uns steht. »Wer saufen kann, der kann auch arbeiten«, pflegte mein Vater preußisch pflichtschuldig zu sagen. Milton trägt abgewetzte Turnschuhe, Jeans und T-Shirt. Nur das Seil, das aus seinem kleinen Rucksack hängt, weist ihn als Bergstei-ger aus. Seine Ausrüstung ist aber kein Ausdruck mangelnder Kompetenz (das mag vielleicht der Kater sein), vielmehr wird darin der Unterschied zwischen ungleichen Einkommensver-hältnissen in der Welt offenkundig. Auf der einen Seite einkom-mensstarke Touristen aus meistens europäischen Ländern mit teurer Hightechkleidung, auf der anderen Seite das einkommensschwache Nicaragua. Kater und Ausrüstung hin oder her – ich vertraue Milton sofort. Er strahlt etwas desperadohaft Verwegenes aus, das ihm eine natürliche Autorität verleiht und ihn noch dazu sympathisch macht.

Das Tuk-Tuk kommt, und wir quetschen uns hinein. Sechs Leute in diesem dreirädrigen Minigefährt sind eine erstaunliche Leistung so früh am Morgen. Ich sitze neben Milton, er riecht nach der Geburtstagsfeier von letzter Nacht und erzählt, dass er nicht mehr weiß, wie oft er diese Tour schon gemacht hat. Allein diese Woche war er schon dreimal auf dem Gipfel, und heute ist erst Donnerstag. Trotz Schnaps und Vulkanbesteigungsroutine scheint er nicht lustlos, als es losgeht in die noch im Halbdunklen liegenden und von dichtem Wald bewachsenen Hänge des Concepción.

Lautstark imitiert er die hier zahlreich lebenden Brüllaffen, die tatsächlich dröhnend antworten. »Uuh, uuh, uuh!«, brüllt Milton, »Uuh, uuh, uuh!«, schallt es von den Affen zurück durch dichtes Blattwerk. Milton freut sich über diese Einlage, wir sind umso begeisterter, als tatsächlich einige Exemplare näher kommen und uns skeptisch aus ihren Baumwipfeln beäugen. Aber zoologische Studien sind nicht Ziel dieser Exkursion, wir wollen zum Gipfel. Milton drängt schnaufend zur Eile.

Ich bin mir nicht sicher, ob es ihm um rechtzeitige Ankunft oben auf dem Vulkan geht oder ob er nur so schnell wie möglich den Alkohol ausschwitzen will. Er kennt das schon; wenn man erst mal in Gang komme und die ersten Höhenmeter überwunden habe, verschwinde auch der grausige Kater, hat er vorher erklärt. Die ersten Höhenmeter von insgesamt 1600 vergehen dann auch wie im Flug. Wir durchqueren dichten Wald auf schmalen Pfaden, Affen und exotische Vögel begleiten uns mit ihren Rufen, Blattschneiderameisen schleppen ihr grünes Gepäck, das ihre eigene Körpergröße bei Weitem übertrifft, zu Millionen auf großen Ameisenautobahnen durch das Unterholz, als wir plötzlich einen mächtigen Baum erreichen. Eigentlich der erste wirklich alt wirkende Baum, den wir an diesem Tag am Hang des Concepción sehen, wie mir erst jetzt auffällt. Milton erklärt, warum: Der Baum sei eine biologische Sensation, denn er habe mehrere große Ausbrüche des Vulkans überstanden. Glühende Lava hat ihm mehrfach übel zugesetzt, nun befindet sich sein Wurzelwerk mehrere Meter tief in erkaltetem Vulkangestein, aber er lebt und wirkt, als würde er kommenden Eruptionen locker trotzen können.

Angeblich konnten sich bei der letzten größeren Eruption 2010 einige Bauern auf seine Äste retten und so der heißen Flut entkommen. Das klingt für mich mehr nach einer Legende, aber egal, die Geschichte ist schön. Wir machen Fotos und gehen weiter. Immer höher Richtung Gipfel des Feuerbergs, dessen Pfade immer steiler werden.

Nach und nach verändert sich die Vegetation. Der dichte Wald lichtet sich und wird abgelöst von Sträuchern, die immer kleiner werden, je höher wir kommen. Irgendwann sind sie nur noch hüfthoch, dann kniehoch, dann verschwinden sie ganz. Übrig bleiben ein paar Moose, die in diesem lebensfeindlichen Klima überleben können. Zwischendrin riesige Brocken schwarzen Vulkangesteins. Durch diese immer unwirklicher werdende Szenerie jagen Wolkenfetzen, getrieben vom immer stärker aufkommenden Wind. Einen Pfad gibt es nicht mehr, spätestens jetzt sind wir auf Miltons Ortskenntnisse angewiesen, der uns nun durch riesige Geröllfelder treibt. Durch die Wolken ist der Gipfel nicht zu sehen, genauso wenig wie die Insel zu unseren Füßen.

Gestern hatte ich noch überlegt, ob wir nicht vielleicht auf einen Guide verzichten könnten. Der Weg zum Gipfel ist ja klar: immer nach oben. Wie schwierig kann das schon sein? Jetzt weiß ich Bescheid. Milton erzählt, dass der Berg schon viele dieser Schlaumeier gesehen habe. Einige von ihnen hätten ihre Arroganz sogar mit dem Leben bezahlt. Dass man hier schnell eine Felsspalte übersehen kann, leuchtet mir ein, als ich unserem kundigen Führer hinterherlaufe, immer ein Auge auf seinen Fersen, das andere auf dem lockeren Vulkangestein unter mir, das wirkt, als würde es sich jede Sekunde lösen und in einer spektakulären Lawine zu Tal rasen. Ich hoffe, Milton wird sein Seil nicht zum Einsatz bringen müssen, dessen einziger Zweck darin besteht, Touristen aus Felsspalten oder Lawinenschutt zu ziehen, wie ich inzwischen weiß.

Die Gruppe japst und ächzt, während Milton, der noch im Tal unter einem furchtbaren Kater litt, sich bester Laune erfreut. Der letzte Schnaps scheint endgültig ausgeschwitzt. Als wir eine Pause machen, erzählt er von den Magmakammern, die sich unter unseren Füßen befinden und die das Gestein so erhitzen, dass man wenig unterhalb der Oberfläche ein Ei in kurzer Zeit knüppelhart kochen könnte. Es stimmt, ich schabe nur etwas Oberflächenschutt zur Seite, sofort steigt mir fauliger Schwefelgeruch in die Nase, und meine Schuhsohlen drohen zu schmelzen.

Endogene Prozesse sind komplett abgefahren, wenn man sie nicht aus einem abgegriffenen Lehrbuch lernen muss und die Vulkane nicht so schrecklich weit weg wären von unserem Hamburger Klassenzimmer. Meine Kollegen in Nicaragua können die Berge einfach mal besuchen wie einen alten Freund – und genauso reden die Menschen hier auch über die schicksalhaften Berge, von denen es insgesamt neunzehn im Land gibt: wie über alte Freunde, deren Eigenheiten man kennt und die man mal mehr und mal weniger schätzt. Alle haben einen unterschiedlichen Charakter, die einen sind eher explosiv, ganze Hänge brechen weg und rauschen ins Tal, wenn sie schlecht gelaunt sind und ausbrechen, andere schwelen und schmollen Jahrzehnte vor sich hin und stoßen nur dann und wann kleinere, ärgerliche Rauchschwaden aus, ohne dass irgendetwas Schlimmes passiert, und wieder andere, darunter der Concepción, spucken bei Ausbrüchen wütend kilometerweit Asche und Gesteinsfontänen in die Atmosphäre.

Der von unserem Standpunkt ab und zu durch die Wolkenfetzen sichtbare Nachbarvulkan Maderas etwa ist viel kleiner als der Concepción. Außerdem ist er nicht so perfekt geformt wie der Berg, auf dem wir gerade sitzen. Wie kommt das denn? Eine gemeine Geotestfrage könnte lauten:

Welcher der Vulkane ist älter: der Concepción, ein perfekt geformter, konischer Berg, der 1600 Meter in den Himmel ragt, oder der Maderas, der nicht ganz so formschön ist und nur 1300 Meter hoch?

Die wahrscheinliche Schülerantwort lautet: der Concepción. Er ist höher als der Maderas, also muss er auch älter sein. Falsch, würde ich triumphierend entgegnen und in verblüffte Gesichter schauen. Der Maderas ist erloschen, das letzte Mal ausgebrochen vor mehreren Tausend Jahren. Er war einst höher als sein Nachbar, der nach wie vor sehr aktiv ist. An beiden Vulkanen, die ihren Ursprung in endogenen Prozessen, also im Erdinnern, haben, nagt der Zahn der Zeit in Form von exogenen Prozessen, die zu ihrer langsamen Deformierung führen. Stürme, Feuchtigkeit und Hitze durch Sonneneinstrahlung führen zu Verwitterung und Erosion, die das Gesteinsmaterial langsam zu Tal trägt. Der Maderas kann also kein neues Gestein mehr am Gipfel akkumulieren, deshalb schrumpft er von Jahr zu Jahr, während der Concepción weiterwächst. Das zu Tal getragene Gestein ist im Übrigen sehr fruchtbar – deshalb heißt es in unserem Lehrbuch auch so blumig: Vulkane sind Fluch und Segen gleichermaßen. Der Vulkan schafft einerseits fruchtbare Böden für Ackerbau und ernährt so seine Anwohner, andererseits kann er aber auch alles zerstören, wenn er mal schlechte Laune hat und ausbricht.

Wir haben keine Zeit mehr für lästige Testfragen und Pausen. Milton drängt zum Aufbruch, der Gipfel ruft. Das Terrain wird noch steiler und anspruchsvoller, die Bergpartie zur Hängepartie. Außer Milton mit seinen durchgelatschten Turnschuhen beginnen alle zu rutschen und zu schliddern. Aus der Entfernung wirkt das so, als würde die Gruppe über heißes Vulkangestein unbeholfen aufwärtsrobben, verzweifelt Halt suchend an großen schwarzen Brocken, die auch immer rarer werden. Dazu kommt der Wind, der jetzt ohrenbetäubend ist und den Gleichgewichtssinn empfindlich stört. Der von unten so friedlich wirkende Berg hat sich in eine menschenfeindliche Geröllhölle verwandelt, durch die wir uns schwitzend, keuchend, fluchend und fast blind tasten.

Milton ficht das alles nicht an, auf mich wirkt er jetzt, als wäre er Teil dieser Landschaft. Lässig hockt er auf einem Stein und wartet auf uns. Bei brüllender Sonne sei das alles noch ein bisschen heftiger, meint er. Zwar habe man eine bessere Aussicht, aber Hitze von unten und von oben und Staubstürme von allen Seiten seien nur schwer zu ertragen. An klaren Tagen sei es deshalb umso wichtiger, früh aufzubrechen. Dann zähle eiserne Disziplin, um schon vor der Mittagshitze wieder auf dem Rückweg und im frischen Wald zu sein. Wenn es dagegen wolkig sei, könne man auch mit Verzögerungen leben, rechtfertigt er sein Zuspätkommen von heute Morgen scheinheilig grinsend.

Ich bin mir nicht sicher, ob er wirklich vorher schon weiß, ob der Vulkan in Wolken liegen wird oder nicht. Ich glaube nicht, lasse seine Ausführungen aber einfach mal so stehen. Oder sollte

Milton der beste Erdkundelehrer der Welt sein? Noch dazu mit seherischen Fähigkeiten?

Es geht weiter. Wir können den Gipfel nicht sehen, wissen also nie genau, wie weit der Weg noch ist. Milton weiß das ganz genau, sagt aber immer nur, dass wir gleich da seien. Eigentlich ist das auch egal, die Gesichter meiner Vulkanistengruppe sind mittlerweile leer und ausdruckslos, die Hoffnung auf ein baldiges Erreichen des Ziels scheint bereits erloschen. Willenlos quält sich der Treck den steilen Hang hoch.

Sogar Luisa, sonst hart im Nehmen auf Wanderungen aller Art, sieht aus, als wäre sie dem Ende nahe. Kein Proviant mehr, kaum noch Wasser und den Mund voller schwarzer Vulkanasche. So vergehen gefühlte Stunden, der Berg wird mit jedem Schritt apokalyptischer. Überall liegen jetzt gelbe Schwefelbrocken herum, und es dampft aus allen Ritzen. Mir wird klar, wieso der Teufel mit Schwefel in Verbindung gebracht wird. Die Autoren der Bibel müssen dereinst einen Vulkan bestiegen und ihn mit der Hölle gleichgesetzt haben. Der Beelzebub persönlich ist aber noch nicht in Sicht, höchstens der Sensenmann, der in Felsspalten lauert. Auf ihn gilt es besonders aufzupassen, ein paarmal, nahe einer Abbruchkante, konnte ich seinen kalten Atem schon im Nacken spüren.

Wann hört das endlich auf? Ein bisschen noch, sagt Milton. 1600 Höhenmeter sind zwar viel, aber sie sind doch endlich, oder nicht? Gerade als ich mich innerlich darüber aufrege, dass es außer Miltons ewig gleichen »Wir sind gleich da«-Angaben nicht den kleinsten Hinweis auf die Entfernung zum Ziel gibt, erreichen wir den letzten steilen Anstieg zum Gipfel. »Das war's, jetzt sind wir wirklich fast da«, verspricht unser Guide ein letztes Mal, und tatsächlich, nur noch einige Meter, dann geht es nicht mehr höher. Wir haben den Gipfel des allmächtigen Concepción erreicht.

Leider rasen noch immer Wolken in atemberaubender Geschwindigkeit an uns vorbei, und der Krater lässt sich nur erahnen, dennoch ist es ein erhabenes Gefühl, ganz oben auf diesem wunderschönen Berg zu stehen. So fühlen sich der Pazifische Feuerring und die Subduktionszone, in der sich eine Erdplatte unter eine andere schiebt, also wirklich an. In einem Test mussten meine Schüler die Namen der Erdplatten in eine Karte eintragen. Es gibt die Eurasische Platte, die Pazifische, die Indische und weitere mehr. Direkt unter uns schiebt sich nun die Cocosplatte unter die Karibische Platte.

Hier oben fällt mir auf, dass Namen Schall und Rauch sind. Sie sind nur unser hilfloser Versuch, die Natur durch Worte zu zähmen und dadurch begreifbarer zu machen. Den Erdplatten ist es egal, wie wir sie nennen. Sie haben den Kreislauf der Erde schon vor uns angetrieben, und sie werden es auch noch tun, wenn wir lange wieder weg sind. Den Rückweg trete ich an mit der Erkenntnis, wie unbedeutend klein wir doch sind und wie unendlich wichtig wir uns nehmen. Unsere Zwergenhaftigkeit verhält sich umgekehrt proportional zu den großen Egos, die dem Homo sapiens zu eigen sind. Dieser Vulkan lehrt Demut, denke ich, als ich meine Gruppe dabei beobachte, wie sie zwar umständlich durch Geröll und Schutt rutscht, sich dabei jedoch sehr andächtig und ruhig, fast feierlich verhält. Wir ziehen uns dorthin zurück, wo wir hingehören: zum Fuß des Vulkans.

Den Rest unserer Tage auf der märchenhaften Isla de Ometepe verbringen wir in demütiger Eintracht mit der Natur, die hier, wie überall in Nicaragua, atemberaubend vielfältig ist. Dazu dominiert der Concepción mit seiner perfekten, nahezu fantastischen Gestalt die Insel und lässt mich jedes Mal, wenn ich zu ihm hinaufschaue, ehrfürchtig innehalten. Es ist gut, einen solchen Berg mal zu besteigen, das rückt vieles in ein angemessenes Licht.

In den nächsten Tagen geht es südwärts durch Costa Rica und Panama nach Kolumbien, der nächsten Station meiner Klassenreise. Ich vermisse Nicaragua schon jetzt – es ist ein wunderschönes, ungewöhnlich facettenreiches und herzliches Land, das mindestens drei perfekte Erdkundelehrer beherbergt. Vielen Dank für die Inspiration. *¡Hasta luego, muchachos!*

Kolumbien

»Was soll ich mit Abschluss? Ich werd Drogendealer!«

Zu Beginn des zweiten Halbjahres der 9. Klasse kam Julia dazu und erweiterte unsere Runde mit Kolumbien um ein weiteres lateinamerikanisches Land. Sie hatte die Deutschprüfungen in der Vorbereitungsklasse bestanden und sich so qualifiziert für die Versetzung in die Regelklasse. Eigentlich ist das etwas zu spät, denn so hatte sie nur noch ein Jahr Zeit, um ein Deutschniveau zu erreichen, mit dem sie die Abschlussprüfungen in Klasse 10 schaffen konnte. Das ist nicht so einfach, und an dieser Stelle möchte ich vor ihr und allen anderen Schülern, die derart spät in die Regelklassen kommen und den Abschluss dennoch schaffen, den Hut ziehen. Das ist wirklich eine Herausforderung: Als ob es nicht schon schwierig genug wäre, im Haifischbecken Schulhof klarzukommen und sich einen Reim auf alles Unbekannte zu machen, sind da plötzlich neue Fächer und schon wieder neue Lehrer, die, als ob das alles noch nicht genug wäre, auch noch ständig von bald anstehenden und unheimlich wichtigen Prüfungen reden.

Das Haifischbecken stellt sich meistens als gar nicht so haifischig heraus, die Lehrer entpuppen sich als okay, aber das mit den neuen Fächern wird tatsächlich oft zu einem Problem. Die Schüler realisieren nach dem Erfolgserlebnis eines bestandenen Sprachdiploms in der Vorbereitungsklasse, dass noch deutlich mehr von ihnen erwartet wird. Schon für Muttersprachler schwer verdauliche Lektüren wie Kafka oder Böll stehen plötzlich auf dem Lehrplan, genauso wie historische Texte über die Weimarer Republik, Fachaufsätze über Plattentektonik und Nachhaltigkeit in Geografie oder komplizierte Abhandlungen über Säuren und Basen in Chemie. Dazu bizarre Textaufgaben in Mathematik. Ich befürchte – dieser Gedanke kommt mir immer wieder –, ich selbst wäre kläglich gescheitert, hätte ich mich mit fünfzehn oder sechzehn in Kolumbien, Polen, Albanien oder dem Iran auf einer Schulbank wiedergefunden und wäre dort aufgefordert worden, eine Aufgabe wie diese in Spanisch, Polnisch, Albanisch oder Persisch zu lösen:

Ein Zebra läuft mit 6 km/h durch die Steppe. Welche Kreisfläche könnte es bei gleichbleibender Geschwindigkeit in 10 Stunden umrunden?

Die Schüler verstehen dann, dass Schule in Deutschland mehr ist als verbale Verständigung mit Mitschülern und Lehrern auf Deutsch. Zu einem Abschluss gehört die Verinnerlichung all dessen, was das System Schule ausmacht, und dazu gehört besonders die Aufgaben- und Lernkultur. Klingt zunächst profan, führt im Alltag jedoch oft zu großen und kleinen Dramen. Für in Deutschland sozialisierte Schüler sind die Aufgabenstellungen einigermaßen berechenbar, für Schüler aus anderen Kulturkreisen bleiben sie oft böhmische Dörfer.

Nahezu wöchentlich mussten wir uns deshalb dem obskuren *Operatorentraining* hingeben, das dann auch nahezu wöchentlich auf lautstarken Widerwillen stieß. *Operatoren* sind diejenigen Schlüsselwörter in einer Aufgabenstellung, die Hinweise darauf geben, was eigentlich gemacht werden soll. Ist zum Beispiel die Rede von *Benenne*, soll nur etwas wiedergegeben werden. Wir befinden uns in Anforderungsbereich 1, der simpelsten Stufe im Kosmos der Aufgabenwelten.

Benenne 5 Länder des Pazifischen Feuerrings.

Schwieriger wird es, wenn zum Beispiel das Wörtchen *Erkläre* auftaucht. In diesem Fall muss Wissen miteinander verknüpft werden, mit stumpfem Auswendiglernen kommt kein Schüler mehr aus.

Erkläre folgenden Satz: Für Nicaragua ist der Concepción Fluch und Segen gleichermaßen.

Die Königsdisziplin ist der Aufgabenbereich 3, der an Schlüsselformulierungen wie *Beurteilen* oder *Stellung beziehen* zu erkennen ist. Hier sollen Schüler bestimmte Probleme erkennen, analysieren und schließlich zu einem eigenen Urteil gelangen.

Beurteile das Gefahrenpotenzial des Concepción, und beziehe Stellung zu den Plänen des Hoteliers Ignacio, ein Gasthaus in seiner Nähe zu errichten.

Lernen in der Schule funktioniert bei uns offenbar anders als in anderen Ländern. Während meine Kollegen und ich großen Wert auf anwendungsbezogenes und problemorientiertes Wissen legen, das Schüler auf verschiedene Situationen übertragen müssen, ist es in anderen Ländern scheinbar oft üblich, bestimmte Sachverhalte auswendig lernen zu lassen. In der Wahrnehmung meiner Schüler wurde am Anfang auch nur dann etwas *gelernt*, wenn es auswendig wiedergegeben werden konnte. »Bitte lest die Seiten 45–52 in eurem Geografiebuch«, war stets eine verwirrende Hausaufgabe, weil viele meiner Schüler sie so verstanden, als müssten sie die Seiten anschließend auswendig draufhaben.

Wenn ich als Lehrer so etwas sage, meine ich aber etwas völlig anderes: Lest diese Seiten, begreift, worum es geht, damit wir in der nächsten Stunde darüber sprechen können. Oft blickte ich in enttäuschte Gesichter, wenn ich in der nächsten Stunde eben keine exakte Rezitation verlangte, sondern plötzlich etwas wissen wollte, was scheinbar nur am Rande mit dem Text zu tun hatte. Ich habe mich dann immer schuldig gefühlt bei dem Gedanken an meine Schüler, wie sie ganze Nachmittage damit verbrachten, Texte auswendig zu lernen, nur um festzustellen, dass das ganze Gepauke völlig umsonst war.

Für ein besonders tragisches Beispiel sorgte meine Schülerin Malika aus Afghanistan: In einer Klassenarbeit sollte sie ein Bild Ludwigs des XIV. *interpretieren*, also im Unterricht erworbenes Wissen anwenden. Die Insignien der Macht, die da so an Ludwig baumelten, kannte sie, nun sollte sie diese in einem anderen Zusammenhang erkennen und bewerten. Für sie hing vieles von guten Noten ab, sie wollte perfekt vorbereitet sein. Und weil Lernen für sie in erster Linie Auswendiglernen war, tat sie dies mit einem kompletten Wikipedia-Artikel zu einem im Unterricht besprochenen Bild.

Den schrieb sie dann in ihrer Arbeit nieder, ohne Rücksicht auf die Aufgabenstellung. Ein sechs Seiten langer Erguss, der meine Geschichtskollegin ziemlich irritierte. Malika verfehlte das Thema, und außerdem, das ergab eine kurze Google-Recherche, fand sich der Text Wort für Wort im Internet. Geschummelt? Gespickt? Gemogelt? Das musste meine Kollegin annehmen und bewertete die Arbeit mit 6. Für Malika brach eine Welt zusammen, mehrere Nachmittage hatte sie im Schweiße ihres Angesichts damit verbracht, den Artikel auswendig zu lernen. Immer wieder hatte sie ihn rezitiert, sogar ihren Eltern hatte sie ihn vorgetragen, die kein Wort verstanden, sie aber in ihrem Ehrgeiz unterstützten und stolz waren auf den Fleiß ihrer Tochter. Und dann eine 6? Für diesen Aufwand? Das konnte doch nicht richtig sein! Malika kämpfte mit den Tränen und verstand gar nichts mehr.

Gemeinsam mit meiner Kollegin versuchte ich, ihr wortreich zu erklären, weshalb da in leuchtend roter Schrift nun diese schreckliche Note unter ihrer Arbeit stand. Ungenügend! Das nachzuvollziehen war nicht einfach, ihr ganzes Schulleben in Afghanistan bestand aus Auswendiglernen, und dafür war sie mit guten Noten belohnt worden. Und plötzlich sollte das alles nicht mehr richtig sein? Es folgten weitere Arbeiten mit für sie nicht zufriedenstellenden Ergebnissen. Immer wieder fanden sich in den Texten Passagen von zweifelhafter Herkunft. Es hat lange gedauert, bis sie von *Lernen* auf *Lernen* umschalten konnte. Heute interpretiert und kommentiert Malika alle möglichen Sachverhalte und ist zufrieden mit den signalfarbenen Noten unter ihren Texten. Trotzdem: Der Weg war steinig, die Umstellung war tränenreich und frustrierend für alle Beteiligten.

Der Weg als Nichtmuttersprachler zu einem Schulabschluss ist also nicht einfach. Der Satz, den ich nie in meiner Klasse und schon gar nicht von Julia oder Malika, jedoch mehrfach an anderer Stelle in der Schule gehört habe, ist in Anbetracht dieser Schwierigkeiten ein nachvollziehbarer Reflex: »Ey, Mr. K., was soll ich mit Abschluss? Ich werd eh Drogendealer.« Dass man dafür über Qualifikationen verfügen muss, die ein ganzes Land ins Unglück stürzen können, habe ich in Kolumbien gelernt.

Kleine Fische in Cartagena

Cartagena ist die kolumbianische Perle der Karibik und als solches Premium-Ausstellungsstück der Tourismusbehörde. Völlig zu Recht – ihre von den Spaniern in der Kolonialzeit erbaute Stadtmauer, die Burg und die koloniale Architektur sind zu großen Teilen erhalten oder liebevoll restauriert. Immerfort weht eine angenehme Brise hinein von der in den schönsten Blauschattierungen schimmernden Karibik, über der die Sonne in den Abendstunden so romantisch versinkt und das Farbenspiel um Gelb, Orange und schließlich Feuerrot ergänzt. Innerhalb der Stadtmauern erstrahlen die alten Fassaden in bunten Farben, in Pastelltönen meist, die gut passen zu dieser Gegend, die ganzjährig in helles Sonnenlicht getaucht wird. Auf der Stadtmauer, die sich wie ein Ring um die gesamte Altstadt legt, kann man sich vorstellen, wie einst verwegene Piraten die Stadt mit ihren Schiffen belagerten und ihren Anteil am Reichtum der Neuen Welt forderten. Am Mast der weithin sichtbare *Jolly Roger*, die Totenkopfflagge der Piraten, vor dem das Bürgerturm der Karibik erschauerte. Damals ging es um Leben und Tod, heute ist das Seefahrerromantik.

Auch heute muss die Stadt vor Freibeutern gesichert werden. Eine Stadtmauer reicht allerdings nicht aus, diesen Job übernimmt eine ganze Armada von Polizei und Sicherheitskräften. Sie ermöglicht den Touristen sicheres Flanieren. In ein Land, dessen jüngste Geschichte geprägt war von Gewalt, Entführungen und Attentaten, reisen viele Menschen mit erheblichen Sicherheitsbedenken. Der Tourismus ist ein noch zartes Pflänzchen in Kolumbien, das es zu schützen gilt – in Cartagena von schwer bewaffneten Uniformierten. Eine unterstützende Auflage der Behörden für die Bevölkerung ist das Verbot, nach siebzehn Uhr auf einem Motorrad mit einem männlichen Sozius durch die Innenstädte zu fahren. Zu verlockend ist es für die Abgehängten, den Touristen in voller Fahrt ihre Wertgegenstände zu entreißen. Jeder gewalttätige Zwischenfall, jede Negativschlagzeile in der internationalen Presse, in der ein Tourist Opfer eines Verbrechens wird, soll so vermieden werden.

Kolumbien ist geprägt von immenser Ungleichheit – es gibt eine kleine Elite und den großen Rest, der kaum Schritt halten kann mit steigenden Preisen und inflationären Kosten. In Cartagena gibt es das Establishment, bestehend aus Galerien, Restaurants, Bars, Diskotheken und Cafés, daneben möchten natürlich auch die kleinen Fische etwas abhaben vom großen Besucherkuchen: In der Altstadt tummelt sich eine Vielzahl von Straßenkünstlern, Souvenirverkäufern, Getränkehändlern (außerhalb der Stadtmauern ist der Konsum alkoholischer Getränke nicht erlaubt, in dieser touristischen Sonderzone aber schon) und selbstverständlich Drogendealern, wobei die Grenzen hier fließend sind. Verkauft wird, was geht.

Und Kokain geht gut. Nach dem Niedergang der großen Drogenkartelle ist Kolumbien neben Peru und Bolivien noch immer einer der größten Produzenten des global überaus beliebten Aufputschmittels. Die Welt verlangt danach, und so folgen die Nachfolger der berüchtigten Drogenbarone der Achtziger- und Neunzigerjahre dem Gesetz von Angebot und Nachfrage. Cartagena ist ein gutes Anschauungsobjekt – in keiner anderen Stadt Kolumbiens wird der zweifelhafte Exportschlager Kokain so aggressiv, mehr oder weniger offen und für Touristen vor allem günstig in den Straßen feilgeboten. Das ist kein Wunder, schließlich verbinden die meisten Besucher das südamerikanische Land neben Traumstränden, Salsaklängen, Andenpanoramen und Artenreichtum auch mit dem weißen Pulver. Ein kleines Näschen kolumbianischen Schnees scheint für viele zur Gesamterfahrung Kolumbien dazuzugehören.

Der Mann, der dem kolumbianischen Kokainhandel ein Gesicht gegeben hat, ist Pablo Escobar. Er fand zwar schon 1993 sein unrühmliches Ende im Kugelhagel auf einem Häuserdach in Medellín, lebt aber fort im Reich der Legenden. Besonders seitdem die US-Fernsehserie *Narcos* ihm ein cineastisches Denkmal gesetzt hat. In Cartagena ziert sein Konterfei Mitbringsel aller Art, und obwohl viele Kolumbianer ihn nach den Erfahrungen im Drogenkrieg für *El Diablo* persönlich halten, ist er doch omnipräsent auf Tassen, T-Shirts und Kappen. Der Mann ist zu

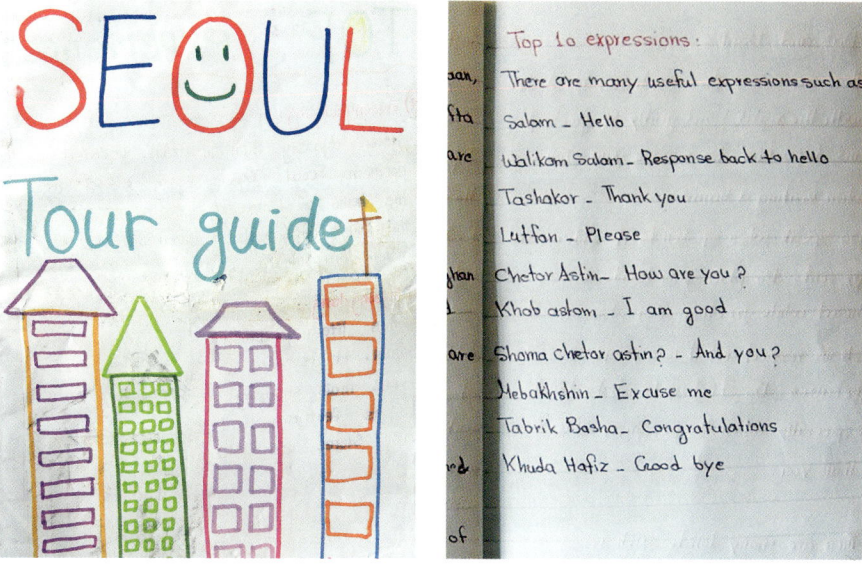

Die Reisewörterbücher meiner Schüler: immer und überall ein guter Gesprächsanlass

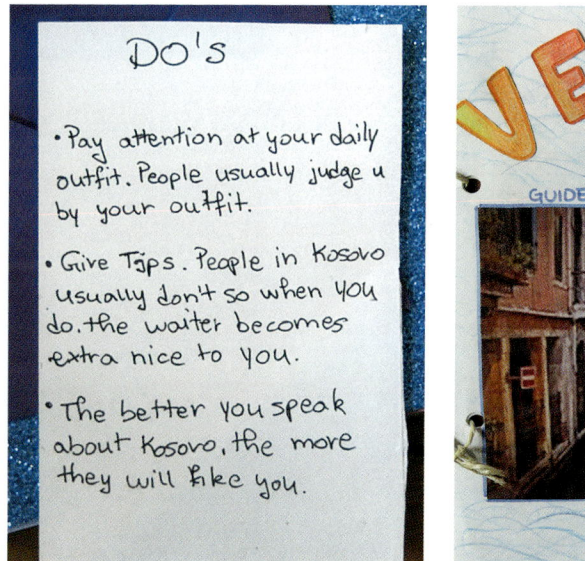

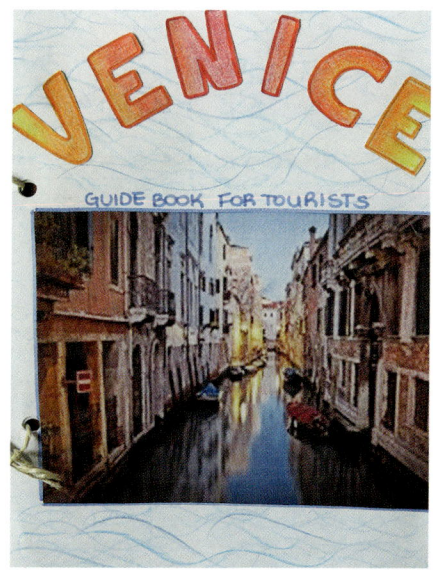

Die Dos und Don'ts bieten erste Orientierung und sind tolle Türöffner: Die Leute vor Ort haben immer mit großem Interesse auf die Anmerkungen reagiert und sie oft um weitere Punkte ergänzt.

Selfies mit Blick über Teheran: Jugendliche im Iran bewegen sich zwischen islamischer Tradition und Moderne.

Das Dorf Bavanat im Westen des Zagros-Gebirges: Zahra, die Tochter eines orts-ansässigen Farmers, erklärt mir ihre Welt.

Schiras: Der Ayatollah der Medrese e-Khan erläutert seinen Lehrplan im Innenhof seiner Schule.

Klassenzimmer der *Seekers of Knowledge* in einem Teheraner Randbezirk • Isfahan ist die Hälfte der Welt, sagt ein persisches Sprichwort: Und es stimmt – Besuchern erscheint die Stadt als wundervolles Kunstwerk. • Am Urmia-Salzsee im Nordwesten Irans

Norduz/Agarak: Brücke über den Grenzfluss Aras – hinter mir der Iran, vor mir Armenien •
Kaffeepause mit dem Fahrer Artur und dem Soldaten Davit in einer Raststätte auf einer Passstraße im südlichen Kaukasus • Jerewan: Blick über die Stadt

Pristina: Das Versprechen auf Erneuerung hat sich für viele Menschen im Kosovo noch nicht erfüllt.

Bill Clinton in Pristina: seit seinem Entschluss, 1999 serbische Ziele auf dem Westbalkan zu bombardieren, ein Held im Kosovo

Werbeplakat einer Berufsschule in Prizren

Prizren: Viele Menschen sollten kommen, um sich ein Bild zu machen von dieser wunder-schönen Stadt und ihrer Umgebung, meinen etliche Einwohner, mit denen ich sprach. Ich kann ihnen nur zustimmen.

Bergpanorama in den Albanischen Alpen bei Theth: Wildnis und großes Abenteuer mitten in Europa

ALBANIEN

Grandezza, Bellezza, Passione – drei Attribute, wie gemacht für Venedig

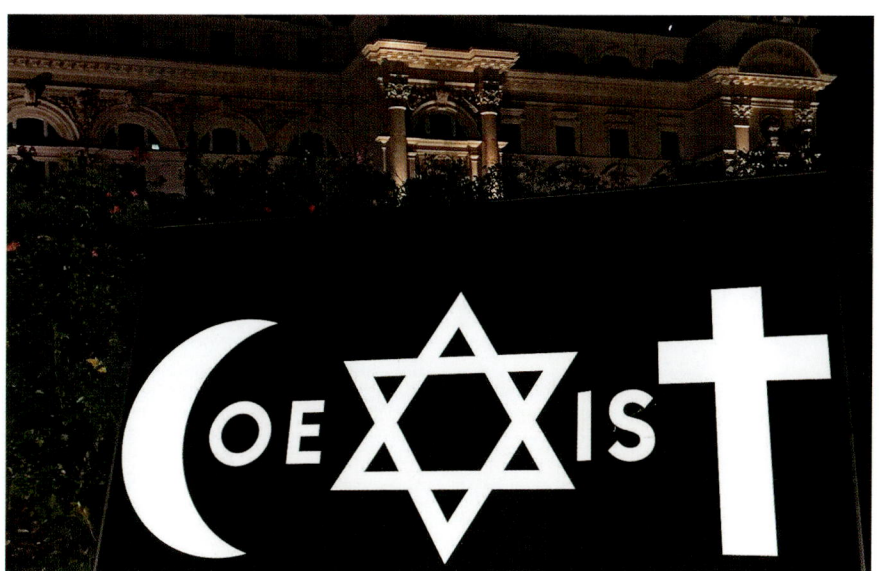

Polen: Der Warschauer Grafiker und Illustrator Piotr Młodożeniec schuf dieses Werk, zu dem nicht mehr viel gesagt werden muss. Insbesondere dann nicht, wenn es Teil einer Open-Air-Ausstellung in Krakau ist, nicht weit entfernt von Oświęcim (Auschwitz).

Havanna: Die Revolution kommt auch in Kuba so langsam in die Jahre.

¡Seremos como el Che! »Wir werden sein wie Che!« Mit dieser Begrüßung beginnt jeder Schultag in Kuba.

Auf einer Kaimauer in Cojímar

Pferde und Musik: zwei kubanische Ikonen neben Revolution, Zigarren und Rum

Wie eine Szene aus einer Daily Soap und doch Abbild des wirklichen Lebens in einem Vorort Trinidads

NICARAGUA

Wie eine Perlenkette reihen sich Vulkane entlang der Pazifikküste Nicaraguas auf. Eigentlich muss man auf dem Cerro Negro nicht besonders hoch springen, um sie zu sehen – wir tun es trotzdem.

Der Concepción auf der Isla Ometepe ist der mächtigste und wohl formschönste aller Feuerberge in Nicaragua.

Playa Gigante: Oft habe ich Pelikane beobachtet und mich gefragt, ob sie zum Jagen oder einfach zum Spaß über weite Strecken nur knapp oberhalb der Wellenkämme gleiten. • Jeder Sonnenuntergang ein Spektakel – er eignet sich unbedingt für lässige Poserfotos. • Nicaragua besitzt eine atemberaubende Artenvielfalt: hier ein melancholisch dreinblickendes Kapuzineräffchen.

Streetart in Cartagena

Blick vom Monserrate auf Bogotá

Stimmung!

Valle de Cocora: Die Quindio-Wachspalme ist der Nationalbaum Kolumbiens.

In Barranquilla findet der weltweit zweitgrößte Karneval nach dem in Rio de Janeiro statt.

Seoul: Mjam-Mjam Style

In der Kochschule der fünf Geschmäcke: ein kulinarischer Hochgenuss

Blick über Seoul vom Berg Gwanaksan

Südkoreanische Soldaten spähen über die DMZ hinüber ins Reich Kim Jong-uns.

Meine ehemaligen Schüler im nordostchinesischen Changchun

Eine für mich sehr denkwürdige Anekdote: Hochzeitszeremonie in Changchun, in der ich einen Auftritt als falscher Pfarrer hatte.

Steht in Sachen Vielfalt und Raffinesse der koreanischen in nichts nach: die chinesische Küche.

Peking: Los geht's mit der Transmongolischen Eisenbahn.

Pferde in einem Vorort von Ulan-Bator • Der Nomade Lkhagvadorj in der Dämmerung nach getaner Arbeit • Abendlicher Besuch bei Lkhagvadorj

Die Jurte der Familie bei Nacht unter einem spektakulären Sternenhimmel

Satellitenfernsehen in der Steppe: Es läuft eine Castingshow, in der Zivilisten gegen Militärs antreten.

Blick aus dem Fenster nördlich der russisch-mongolischen Grenze: Ab und zu brechen interessante Bauwerke die Monotonie.

Irkutsk: Der Winter endet spät im Osten Russlands.

Baikalsee: Bis Ende April eine spektakuläre Eiswüste

Barabinsk: Pause am Bahnsteig

Russland, Land der Monumente. Dieses hier bildet den Kosmonauten Juri Gagarin ab.

Eine Insel im Moskauer Himmel

Kinder am Strand von Cape Coast spielen in einem traditionellen Fischerboot.

Liebevoll bunt gestaltete Fassade in Cape Coast

Sister Mary zusammen mit einer jungen
Mutter in Cape Coast

Fahnenmeer im Hafen von Dixcove am
Atlantik

Accra: Mc Carthy Bwoy rappt über das Leben in der Toxic City, einer Deponie für Elektroschrott.

Obuasi: Junge Goldgräber erklären mir ihre tägliche Arbeit.

Abendliches Fußballspiel vor der Kulisse des Cape Coast Castle

einer internationalen Gangsterikone geworden und ein Fluch für Kolumbien geblieben.

Auch in Hamburger Schulen ist der Mann gewissermaßen ein oft gesehener Gast. Pubertierende Möchtegerngangster fühlen sich von Escobar inspiriert und streben danach, in seine Fußstapfen zu treten. Drogenbaron ist für manch einen Orientierungslosen ein Traumberuf und ganz sicher sogar einer, der zukunftssicher ist. Kokain wird es immer geben, in Hamburg braucht es rund um die Reeperbahn keine zehn Minuten, bis einem der Stoff von irgendwoher angeboten wird. Genauso ist es in allen Metropolen der westlichen Welt und oft sogar auf dem platten Land. Das Zeug wird überall nachgefragt, und solange das so ist, wird es die lange und milliardenschwere Kokainproduktionskette geben: Große Paten, hilflose Bauern, brutale Erfüllungsgehilfen, verwegene Schmuggler, kleine Gangster und immer auch diejenigen, die das Zeug aus reiner Notwendigkeit herstellen, verkaufen und transportieren müssen, bringen das Aufputschmittel in die Nasen derer, die es sich leisten können.

Das Problem für die ambitionierten Nachwuchsdrogendealer wird sein, dass man über bestimmte Schlüsselqualifikationen verfügen muss, will man in diesem Geschäft Karriere machen. Für Achtklässler bietet das Berufsinformationszentrum (BIZ) Lehrgänge an, in denen die Schüler ihren Neigungen auf die Spur kommen sollen: Ist jemand kommunikationsstark, kommt vielleicht die Werbebranche in Betracht, kann jemand gut mit Zahlen, eignet sich unter Umständen eine Bank als Arbeitgeber, wenn man gerne mit den eigenen Händen arbeitet, könnte eine handwerkliche Ausbildung bei einem Tischler das Richtige sein. Würde das BIZ seinen Stellenpool um die Jobbeschreibung *Drogenbaron* erweitern, müsste es die Position mit den folgenden Eigenschaften verschlagworten:

intelligent, skrupellos, gewaltbereit, manipulativ, geschäftstüch-
tig, kreativ, narzisstisch, stressresistent, ichbezogen, ausdauernd,
risikobereit, willens- und nervenstark

Verfügt ein Interessent über alle Eigenschaften, kann er es schaffen, in Escobars Fußstapfen zu treten, fehlen jedoch ein oder zwei, ist eine Karriere wie die von Juan wahrscheinlicher. Er steht am unteren Ende der Hierarchie und verkauft sein Produkt in den Straßen Cartagenas. Er tut dies aus einer Zwangslage heraus. Er muss seine Familie ernähren.

Jeden Tag läuft er, behangen mit Halsketten und Armbändern, die er vordergründig zum Verkauf anbietet, durch die Altstadt und bietet den Touristen neben dem Offensichtlichen Marihuana und Kokain zum Verkauf an. Er weiß selber, dass er nicht skrupellos genug ist, um in diesem schmutzigen Geschäft die Karriereleiter weiter hinaufzusteigen. Er hat aber sonst keine anderen Qualifikationen, um für seine Kinder zu sorgen. Ein Dilemma, das ihn in diesem Knochenjob gefangen hält.

Sein Arbeitstag beginnt, wenn die Touristen aufstehen und sich in einem endlosen Strom in die Altstadt ergießen. Sie kommen ganzjährig von Kreuzfahrtschiffen, aus Hotels und Hostels und möchten Kolumbien erleben. Juan will ihnen dabei helfen. In seinen Augen sind sie allesamt mögliche Abnehmer seiner Ware, die ja sowieso oft synonym verstanden wird mit seinem Heimatland. Behangen also mit Perlenketten und Armbändern, mischt er sich unter sie und versucht, ihr Interesse zu wecken. Schaut jemand nur etwas zu lang, was er da um seinen Arm hängen hat, schmeißt er ein kurzes *»You need anything else? Coca? Weed?«* hinterher. So hat er es auch mit mir gemacht. Ich habe eine Sekunde zu lang ein Armband begutachtet, und plötzlich befinde ich mich in einem Verkaufsgespräch, in dem es überhaupt nicht um das Armband geht. *»Very pure, Colombian's finest«*, verspricht er, als ich versuche, ihn abzuschütteln. Irgendwie bin ich aber zu neugierig, um einfach weiterzugehen. Er sieht so nett aus, gerne würde ich mich kurz mit ihm unterhalten. »Meine Droge ist Bier«, sage ich und kaufe zwei Dosen bei einem anderen Straßenhändler, der gerade vorbeigeht. Eine für mich, die andere für Juan.

Er nimmt meine Einladung bereitwillig an, gemeinsam setzen wir uns auf einen der wunderhübschen Plätze in der Altstadt, beobachten Straßenkünstler und Touristen. Ich bin mir nicht sicher, ob er meinetwegen neben mir auf der Mauer Platz nimmt, wegen des Biers oder wegen meiner Nähe zu anderen Gringos, ich in seinen Augen also womöglich nur ein Erfüllungsgehilfe für andere gewinnbringende Begegnungen bin. Ich merke aber schnell, dass Juan es genießt, mal intensiver mit einem Ausländer zu sprechen, obwohl wir uns schwertun, die Geschäftsebene zu verlassen. In Nebensätzen versucht er weiter, mir etwas anzudrehen. Als ich weiterhin ablehne, erkundigt er sich nach den Kokspreisen in Deutschland – wohl um auszuloten, ob er die Preisschraube nicht noch etwas nach oben drehen kann.

Ich kaufe ein zweites Bier. Langsam wird es persönlicher, und ich merke, wie sehr Juan sich wünscht, auch einfach mal nur dasitzen und sich das bunte Treiben in der Stadt ansehen zu können und nicht, wie jeden Tag, endlose Stunden durch die Stadt zu laufen, unsichtbar meist und müde und kaputt.

Er erklärt mir seinen Tagesablauf: Er schläft gemeinsam mit Arbeitskollegen irgendwo in einer Wohnung außerhalb der Altstadt, steht auf, hängt sich kiloweise bunten Blendschmuck um und macht sich auf den Weg. Koks und Marihuana kauft er von einem Zwischenhändler. Alles, was oberhalb seines Einkaufspreises liegt, ist sein Einkommen. Wie viel er bezahlt, will er nicht sagen, lediglich dass er von der Marge Frau und Kinder ernährt, die nur fünfzig Kilometer entfernt von Cartagena leben und die er trotzdem selten sieht. Er sagt, einige Touristen bezahlen dreißig Euro für ein Gramm, andere zwanzig, und die Veteranen unter den Kolumbientouristen handeln ihn auf zehn oder sogar nur fünf Euro runter. Und dabei macht er immer noch Gewinn. Trotzdem bleibt eine Heimfahrt für ihn teuer und bedeutet einen Verdienstausfall. Seine Familie sieht er deshalb nur alle paar Monate, das Geld überweist er.

Wir beginnen, darüber zu philosophieren, wie unterschiedlich unsere Welten doch sind. Für mich ist es augenscheinlich kein Problem, viele Tausend Kilometer zu überwinden, um nach Cartagena zu reisen und mit ihm zu klönschnacken. Für Juan bedeutet es einen großen Aufwand, die paar Kilometer nach Hause zurückzulegen und Zeit mit seinen Liebsten zu verbringen. Entfernungen sind relativ. Wirklich fair ist das nicht, da sind wir uns einig.

Aus Gründen der Fairness und der Solidarität könnte ich ja etwas Koks kaufen, schlägt er plötzlich vor. Ich lehne ab und besorge noch mal zwei Bier von seinem Kollegen, der immer wieder mit seiner Kühlbox voller Kaltgetränke an uns vorbeizieht, und kaufe Juan ein Armband ab. Irgendwie ist die Stimmung melancholisch und trotzdem freundschaftlich. Juan zeigt mir Bilder seiner Familie und ich ihm von meiner. Vordergründig haben wir keine Gemeinsamkeiten, aus derart unterschiedlichen Welten kommen wir. Dennoch verbindet uns irgendetwas auf diesem Platz in Cartagena. Ich merke das, und er merkt das auch, und so freunden wir uns bei Facebook an. Jetzt bin ich offiziell befreundet mit einem kolumbianischen Drogendealer, der alles sein will, nur kein Drogendealer.

Vielleicht richte ich mal einen Livechat mit Juan ein, wenn mir einer meiner Schüler wieder mit einer Drogendealerkarriere kommt. Dann kann er erzählen, wie hart und vor allem wie uncool sein Job ist.

Nachdenklich trinken wir das Bier zu Ende, bis Juan weitermuss. Geschäfte machen, wie er sagt. Ich beobachte ihn, wie er sich unter die fröhlichen Touristen mischt, versucht, ihr Interesse für Schmuck, Marihuana und Kokain zu wecken, sich dabei aber eine Abfuhr nach der anderen abholt. Wie eine lästige Fliege verscheuchen ihn die meisten, einige wenige schauen kurz, und zack – befinden sie sich in einem Verkaufsgespräch. Dass der Platz von Polizisten umsäumt ist, sei nicht wirklich ein Problem, hat Juan mir vorher erklärt. Mit denen müsse man sich irgendwie arrangieren – und das gehe ganz gut mit Geld. Scheint zu funktionieren, denke ich, als ein Tourist unter den Augen der Polizei etwas Kleines entgegennimmt, das kein Armband ist und auch keine Halskette.

No más guerra

Wohl keine andere Stadt ist so eng verknüpft mit Kokain wie die schöne Stadt Medellín in den nördlichen Ausläufern der kolumbianischen Anden. Das hat zu tun mit dem Talent Pablo Escobars, auf den die Attribute des BIZ genau passen. Er repräsentiert den archetypischen Drogendealer und dessen Eigenschaften: intelligent, skrupellos, gewaltbereit, manipulativ, geschäftstüchtig, kreativ, narzisstisch, stressresistent, ichbezogen, ausdauernd, risikobereit, willens- und nervenstark. Ich erwähnte all die Eigenschaften bereits.

In seiner Heimatstadt begann er als Autodieb und Kleinkrimineller. Schnell entdeckte er seine Talente und spezialisierte sich auf Drogenhandel, den er professionalisierte wie kein Zweiter, vor und nach ihm. In den späten Siebzigerjahren begann er, mit einem Kreis ähnlich talentierter Drogendealer im großen Stil Kokain in die USA zu exportieren. Er organisierte den Anbau, die Verarbeitung, den Umschlag und den Transport mithilfe vieler Mittelsmänner in ganz Süd- und Nordamerika mit Medellín als Zentrum. Vom Kokainanbau in den peruanischen, ecuadorianischen und kolumbianischen Anden und der Verarbeitung an abgelegenen Orten in Kolumbiens Süden und Westen über den Transport nach Norden (angeblich stellte sogar Fidel Castro höchstpersönlich einen Flughafen auf seiner Karibikinsel) bis zum Verkauf an die Endabnehmer in den USA – Escobars Kartell organisierte alles höchst effizient und gewinnbringend. Ein völlig neues Geschäftsmodell, das seine Blüte in den Achtzigerjahren erlebte, als das Medellín-Kartell angeblich bis zu sechzig Millionen Dollar täglich (!) erwirtschaftete. Legendär und gleichsam gefürchtet noch heute Escobars Ausspruch »plata o plomo«, Geld oder Blei – die Argumente, die er zur Verfügung hatte, um einflussreiche Menschen und Entscheider entlang der Handelskette auf Linie zu bringen, und die er zu nutzen verstand.

Lehnte ein Politiker, Rechtsanwalt, Journalist oder Richter plata ab, schickte Escobar einen seiner Sicarios, Auftragsmörder, oft rekrutiert in den Armenvierteln Medellíns, los, um das Problem mit plomo zu lösen. Die Sicarios waren in der Wahl ihrer Mittel kreativ und in der Ausübung willens- und nervenstark: Sie töteten vom Motorrad mit Schusswaffen (der ursprüngliche Grund für das Verbot, nach 17 Uhr mit einem Sozius unterwegs zu sein), mit Bomben in Autos und in Flugzeugen. Zu ihren Opfern gehörten hochgestellte Persönlichkeiten in Kolumbien wie die Oberste Richterin Myriam Rocío Vélez, die 1992 zum letzten prominenten Opfer des Kartells werden sollte, aber auch ganz normale Menschen, die Escobar aus den unterschiedlichsten Gründen aus dem Weg räumen ließ.

Außerdem hat der zweifelhafte Ruf Medellíns zu tun mit der geografischen Lage der Stadt. Sie liegt im Hochland des Departements Antioquia im Aburrá-Tal, das der Río Medellín über

Jahrtausende in die Anden gegraben hat und das heute die zentrale Achse der Stadt bildet. Links und rechts wird das enge Tal flankiert von den Bergen der Anden, an deren Hängen sich die Stadt in den letzten Jahrzehnten in einem atemberaubenden Tempo emporgefressen hat. Die Dimension Medellíns wird besonders gut nachts deutlich, wenn die Hänge im Osten und Westen der Stadt einem Lichtermeer gleichen, dessen Wogen über dem Zentrum zu brechen drohen.

An diesen Hängen fanden Escobar und seine Schergen beste Bedingungen für den Rauschgifthandel: Die engen Gassen in den nahezu vertikal in die Höhe gewachsenen *Barrios* waren für Polizei und Staat unmöglich zu überwachen, boten also perfekte Umschlagsorte für im Hinterland angebautes und verarbeitetes Kokain. In ihrem Rücken wussten die Dealer die Berge, die ihnen Schutz boten und deren Zufahrtswege sie überwachten. Zu dieser Konstellation kam der Konflikt zwischen der revolutionären FARC-Guerilla, die die Bedingungen in Medellín ebenfalls zu nutzen verstand, und rechtsgerichteter Paramilitärs. Erstere kollaborierte mit den Drogenbaronen, Letztere wurden oft genug von der kolumbianischen Regierung mit Geld und Waffen ausgestattet, um quasi informell gegen die FARC vorzugehen. All dies führte zu einem über Jahrzehnte währenden Bürgerkrieg und der völligen Zerstörung des Gemeinwesens in Comuna 13, dem noch heute berüchtigtsten Viertel Kolumbiens.

Nach dem Tod Escobars gingen die Gewaltexzesse für gut ein Jahrzehnt weiter, bis die Lage 2002 ihren Höhepunkt fand. Die konservative Regierung Uribe sah sich in der *Operation Orion* herausgefordert, dem Treiben der FARC und der ELN, einer weiteren linken Guerillagruppe, in der immerhin 140 000 Einwohner zählenden Comuna 13 ein brutales Ende zu setzen. Mit schwerem Gerät, sogar mit Hubschraubern, drang die Armee in das dicht besiedelte Viertel vor, um Guerillas, Gangmitglieder und Drogendealer zurückzudrängen, zu verhaften oder zu töten.

Getötet wurden dabei aber keine Guerillas und auch keine Soldaten, getötet wurden Menschen aus dem Viertel, die mit dem ganzen Wahnsinn nichts zu tun hatten und nichts zu tun haben wollten. Am Tag der *Operation Orion* starben 72 Unbeteiligte, getroffen von Kugeln, die abgefeuert wurden von den zu allem entschlossenen, blindwütigen Bürgerkriegsteilnehmern auf allen Seiten. Als die Black-Hawk-Militärhubschrauber der Regierungstruppen schließlich das Feuer auf die Comuna 13 eröffneten und dabei sogar Kinder trafen, reichte es den Frauen des Viertels: Aus ihren Fenstern riefen sie: *»¡No más guerra!«*, keinen Krieg mehr! Zuerst zaghaft nur, dann immer lauter: *»¡NO MÁS GUERRA, NO MÁS GUERRA!«* Immer mehr Frauen stimmten ein in diesen Chor, der von immer mehr weißen Fahnen begleitet wurde, die plötzlich überall aus den Fenstern hingen. *»¡NO MÁS GUERRA, NO MÁS GUERRA, NO MÁS GUERRA!«*, schallte es lautstark durch die Gassen der Comuna 13. Verzweifelt gerufen von kriegsmüden und unsagbar wütenden Frauen, die mit ihren großen Herzen endlich die Waffen zum Schweigen brachten. Seit jeher sind weiße Fahnen im Viertel ein Symbol für friedliche Auseinandersetzungen, für Dialog statt Konfrontation, der Ausruf *¡NO MÁS GUERRA!* ist eine stehende Wendung geblieben, auf die die Menschen im Viertel noch heute unendlich stolz sind.

Hippie-Rapper

So geht die Geschichte, erzählt von Kbaia. Damals war er ein Teenager, heute ist er Rapper mit ebenso großem Herzen wie die Frauen damals und einer *»Love, Peace and Harmony«*-Attitüde, die dieses Viertel noch immer dringend braucht und die auf den ersten Blick völlig untypisch ist für jemanden wie Kbaia, der rein optisch eher als Gangster-Rapper durchgeht. Mit seinen Tattoos bis zum Hals, den definierten Oberarmen und der betont finsteren Miene wirkt er eher wie ein Drogendealer auf der mittleren Ebene, der sich seinen Respekt mehr mit Gewalt als mit Worten wie »Wir schulden unseren Mitmenschen all das Positive und Gute, das in unseren Herzen ist« verschafft. Genau dies sagt er aber immer wieder auf einer Tour durch die Comuna 13, seinen *Barrio*, als wir auf einer der neuen Rolltreppen abwärtsfahren, die die Stadt hier gebaut hat, um die Bewohner des Viertels ans Stadtzentrum anzubinden. Eine Maßnahme von vielen, um die heikle Lage zu entschärfen und die Transformation zu einem normalen Viertel zu schaffen.

Das ist durchaus sinnvoll, denn Entfernungen sind relativ, wie sich auch hier wieder zeigt: Die obere Hanglage, in anderen Städten der Welt oft bevorzugter Wohnort der Privilegierten, ist in Medellín eher ungünstig. Möchte man von hier aus ins Zentrum gelangen, werden auf dem Weg nach unten bei bis zu fünfzig Prozent Steigung die Gelenke und Bänder aufs Äußerste strapaziert, der Weg zurück nach oben wird zu einem konditionellen Kraftakt. Und das, obwohl die Stadt so nah erscheint. Steht man oben, fühlt es sich so an, als könnte man auf sie hinunterspucken.

Die Rolltreppen und eine Seilbahn sind auf jeden Fall das richtige Signal, sagt Kbaia. Die Menschen werden auf diese Weise emanzipiert. Sie sind nun mobil und können sich um Jobs in der Stadt bewerben, die vorher unerreichbar waren. Junge Menschen können Schulen und Unis im Zentrum besuchen und teilhaben an politischen Prozessen, und vor allem haben die Bewohner der Comuna 13 nun das Gefühl, nicht mehr unsichtbar zu sein. Sie sind plötzlich relevant. Dieses Gefühl war unbekannt im Zentrum der einstigen Mordhauptstadt der Welt: Über 380 Mordopfer kamen zu Zeiten der Kartelle jährlich auf 100 000 Einwohner. Dank der couragierten Frauen, die mit dem Mut der Verzweiflung die Gewalt beendeten, nimmt Medellín, sogar die ganze Welt, nun Notiz von der Angst, vom Hass und vom Irrsinn, die nicht zuletzt das Kokain in das Viertel gebracht hatte.

Trotzdem ist in Kbaias *Barrio* noch lange nicht alles gut. Rolltreppen und Seilbahnen können Voraussetzungen sein für ein friedliches Miteinander, Partizipation und Selbstbestimmung. Das Kokain und die Gewalt sind aber immer noch da. Bei Tageslicht seien die Abgründe nicht sichtbar, erfahre ich von Kbaia. Dann sei alles schön. Der Frieden täusche jedoch, sagt er. Nachts würde er mir als Gringo nicht unbedingt empfehlen hierherzukommen. Zu gefährlich. Es herrsche zwar kein Bürgerkriegszustand mehr, die Mordraten seien spürbar gesunken, aber immer noch vergleichsweise hoch im Vergleich mit anderen Vierteln der Stadt. Rivalisierende Gangs kämpften mit Waffen um die Vorherrschaft im nach wie vor florierenden Kokaingeschäft, und sowieso seien gewalttätige Überfälle an der Tages- bzw. Nachtordnung. Ein argloses Weißbrot wie ich sei da ein leichtes Opfer, warnt Kbaia mich düster. Oha! Jetzt gerade, bei Tageslicht, wirkt die Umgebung ausgesprochen friedlich. Uns begegnen viele fröhliche und freundliche Menschen, die anhalten, um kurz mit uns zu plaudern. Sie erzählen von der positiven Entwicklung im Viertel und sind stolz darauf, Teil dieses berühmten Quartiers zu sein, in das nun sogar Touristen kommen. *»¿Escobar? El Diablo! Cocaina? No me gusta!«*, ist der Tenor an den Zwischenstationen der Rolltreppen, die ein viel genutztes öffentliches Nahverkehrsmittel geworden sind.

Am Ende der Rolltreppe bringt Kbaia seine Message auf den Punkt: Transformation kann man mit baulichen Veränderungen begünstigen, letztlich beginnt sie aber im Kopf – und genau da setzt er an mit seinem Hip-Hop-Kollektiv. In der *Casa Kolacho*, einem Jugendzentrum mit vollgetaggten Wänden zu Füßen der steil aufragenden Comuna 13, die immer noch Armenviertel ist und sozialer Brennpunkt, bringen er und seine Homies der Jugend des Viertels das Rappen bei, geben Graffitikurse und klären auf über die Vergangenheit, die Verführungskünste der Gangs und die neuen Drogenbarone, die noch immer versuchen, die Kids für ihre Zwecke zu missbrauchen.

Die friedliche und aufklärerische Attitüde der Rapper kommt nicht überall gut an: 2012 wurde der lokale Hip-Hop-Star El Duke erschossen. In seinen Texten thematisierte El Duke die Gewalt in den Armenvierteln Kolumbiens und die Macht der drogenfinanzierten Gangs. Er schuf eine Bewegung, plötzlich wurden die Drogen uncool. El Duke propagierte Gewaltfreiheit und bezahlte dafür mit seinem Leben. Heute ist er ein Märtyrer der Friedensbewegung in der Comuna 13.

Sein gefährliches Erbe haben Kbaia und andere Aktivisten angetreten. Sie versuchen weiter, ein soziales Bewusstsein zu schaffen und die Kids von der Gewalt fernzuhalten. In diesem Licht betrachtet, ist Kbaias hippiehafte Haltung regelrecht revolutionär. Er setzt dem mörderischen Alltag seines Viertels Offenheit und Friedfertigkeit entgegen. Nicht nur das: Er zeigt sein Gesicht, bezieht offen Stellung für seine Sache, wissend, dass es im Viertel ebenso jene gibt, die durch die *Casa Kolacho* den blutigen und für sie sehr einträglichen Status quo gefährdet sehen und die noch nie vor Mord zurückschreckten. Ich ziehe den Hut vor den couragierten Rappern in der Comuna 13 und der *Casa Kolacho* und spiele mit dem Gedanken, die Nachwuchsdealer meiner Schule zu einem Lehrgang nach Medellín zu schicken. Vielleicht können sie helfen beim alljährlichen Musikfestival *Revolución sin muertos* und dabei erfahren, zu was für Gewaltexzessen die Dealerei führen kann und dass am Ende immer nur die finsteren und skrupellosen Typen ganz oben gewinnen.

Wichtig sei, was wir im Herzen hätten, wiederholt Kbaia seine Kernbotschaft. Dabei ist es egal, welche Hautfarbe wir haben, woher wir kommen und wie reich oder wie arm wir sind. Er freut sich besonders darüber, dass nun auch vereinzelt Menschen aus den reicheren Vierteln Medellíns den Weg in die Comuna 13 finden. In der *Casa Kolacha* treffe ich dann wie auf Zuruf Manuela. Sie ist ebenfalls in der Stadt aufgewachsen, allerdings unter völlig anderen Bedingungen als Kbaia. Wohlbehütet im Mittelstand. Sie sagt, noch vor ein paar Jahren wäre sie nicht im Traum darauf gekommen, sich hierherzubegeben. Sie und ihre Freunde hätten damals nicht viel über die Gegend gewusst, nur dass hier die Wahrscheinlichkeit hoch sei, überfallen oder gar erschossen zu werden. Heute hat sie viele Freunde hier. Dieser Austausch ist wichtig, um den gewalttätigen Teufelskreis, in dem sich die Comuna 13 zu lange befunden hat, zu durchbrechen.

All das lässt mich denken an Hamburg-Wilhelmsburg. Hier habe ich vor einigen Jahren Deutschkurse gegeben für junge Menschen, die nach vermasseltem Schulabschluss jahrelang durchhingen und nicht wussten, wohin mit sich. Die Einrichtung, in der ich damals gearbeitet habe, wollte Schulabbrecher wieder eingliedern. Es war oft nicht so einfach, die Kids zwischen achtzehn und zweiundzwanzig davon zu überzeugen, dass es sinnvoll ist, sich über ein Praktikum für eine Berufsausbildung zu qualifizieren. Murat sagte mir damals, dass er es nicht einsehe, für kein Geld den Parkplatz eines Baumarktes zu fegen oder Regale einzuräumen, nur um dann irgendwann in den Rang eines Azubis aufzusteigen, der im Prinzip dasselbe mache für wenig Geld.

Ich konnte dieser Argumentation gut folgen und hatte dem nicht wirklich etwas entgegenzusetzen, besonders weil ich wusste, dass Murat sich ganz gut mit ein bisschen Kleindealerei über Wasser halten konnte. Die Bildungsbürgersprüche von wegen, du musst doch was Richtiges machen und an deine Zukunft denken, verfingen bei Murat nicht. Allein schon deshalb, weil es weitere Familienmitglieder gab, die mit halbseidenen Geschäften über die Runden kamen. Autoschieberei, Drogen verticken, Leute abziehen – all das war völlig normal in Murats Umfeld. Warum also jahrelang den Parkplatz fegen für fast kein Geld?

Kbaia hätte die Antwort gewusst: weil du kein mieser kleiner Wicht bleiben willst, der immer mit einem Bein im Knast steht, weil du ein Hirn hast, das Input braucht, und ein Herz, das dich erst zu einem Menschen macht. Weil du kein Idiot bist, der sich sein Leben lang rumschubsen lassen will, weil du dich in Wahrheit nach Anerkennung sehnst, die dir zuteilwird, weil du DU bist, und nicht, weil du immer die Taschen voller Drogen hast. Und am allerwichtigsten: weil du glücklich sein willst – und glücklich machen deine schäbigen Geschäfte dich ganz sicher nicht. Und wenn du dafür ein paar Monate den Parkplatz fegen musst, dann ist das ein gutes Geschäft für dich.

Medellín ist nicht zuletzt wegen Kbaia und seiner Jungs für mich einer der spannendsten Orte, die ich bisher besucht habe. Sie wissen noch nicht so richtig, wohin die Reise geht, aber gerade das macht die Stadt so interessant. Man spürt die Sehnsucht nach Anerkennung, danach, den grauenhaften Ruf, den Escobar ihr eingebrockt hat, abzuschütteln und bei null anzufangen. Und doch: Die sinistren Kräfte der Vergangenheit sind noch da. Sie schlummern an den Hängen der Stadt, und manchmal kommen sie ans Licht. Das werden sie auch weiterhin tun – schließlich ist Kolumbien noch immer einer der größten Kokainexporteure der Welt und wird es auch bleiben. Trotzdem ist mit *corazón* und Leidenschaft Bewegung in die Stadt gekommen. Jeihhco, angesehener Rapper im Viertel, bringt es in der *Casa Kolacho* so auf den Punkt: »*Medellín isn't a model of a perfect city, Medellín is a laboratory city, where we experiment on a daily basis, because we're tired of suffering, because we're tired of living what we've lived. Because we believe it's possible to have a better world and that we're capable of doing it.*« Medellín sei keineswegs die perfekte Stadt, aber es werde täglich hart an einer Veränderung gearbeitet, denn man sei es leid zu leiden und glaube an die Möglichkeit, eine bessere Welt gestalten zu können.

Helfen könnte dabei unser aller Umgang mit dem Thema Drogen. So wie ich das sehe, wird der Kokainkonsum nicht von Geisterhand zurückgehen, es wird ihn immer geben. Also auch die Herstellung, den Schmuggel, den Vertrieb und die damit einhergehende Korruption und die Gewalt. Viel zu lukrativ ist das Geschäft mit dem Rausch, als dass sich die großen Drogenbarone von Gefängnisstrafen abschrecken lassen würden. Wie man den Drogenhandel eindämmen kann? Das weiß ich nicht – vielleicht kommen findige Schülerhirne der Lösung des Problems auf die Spur:

Abituraufgabe im Fach Gesellschaftswissenschaften:
Analysieren (Aufgabenbereich 2) Sie Ursache und Wirkung
des Kokainhandels. Schreiben Sie im Anschluss einen Essay
(Aufgabenbereich 3) über die Frage, wo sich das Problem am
wirkungsvollsten bekämpfen lässt. Auf den südamerikanischen
Kokaplantagen oder in unseren Gesellschaften, die jährlich
Milliarden für die Droge ausgeben?

Eine ganz und gar bizarre Begegnung haben Luisa und ich in Salento, einer kleinen Stadt unweit von Medellín in einer Region, die sich rühmt, den besten Kaffee der Welt anzubauen. Das Klima ist ganzjährig mild, der Ort wunderschön und die Atmosphäre herrlich entspannt. In seiner Nähe liegt das Valle de Cocora, das mit seinen einzigartigen Wachspalmen einem wunderschönen Märchenland gleicht.

Am Abend, nach einer Wanderung durch das Tal, einer Salsatanzstunde und anschließender Performance in einer der netten Kneipen Salentos, geraten wir in ganz und gar merkwürdige Gesellschaft. Zwischen all den gut gelaunten und tanzenden Menschen in den Straßen taucht plötzlich ein Typ mit glänzend polierter Glatze vor mir auf. Er gibt mir ein Bier aus, ich nehme dankend an, in der Annahme, er sei einer von vielen feiernden Menschen, die um uns herumstehen. Als ich ihn näher betrachte, fällt mir auf, dass er anders ist als die anderen. Er wirkt skrupellos, gewaltbereit, manipulativ, geschäftstüchtig, kreativ, narzisstisch, stressresistent, ichbezogen, risikobereit, willens- und nervenstark. Es fehlt intelligent. Dafür ist er total besoffen und zugedröhnt. Er labert auf mich ein, von wegen er und seine Leute und wer denn die Blonde da sei (er deutet auf Luisa) und ob wir nicht Lust hätten, mitzukommen, ein paar interessante Leute treffen. Klar, warum nicht, sage ich vorschnell und frage Luisa, ob sie nicht auch Lust habe. Hat sie.

Dass das ein bisschen blauäugig war, merken wir schnell, als der glatzköpfige Besoffene uns in einen Innenhof mit Pool etwas abseits des Marktplatzes drängt, an dem sich seine Leute in einer Sitzgruppe herumfläzen. »Nehmt Platz«, sagt er sehr bestimmt und deutet auf zwei scheinbar exklusiv für uns reservierte Stühle. Er spricht rudimentäres Englisch, gibt damit vor seinen Freunden an und erklärt großspurig, was hier Sache ist: »Herzlich willkommen in meinem Haus«, sagt er, während er mit ausgebreiteten Armen auf Anwesen, Pool und Bar weist, von der sogleich ein junger Typ mit Tablett angelaufen kommt und uns Getränke serviert.

Der Glatzkopf stellt uns die beiden wichtigsten Persönlichkeiten am Tisch vor. Da ist der *Mexikaner*, der verantwortlich ist für den Kokainvertrieb in *El Norte*. Ein dicker Lockenkopf mit Cocktailglas in der Hand wünscht einen guten Abend. Dann ist da der Don persönlich. Ein alter Mann, der in seinen Stiefeln und abgewetzten Klamotten aussieht wie ein Kaffeebauer nach Feierabend, der allerdings, wie der Glatzkopf erklärt, der regionale Kokaboss ist. Dazu passt, dass er flankiert wird von unterwürfigen Jungspunden, die ihm jeden Wunsch von den Augen abzulesen scheinen. Er muss nur zucken, und schon springt jemand herbei und bringt ihm irgendetwas. Dabei rangeln sie um seine Gunst, jeder will derjenige sein, der dem Boss etwas Gutes tut. Neuankömmlinge küssen einen goldenen Siegelring an seiner rechten Hand. Uns nickt er gönnerhaft zu. Wir sollen uns bedienen an Getränken, Speisen und dem riesigen Tablett mit weißem Pulver, das in der Mitte des Tisches steht und in das verschiedene Leute immer mal wieder mit einem Geldschein in der Nase hineinschnüffeln, um sich mit einem gekeuchten »Aaaahhhh!« wieder schnaufend in ihre Clubsessel fallen zu lassen. Dann sind da noch sechs bis acht weitere Personen, die scheinbar nicht wichtig genug sind, um sie uns vorzustellen. Der Glatzkopf erwähnt sie jedenfalls mit keinem Wort.

Luisa wurde am anderen Tischende platziert, und so können wir nur Blicke austauschen, aber wir fragen uns dasselbe: Was passiert hier? Ist das echt, oder machen diese Typen nur auf dicke Hose und inszenieren eine spektakuläre Klischeedrogendealer-Show für uns? Jetzt stellt der Glatzkopf sich persönlich vor. Er sei gerade aus Rio de Janeiro zurückgekehrt, um die dortigen Geschäfte zu überwachen. Vor Jahren habe er als *Sicario* begonnen, fügt er in angeberischem und verschwörerischem Tonfall hinzu. Oha. Ein Auftragsmörder.

Ich versinke in meinem Sessel und schaue mir die Szenerie an, unschlüssig, ob wir nicht sofort versuchen sollten, von hier wegzukommen. Das alles ist einerseits ziemlich interessant, fast komisch, so wie die Runde sich aufführt, auf der anderen Seite echt unheimlich. Was wollen die? Plötzlich stolpert Matt in den Innenhof, ein Australier, mit dem wir zuvor unschuldig Salsa tanzen waren. Er sieht uns, will sich dazusetzen, wird aber sofort wieder unsanft vertrieben. Er solle zusehen, dass er sich verpisse, knurrt der Glatzkopf. Eingeschüchtert macht Matt sich davon, ich weiß nicht, warum, traue mich aber nicht nachzufragen. Uns mögen die Drogenbosse scheinbar. Warum, weiß ich auch nicht. Brauchen sie noch Personal in Übersee? Wollen sie vor uns, besonders vor Luisa, angeben? Oder sind wir Teil einer bizarren Realityshow, die im kolumbianischen Fernsehen übertragen wird?

Ich muss mal zur Toilette. Auf dem Weg dorthin schaue ich mir das Anwesen genauer an. Es könnte tatsächlich das Setting sein für einen Film über Drogenbosse, die sich vor hübscher Andenkulisse neue Vertriebswege ausdenken. Ich komme zurück und sehe, wie mehrere Leute um die Sitzenden herumstehen. Freundlich möchte ich einem von ihnen meinen Platz anbieten, doch der Glatzkopf grätscht dazwischen und bugsiert mich wieder in den scheinbar exklusiv für mich reservierten Sessel. Luisa auf der anderen Seite schlürft einen Cocktail, schaut sich alles an und wirkt recht entspannt dabei. Ich kann mich nicht entspannen, denn neben mir sitzt der aggressive Glatzkopf. Er redet auf mich ein, erzählt von Rio de Janeiro und den schönen Frauen dort. Ich kann zu alldem nicht so viel sagen, ihm scheint das egal zu sein, er quatscht einfach weiter. Nur ein Angeber, denke ich erleichtert und werde übermütig.

Ich frage ihn unverblümt und eine Spur zu laut, ob er tatsächlich ein Mörder sei. Das war leichtsinnig und naiv. Jedenfalls wird mir schnell klar, dass man so etwas normalerweise wohl nicht fragt. Schweigen. Die Runde starrt mich an, der Alte grinst, und der Glatzkopf steht auf. Er baut sich vor mir auf, beugt sich tief über mich und flüstert in mein Ohr: »Wenn ich dir sagen würde, was ich alles getan habe, müsste ich dich auch umbringen.« Dann setzt er sich wieder neben mich, lacht diabolisch und erzählt weiter von seinen Abenteuern in Rio, als wäre rein gar nichts gewesen.

Das alles wird jetzt echt unheimlich. Ich will hier weg, und Luisa auch. Das sehe ich ihr an. So leicht lässt der Glatzkopf uns jedoch nicht davonkommen. *»I want to drink«*, sagt er zu einem der Jungspunde, der sofort loshetzt und sogleich mit einer Flasche Wodka und zwei Gläsern zurückkommt. Eins davon bekommt er, eins ist für mich. Er bedeutet dem Jungen, die Gläser vollzumachen. Okay, da muss ich jetzt durch, denke ich mir, als ich das Glas leere, aber danach sofort hier weg. Nichts da, der Glatzkopf schenkt nach. Noch mal dasselbe. Als wir uns zuprosten, versuche ich, unseren Abgang einzuleiten, und stammle etwas von wegen Dank für die Gastfreundschaft und dass wir jetzt losmüssten. Der Glatzkopf fixiert mich nur bedrohlich. Ich weiß nicht, was er will, traue mich nach der Mörder-Zwischenfrage aber nicht mehr, mich direkt danach zu erkundigen. Er will noch einen trinken, der Jungspund schenkt nach. Immer nur für den Glatzkopf und mich. Er scheint seine Freude daran zu haben, mich zu quälen. Noch mal runter damit, ohne eine Miene zu verziehen. Zum Glück haben die hier guten Wodka und keine fiese Billigplörre. Ein Indiz für eine Fernsehshow – oder doch für echte Drogenbosse?

Und dann? Dann verliert der Glatzkopf plötzlich das Interesse an mir, fängt an, lockere Sprüche zu reißen und übertrieben laut zu lachen. Die Runde lacht mit und entspannt sich. Die Ersten stehen auf und gehen zur Bar. Für uns das Zeichen, dass wir auch aufstehen dürfen. Unsicher stehen wir noch ein bisschen in der Nähe der Sitzgruppe herum, stellen aber fest, dass sich niemand mehr für uns interessiert. Können wir jetzt gehen? Wie die Jungspunde stellen wir uns neben dem alten Boss auf, sagen brav eine Danksagung auf und entfernen uns vorsichtig.

Draußen fallen wir uns erleichtert in die Arme und fragen uns, was um alles in der Welt das gerade war. Habe ich tatsächlich gerade mit einem Mörder angestoßen? Hat Luisa mit dem *Mexikaner* gesprochen, der den Stoff für die Bande über viele Grenzen hinweg in die USA schafft? Die ganze Nacht spekulieren wir über diese merkwürdige Veranstaltung. Für eine Show spricht die klischeehafte Inszenierung. Das Setting und die Charaktere sahen so aus wie im Fernsehen. Ich kann mir einfach nicht vorstellen, dass echte Drogenchefs tatsächlich so aussehen, wie Hollywood sie uns zeigt. Andererseits: Warum nicht? Irgendwo kommen dieser Bilder ja her, und mit Kokain kennen die in Hollywood sich sicher gut aus. Und überhaupt: Warum um alles in der Welt sollten die Dorfbewohner eine solche Show für uns abziehen? Aus Spaß? Aus Angeberei? Und wieso wollten sie dann vor Matt nicht angeben? War er Teil der Show?

Wir treffen ihn später wieder, er weiß von nichts, fand die Runde aber ziemlich unheimlich. Er wurde rüde vom Anwesen entfernt, deswegen ist für ihn klar, dass wir nicht unbedingt bei besonders freundlichen Menschen am Tisch gesessen haben, und er sagt: »Na klar können das große Kokainexporteure sein. Der Stoff, den es überall auf der Welt zu kaufen gibt, kommt ja genau von hier.« Das stimmt wohl, aber was wollten die Typen von uns? Vor Luisa auf besonders dicke Hose machen und mich demütigen? Ausloten, ob wir uns als Mitarbeiter in Europa eignen? Wenn, dann wurden wir gewiss für zu wenig skrupellos, gewaltbereit, manipulativ, geschäftstüchtig, kreativ, narzisstisch, stressresistent, ichbezogen, risikobereit, willens- und nervenstark befunden ...

So bleibt dieser Abend in unserer Erinnerung obskur und mysteriös und irgendwie genauso unheimlich, wie ich mir professionellen Drogenhandel mitsamt seinen Protagonisten immer vorgestellt habe. Vielleicht komme ich irgendwann noch einmal hierher zurück, nur um herauszufinden, was da wirklich abging. Für den Moment habe ich wenig Lust, den irren Psychomörder mit der Glatze, wenn er denn einer ist und kein begnadeter Laienschauspieler, wiederzutreffen.

Kolumbien ist die Hälfte der Welt

Auf keinen Fall möchte ich Kolumbien auf Kokain reduzieren, dieses Thema ist uns nur in zwei Monaten in Gesprächen immer wieder begegnet, und ich befürchte, die Menschen werden damit noch etwas länger zu tun haben. Ein gewagter Vergleich: In Zeiten, in denen Frieden greifbar scheint (die FARC befindet sich in Auflösung; Aussöhnung der Konfliktparteien ist das erklärte, aber fragile Ziel), wissen viele Kolumbianer nicht, wie sie mit ihrer gewalttätigen Geschichte umgehen sollen. Einerseits möchten sie einfach weitermachen und in die Zukunft blicken, andererseits haben unzählige Menschen in den Konflikten der Vergangenheit ihr Leben verloren. Bis heute gelten viele Menschen als vermisst. Das erinnert mich an Erzählungen meiner Oma, deren Generation nach 1945 nicht wusste, wie sie mit den Nazis umgehen sollte. Viele haben die Schrecken verdrängt, nur wenige haben auf Aufarbeitung gepocht. Schmerzhaft, zäh und oft unerträglich war das für meine Oma und ihre Zeitgenossen, wenn sie sehen mussten, dass es vom Mörder in SS-Uniform zum angesehenen Kommunalpolitiker oft nur ein kleiner Schritt war. So ist es auch in Kolumbien – die Killer von einst sind ja noch da, und auch der Kokainhandel, der die Konfliktparteien erst in die Lage versetzt hat, Waffen zu kaufen, floriert nach wie vor. Für die meisten Menschen, mit denen ich sprach, ist Escobar, der sinnbildlich für das Blutvergießen der jüngeren Geschichte steht, wahlweise *El Diablo*, ein Psychopath, ein durchgeknallter Irrer oder alles zusammen. Für einige ist er nach wie vor ein *good hombre*, der für seine Leute einstand. Auch das erinnert mich an Deutschland und seine Autobahnen.

Kolumbien wird einen Weg finden. Die Drogen und die Gewalt sind nur zwei Facetten des Landes, dazwischen gibt es Millionen schöne Zwischentöne. Ich weiß noch, wie sehnsüchtig Julia im deutschen Januar aus dem Fenster unseres Klassenraums blickte und sich sehnte nach den Farben, dem Licht und der Wärme in ihrer Heimat, nach den Menschen, die immer und überall draußen sind, die sich nicht vor Schneematsch und Dunkelheit in ihren Wohnungen verstecken müssen. Ich verstehe sie besser denn je und habe das Gefühl, man bräuchte ein ganzes Leben, um all die kolumbianischen Farbspiele und unterschiedlichen Schattierungen auch nur annährend begreifen zu können. Unfassbar allein die Ausmaße des Landes – von Leticia im Süden, wo wir auf dem Amazonas nach Peru und Brasilien durch den endlosen Regenwald geschippert sind, bis hin zum Río San Salvador im Norden in der Sierra Nevada de Santa Marta, den wir entlanggewandert sind tief hinein ins Gebiet der Kogi-Indigenas. Dazwischen Orte wie das märchenhafte Mompóx, Inspirationsort für das nationale Heiligtum Gabriel García Márquez, genannt *Gabo*, und das karibische Barranquilla, wo wir tagelang Karneval gefeiert haben mit einer lebensfrohen Familie, die uns aufgenommen hat, als wären wir lange vermisste Verwandte. Und natürlich Bogotá – pulsierende Metropole hoch in den Anden, die vor Kreativität und Lebensfreude nur so strotzt.

An all diesen Orten haben wir überwältigende Herzlichkeit erfahren, spannende Menschen getroffen und uns (mit Ausnahme inmitten jener schräg-illustren Runde in Salento) immer sicher gefühlt. Ich habe das Gefühl, zwei Monate Kolumbien haben das Fenster zu diesem Land nur ein kleines bisschen aufgestoßen und uns einen ersten Einblick gewährt – zwischen unseren Stationen muss sich mindestens die Hälfte der Welt befinden. Die andere befindet sich in Isfahan, das habe ich im Iran gelernt.

TEIL 3

RUSSLAND

MONGOLEI

CHINA

1 SÜDKOREA: Seoul
2,3 CHINA: Peking – Changchun
4 MONGOLEI: Ulan-Bator
5,6,7,8,9 RUSSLAND: Ulan-Ude – Kasan – Moskau
Irkutsk – Nowosibirsk

Ein perfektes Ensemble

Mi-sun, Clara und Maria tanzen. Nicht etwa aus der Reihe, sondern anmutig, elegant und anspruchsvoll. Sie tanzen im Hamburg Ballett John Neumeier. In dieser Kaderschmiede der Tanzkünste werden nur diejenigen Tänzerinnen und Tänzer aufgenommen, die in einer Vorauswahl nachgewiesen haben, dass sie über die Voraussetzungen für eine Karriere in den großen Ensembles verfügen. Die Schule hat globale Strahlkraft und genießt einen exzellenten Ruf. Es bewerben sich talentierte Jugendliche aus der ganzen Welt, und diejenigen, die angenommen werden, haben tatsächlich gute Aussichten, ihrer Leidenschaft irgendwann professionell nachgehen zu können. Leider können sie sich in Hamburg nicht ausschließlich den schönen Künsten hingeben. Das können sie nur nachmittags, vormittags müssen sie ihrer Schulpflicht nachkommen. So verlangt es das Schulgesetz. Eine Enttäuschung oft für die hochbegabten Teenager; wer will sich schon mit so profanen Dingen wie Mathe, Deutsch und Englisch rumschlagen, wenn man doch eigentlich die Bretter vor Augen hat, die die Welt bedeuten?

Immer zu Weihnachten wird das Kollegium der Vollstreckungsbehörde, der auch ich angehöre, eingeladen, einer Aufführung der Ballettschule beizuwohnen. Das ist eine sehr besondere Veranstaltung. Mi-sun, Clara und Maria waren immer schon Wochen vorher total aufgeregt und brannten darauf, ihren Lehrern endlich einmal zu zeigen, was sie noch so draufhaben außer Aufsätze schreiben, Bruchrechenaufgaben lösen und Referate halten.

Mein erstes Mal war eine Offenbarung. Ich war fassungslos ob der Perfektion der Darbietung. Ich gebe zu, bis dahin war

Ballett komplett an mir vorbeigegangen. Es war mir schlicht egal. Als ich meiner Mutter eines Tages beiläufig erzählte, es seien Tänzerinnen der Ballettschule von John Neumeier in meiner Klasse, und ich offenkundig keine Ahnung hatte, wer das ist, schimpfte sie mich einen Kulturbanausen. Völlig zu Recht, wie ich an diesem Abend kurz vor Weihnachten feststellte. Ich frage mich bis heute, wie es möglich ist, die Bewegungsabläufe eines ganzen Ensembles derart perfekt auf Musik einzustimmen. Besonders bewegt hat mich an diesem Abend, dass Mi-sun, Clara und Maria nach der Vorführung vor Stolz und Freude fast platzten. Endlich hatten sie Gelegenheit, ihre Kunst denjenigen vorzuführen, die sie sonst mit ihrem ewigen Dilettantismus nerven: ihre Lehrer.

Schule ist permanente Improvisation. Mal fehlt dies, mal jenes, dann ist diese Liste unvollständig, jener Kurs überbelegt, dieser Raum doppelt besetzt und in jenem die Technik ausgefallen. Irgendwas ist immer – Alltag in der Schule ist ganz weit weg von Anmut, Grazie und Eleganz. Er ist eine Belastungsprobe für alle Beteiligten, manchmal unfertig und im täglichen Stress oft nicht zu Ende gedacht. Als Stückwert hat er nichts zu tun mit der perfekten Aufführung. Dazu all die Befindlichkeiten von Schülern und Lehrern, auf die Rücksicht genommen werden muss.

Vielleicht stoße ich mit dieser Diagnose einige Kollegen vor den Kopf, ich aber empfinde das so, und ich mag diesen Zustand sogar ganz gerne. Ich würde sogar behaupten, dass er ganz fruchtbar sein kann im Kosmos Schule, und außerdem glaube ich, dass ein bisschen Chaos zwangsläufig dazugehört, wenn so viele verschiedene Menschen aufeinandertreffen.

Am Abend der Ballettweihnachtsfeier ging ich nach Hause mit dem Gefühl, dass meine Ballettschülerinnen diesen Zustand unter Umständen als Zumutung empfinden. Sie sind Perfektion gewohnt und nach Hamburg gekommen, um professionell zu tanzen, und nicht, um sich mit menschlichen und organisatorischen Unzulänglichkeiten herumzuplagen, die sie jeden Vormittag in der Schule vor ihrem professionellen Training erleben müssen.

Zusätzlich kam es in der Klasse oft zu Unmutsbekundungen, wenn die drei Ballerinen für wichtige Proben freigestellt wurden. Am lautesten war der Aufschrei, als herauskam, dass Ballettinternatsschüler vom Sportunterricht befreit werden. »Ey, Mr. K., voll unfair«, hieß es dann, und auch ich war zunächst der Meinung, dass diese Extrawürste kein gutes Signal an die Mitschüler sind. Nach der Weihnachtsfeier wurde ich jedoch zum Anwalt der schönen Künste und wies darauf hin, dass unsere Tänzerinnen vor adoleszentem Überschwang im Sport geschützt werden müssten. Ihre Beine seien schließlich ihr Kapital, erklärte ich dann, und ich selbst hätte wenig Lust, Deutschlands Ballettpapst John Neumeier persönlich erklären zu müssen, dass seine Schützlinge in meiner Obhut einer raubeinigen Grätsche in der Sporthalle zum Opfer gefallen seien.

Auf dem Nachhauseweg fiel mir außerdem auf, dass die drei schon qua Herkunft das perfekte Ensemble bilden: Grazie und Extravaganz aus Venedig, Überheblichkeit aus Düsseldorf und Disziplin und Folgsamkeit aus Seoul.

Dieses Bild trifft zu, nimmt man nur Venedig. Wer würde bestreiten, dass die alte Lagunenstadt eine anmutige Weltschönheit ist? Bei Düsseldorf wird es schon schwieriger – das Klischee scheint überholt. Bei Maria jedenfalls konnte ich keinerlei Nasenach-oben-Attitüde feststellen. Im Gegenteil, als einzige deutsche Muttersprachlerin in meiner Klasse war sie sich im Unterricht nie zu schade, ihren internationalen Mitschülern zu helfen und mir zu assistieren. Die einzige Muttersprachlerin war Maria übrigens deshalb, weil sie auch in der Schule gerne mit ihren

Freundinnen aus John Neumeiers Ballettzentrum zusammen sein wollte. Und Mi-sun? Sie war immer bestens vorbereitet, aufmerksam, freundlich und diszipliniert im Unterricht und sehr folgsam, was meine Ansagen anging. Könnte also passen. Außerdem scheint sie ein Genussmensch zu sein. Der Reiseführer, den sie mir liebevoll gestaltet hat, beschäftigt sich in erster Linie mit den Sehenswürdigkeiten Seouls und den kulinarischen Hochgenüssen Südkoreas. Das ist gut, denn bei Tisch kann man einem Land gut näherkommen.

Grundkurs Südkorea

Für die Tische des Landes muss man sich jedoch zunächst qualifizieren. Deshalb ein Grundkurs. Mein erster Eindruck: Seoul läuft wie eine gut geölte Maschine. Jeder Verstoß, jeder Anwendungsfehler wird sofort geahndet in Form von sozialen Sanktionen. Falsches Stehen auf der Flughafenrolltreppe: abschätzige Blicke. Stehen bleiben auf dem Bürgersteig und sich orientieren im Großstadtdschungel: Kopfschütteln. Dabei kommt es aber nicht zu offener Konfrontation, wir werden nicht angeschrien oder lautstark zurechtgewiesen, wenn wir einen Fehler machen. Nein, die Sanktionen funktionieren subtiler. Durch ausbleibenden Augenkontakt, Sich-Abwenden, ja schlichtes Ignorieren macht Seoul uns klar, dass wir unseren Platz hier erst finden müssen. Auch die Interaktion mit Kioskbesitzern, Straßenhändlern und Ticketverkäufern gestaltet sich schwer. Die nonverbale Kommunikation ist holprig, sogar bei offensichtlichen Kaufabsichten, die keines gesprochenen Wortes bedürfen. Ganz offenbar fehlt uns noch die Kompetenz, Seoul richtig zu handhaben.

Nach zwei bis drei Tagen wird die Stadt anwendungsfreundlicher. Diese Zeit reicht, um sich einen groben Überblick zu verschaffen und die einfachsten sozialen Codes zu verstehen und nicht mehr überall anzuecken. Mit ein bisschen Mühe sitzen nach kurzer Zeit die wichtigsten Phrasen, die wir allesamt Misuns Reiseführer entnehmen können. *Annyeonghaseyo* (Hallo) weckt das Interesse des Adressaten, komplett wird es allerdings erst durch eine leichte Verbeugung mit am Körper angelegten Armen. *Gomapseumida* ist nie fehl am Platz. In Südkorea bedankt man sich oft. Dazu immer schön verbeugen und direkten Augenkontakt vermeiden. Für die Verbeugungen gilt: Je ehrenwerter (älter) das Gegenüber, desto tiefer runter muss der Oberkörper.

Wir stellen fest, wenn man seinen Platz kennt, ihn akzeptiert, sich unterordnet und vor allem die mannigfaltigen Verbotsschilder beachtet, passiert nichts. Nicht rauchen, nicht rumhängen, nicht auf dem Rasen laufen, nicht trinken und/oder essen – alles nicht neu, in Seoul aber allgegenwärtig. Im Bukchon Hanok Village, einem traditionellen Viertel der Stadt, werden die Menschen auf Schildern sogar angehalten, nur leise oder besser gar nicht zu sprechen. Hält man sich an alles, hat die Maschine nichts zu meckern. Sie läuft reibungslos. In den ersten Tagen kommt Seoul mir tatsächlich vor wie ein Ballett. Trotz seiner fast siebzehn Millionen Einwohner fühlt die Stadt sich überhaupt nicht an wie eine Megametropole, eher wie ein gut durchchoreografiertes Ensemble, in dem jeder weiß, wo er hingehört.

Besucher haben es da schwer, überall lauern Fallen. Zum Beispiel in der Metro: In jedem Bahnhof steckt man vor der Fahrt eine aufladbare Karte in einen Automaten, der an einem Drehkreuz auf dem Weg zu den Gleisen angebracht ist. Ist genügend Geld drauf, kann man passieren. Wenn nicht, leuchtet ein rotes Licht auf, und das Drehkreuz blockiert. In diesem Fall wird man von nachfolgenden Passagieren ungeduldig zur Seite geschoben oder, zur Rushhour, schlicht überrannt. Das passiert, wenn man seinen Platz und die Regeln nicht kennt und der Maschine im Weg steht. Man stelle sich vor, im Ballett vergisst ein Tänzer die Schrittfolge und behindert den Rest der Gruppe. Die Aufführung wäre ruiniert, das Ensemble aus dem Takt.

Möchte man die kollektive koreanische Choreografie nicht empfindlich stören, empfiehlt es sich, ein paar Regeln und vor allem die unausgesprochenen Codes zu kennen.

- *In Korea gilt es als unhöflich, laut zu lachen.*
- *In Korea wird direkter Augenkontakt als herausfordernd und aggressiv interpretiert.*
- *In Korea sagt man selten oder gar nicht Nein. Ihren Unwillen drücken Koreaner unterschwelliger aus, um ihren Gesprächspartner nicht vor den Kopf zu stoßen.*
- *Umarmungen zur Begrüßung sind in Korea unüblich.*

Je nach Kontext wird mal mehr, mal weniger streng auf die Einhaltung dieser Codes geachtet. Generell ist ihre Anwesenheit spürbar, sie schwingen überall mit. Ein bisschen Sensibilität für diese Rituale ist also sehr wichtig, will man seine Gastgeber nicht irritieren.

Das gelang mir nicht wirklich in einem Restaurant: Ich habe die Angewohnheit, oft und laut zu lachen. Gerne bei nichtigen Anlässen, die scheinbar nur ich lustig finde. Das kann ich nur schwer kontrollieren, es kommt einfach über mich. Das ist schon für mir nahestehende Personen (Luisa) schwer zu durchschauen, wie sollen denn Mitarbeiter in einem koreanischen Restaurant darauf reagieren? Hier gelten Unruhe und Gelächter als Zeichen dafür, dass etwas nicht in Ordnung ist. Das Personal wird in eine unangenehme Lage versetzt. Der Kellner muss annehmen, dass das Lachen der minderen Qualität der Speisen oder des Services gilt. Er springt hektisch herbei, schenkt Tee nach, bringt mehr Kimchi und Soju (koreanischen Reiswein) und fühlt sich dabei offensichtlich nicht wohl. Noch schlimmer ist, dass die anderen Gäste ebenfalls annehmen, dass etwas nicht stimmt. Daraus könnten sie falsche Schlüsse ziehen, und das ist schlecht fürs Geschäft. Als ich nach einer Lachattacke in einem Bulgogi-Restaurant von dieser Sitte erfuhr, fühlte ich mich wie der ignoranteste Mensch der Welt, der das *Gibun* seiner Mitmenschen mit grobschlächtigen und ungelenken Füßen tritt. Unverzüglich erarbeiten wir eine eigene Definition für *Gibun*:

Das *Gibun* bezeichnet die Ehre, das Selbstwertgefühl, die Souveränität und die Würde meines Gegenübers. Ich achte es, indem ich mich an allgemeingültigen Normen und Verhaltensweisen orientiere. Missachtung der unausgesprochenen Regeln stört die Harmonie, die unbedingt zu wahren und jedem offenen Konflikt vorzuziehen ist. Lautes Lachen etwa kann als Provokation oder Unmutsbekundung interpretiert werden, auf die das Personal in einem Restaurant reagieren muss. Durch dieses Verhalten wird das *Gibun* des für den jeweiligen Tisch zuständigen Kellners beschädigt. Er kommt dann seinerseits in die Verlegenheit, das *Gibun* seines Gegenübers zu beschädigen, indem er unter Umständen den Gast zurechtweisen muss. Das *Gibun* des Einzelnen bleibt nur intakt bei gegenseitiger Rücksichtnahme. Ist es einmal zerstört, ist es nur schwer wiederherzustellen.

Durch die unbedingte Wahrung der Harmonie funktioniert soziale Interaktion in Korea oft völlig anders als in Deutschland. In meinem Unterricht zum Beispiel ermutige ich meine Schüler, Konflikte offen zu klären. Erst wenn die Argumente ausgetauscht sind und alles ausgesprochen ist, ist es möglich, die Harmonie wiederherzustellen. Dabei wird es manchmal etwas lauter. Für Koreaner ist das schwer auszuhalten. Offene Konfliktaustragung stört die Harmonie, das *Gibun* aller Beteiligten droht beschädigt zu werden. In Korea wird mir klar, dass Misun in den wöchentlichen Klassenratsstunden, in denen ihre Mitschüler oft mit Nachdruck zwischenmenschliche Probleme wälzten, gelitten haben muss wie ein Hund. Sie saß oft passiv da und beteiligte sich nicht an den Diskussionen. Besonders schlimm muss es gewesen sein, als sie sich selbst mit Vorwürfen und Kommentaren lautstarker Jungs aufgrund ihrer Vorzugsbehandlung als Ballettschülerin konfrontiert sah.

Ich selbst verstehe erst hier in Korea so richtig, dass sie dem gar keine energisch vorgetragenen Argumente entgegensetzen konnte, weil sie aus einer ganz anderen Streitkultur kommt. Besonders zu Beginn waren diese teils sehr wild verlaufenden Stunden wohl einigermaßen befremdlich für sie. Zum Glück hatte sie stets Clara an ihrer Seite, die Konflikte auf Italienisch auszutragen versteht und jederzeit für sie in die Bresche sprang.

Mjam-Mjam Style

Das Essen in Südkorea ist fantastisch – Mi-sun hat nicht zu viel versprochen. Frage an das Kochkolleg: Weshalb ist die koreanische Küche so viel raffinierter und vielfältiger als die deutsche?

Bezogen auf die kulinarischen Hotspots in Südostasien oder im südlichen China, könnte man diese Frage auch im Geografieunterricht stellen. Mögliche Antwort: weil hier (oft ganzjährig) eine viel größere Bandbreite an Gemüse, Früchten und Gewürzen gedeiht, die schon seit Jahrtausenden Eingang in die Rezeptbücher finden. In Südkorea ist das nicht der Fall. Das Land ist klimatisch gar nicht so weit weg von Nordeuropa. Es gibt vier Jahreszeiten, die Winter sind sehr kalt und trocken, die Sommer heiß und feucht. Die Bedingungen für die Landwirtschaft sind zwar nicht gleich, aber auch nicht ganz unähnlich.

Um diese Frage nicht dem Kochkolleg zu überlassen, das es an unserer Schule ohnehin nicht gibt, begeben Luisa und ich uns in die Kochschule *O-me*. Der Name klingt zunächst einmal eher nichtssagend. Übersetzt man ihn ins Deutsche, wird es verheißungsvoller. Min-seon, unsere Lehrerin für heute, klärt uns auf. Der Name bedeutet: die *Fünf Geschmäcke*. Hergeleitet von den vier Himmelsrichtungen und dem Zentrum. Etwas kryptisch, aber ich stelle mir vor, dass damit die Zutaten gemeint sind, die aus allen Teilen Koreas stammen. Min-seon schlägt eine weitere Bedeutung vor: Die vier Grundgeschmacksrichtungen süß, sauer, salzig und bitter plus das ominöse Umami ergeben zusammen fünf. Wenn man darüber nachdenkt, wird das schnell interessant. Was schmeckt denn wie? Kaffee ist bitter, Marmelade süß, Zitronen sind sauer und Pommes manchmal versalzen. Aber was schmeckt umami? Oder besser *gamchilmat*. Schließlich sind wir in Korea und nicht in Japan. Irgendwie bezeichnend, auch rätselhaft, dass die ostasiatischen Sprachen ein Wort für die fünfte Geschmacksrichtung kennen, die europäischen aber nicht. Ich bin gespannt, wie *gamchilmat* schmeckt.

Im Innenhof des traditionellen *Hanok* geht es weiter mit der Zahl Fünf. Während wir uns die Schuhe ausziehen, um das Haus betreten zu können, lädt Min-seon die Zahl weiter mit Bedeutung auf. Sie erklärt, dass es mit Feuer, Wasser, Erde, Metall und Holz fünf Elemente (*Ohaeng*) gebe, aus denen sich alle Existenz des Universums speise. Nicht zuletzt deshalb besteht das koreanische Nationalgericht *Bibimbap* aus fünf Farben, die sich bei fachgerechter Zubereitung zu einem harmonischen Ganzen fügen und dabei das Zusammenspiel aller Elemente des Universums repräsentieren. Ganz schön viel verlangt von einem Gericht.

Doch damit nicht genug. Es geht weiter mit der positiven Wirkung der Zutaten auf unsere Gesundheit: Das Schwarz der Shiitake-Pilze ist gut für die Nieren, das Rot der Chilis und der Karotten stärkt das Herz, das Grün des Spinats und der Gurken fördert die Leberfunktion, die weiße Farbe des Reis hilft der Lunge durchzuatmen, und das Gelbe vom Ei entspannt den Magen. Über die Marinade, bestehend aus Sesamöl, Sojasoße, Reisessig, Knoblauch, braunem Rohrzucker, Pfeffer und etwas Salz, freuen sich die Geschmacksknospen. Die Zutatenliste kann beliebig ergänzt werden, Hauptsache, die Farbe stimmt. *Bibimbap* kann uns alle erlösen, es ist das Zentrum der Welt! Und das Beste daran: Vermischter (*bibim*) Reis (*bap*) ist leicht zuzubereiten. Auf dem gekochten Reis werden in einer Schale die in einem Wok scharf angebratenen Zutaten drapiert. Ganz oben liegt ein Spiegelei, das mich anstrahlt wie die wärmende Sonne an einem herrlichen Sommertag.

Damit das Gericht seine volle Wirkung entfalten kann, müssen nun allerdings alle Zutaten verrührt werden. Zuerst habe ich das Gefühl, ich zerstöre damit eine himmlische Ordnung oder gar ein perfektes Ballettarrangement. Aber Min-seon behält recht – die Zutaten für sich schmecken gut, aber nicht überwältigend. Vermischt man sie, kommt es zu einer regelrechten Geschmacksexplosion. Da ist dann alles dabei, wahrscheinlich auch *gamchilmat,* das Min-seon schlicht mit *spicy* oder *aromatic* übersetzt. Ist ja auch egal. Meine Organe fühlen sich bestens, nur meine Beine fangen an zu kribbeln.

Neben *Bibimbap* haben wir weitere Gerichte zubereitet. Auf dem Tisch stehen *Haemul-pajeon* (Meeresfrüchtepfannkuchen), *Geotjeori* (frischer Kimchi), *Kimchi jjigae* (Kimchi-Eintopf) und *Jeyuk bokkeum* (kurz gebratenes Schweinefleisch). Jedes Gericht hat seine eigene Geschichte, wie Min-seon erklärt. Die Rezepte werden von Generation zu Generation weitergegeben. Sie werden variiert, verfeinert und weiterentwickelt, Im Kern bleiben sie gleich. Tradition ist sehr wichtig in Korea, erläutert Minseon, und auch die Ahnen spielen eine große Rolle. Durch die Gerichte stellen die Lebenden im Diesseits quasi eine Verbindung zu den Verwandten im Jenseits her.

Vielleicht erklärt das die Raffinesse der koreanischen Küche und all ihrer liebevoll gepflegten Rezepte: Während wir historisch eher pragmatische Esser sind, die erst mal satt werden wollen, nimmt man in Korea bei der Nahrungsaufnahme nicht nur Kalorien zu sich, sondern auch Kontakt zu den lieben Vorfahren auf.

Mit diesem Erklärungsversuch endet unsere Kochstunde typisch koreanisch. Um Punkt 13 Uhr, exakt wie angekündigt. Koreanisch deshalb, weil wir in den drei Stunden bis hierher mit unendlich vielen Zutaten und Werkzeugen hantiert, über die Gerichte gefachsimpelt und philosophiert und sie dann noch gegessen haben, ohne dass Min-seon auch nur ein einziges Mal auf die Zeit hingewiesen hätte. Das fühlte sich so mühelos und leicht an. Ohne Stress und ohne Eile, war aber sicher minutiös geplant.

Mir passt das ganz gut, ich spüre meine Beine nicht mehr. Jetzt kämpfe ich mich mühsam aus dem Schneidersitz, schwanke unsicher hin und her, massiere meine Oberschenkel und warte, dass die unteren Regionen meines Körpers wieder durchblutet werden. Nicht sehr anmutig, eher das Gegenteil. Ich hoffe, man verzeiht mir meinen holprigen Abgang vom Tisch.

Draußen stellen wir fest, dass wir uns nach dieser mittäglichen Völlerei gar nicht voll fühlen. Auch das ist koreanisch. Die Dosis ist perfekt. Alles scheint genau austariert und perfekt aufeinander abgestimmt. Keine schwere Bratensoße oder fettigen Bratkartoffeln, die wie Blei im Magen liegen und den Organismus lähmen. Beschwingt und locker lese ich im Innenhof des traditionellen Hauses folgende Zeile in Mi-suns Reiseführer: *»Korean food might seem weird to you but with an open mind it could be your favourite new food«.* Genau so ist es, zunächst einmal etwas fremd, aber dann hat es das Zeug, zum neuen Lieblingsessen zu werden!

Schulhofpolitik

Formal tobt der Koreakrieg noch immer. Lediglich die Kampfhandlungen wurden 1953 eingestellt, der Status quo des Waffenstillstands hat bis heute Bestand und ist mal mehr, mal weniger brüchig. Brüchig ist er immer dann, wie uns Reiseleiterin Kate (so ihr touristenkompatibler Name) auf einer Tour in die demilitarisierte Zone (DMZ) sagt, wenn sich Mächte von außen in das sensible Gefüge auf der koreanischen Halbinsel einmischen.

Während der Entstehung dieses Buches provoziert Mr. Trump Kim Jong-un mit allerlei martialischer Rhetorik und Militärmanövern, die dieser umso martialischer mit Raketentests beantwortet. Der amerikanische Präsident nimmt dabei keine Rücksicht auf das *Gibun* der Koreaner. Verdammter Ignorant. Kate sagt, dass sei mehr als kontraproduktiv, denn das Schurkenregime im Norden verhalte sich zwar menschenverachtend und grausam seinen Bewohnern gegenüber, nach außen sei es aber eigentlich durchaus rational und berechenbar. Fühlt es sich provoziert und bloßgestellt, muss es reagieren.

Als George W. Bush in den Nachwehen des 11. September 2001 im Januar 2002 in einer Ansprache zur Lage der Nation die *Achse des Bösen* definierte, war auch Nordkorea dabei. Kate bedauert bis heute, dass er das tat, denn die Reaktion des Vater-schurken Kim Jong-il folgte prompt: Er kappte alle zarten An-nährungsversuche zu einer Zeit, in der die beiden koreanischen Staaten vorsichtige Gespräche miteinander führten.

Südkorea, das offizielle wie auch das zivile, missbilligte die US-Außenpolitik, aber das half nicht mehr – Nordkorea war beleidigt. Es fasste die Worte des amerikanischen Präsidenten als Kriegserklärung auf und beendete damit die vom südkoreani-schen Präsidenten 1999 ausgerufene Sonnenscheinpolitik, die in den Jahren zuvor Hoffnung auf Ausgleich und Versöhnung gemacht hatte. Von nun an begann das Land, sich weiter einzu-igeln.

George W. Bush scheint es damals egal gewesen zu sein, und Donald Trump kümmert es heute offenbar wenig, dass ein Wie-derausbruch des Krieges blutige Konsequenzen in erster Linie für die Koreaner auf beiden Seiten der Grenze hätte. Nur ein paar Kilometer südlich der DMZ, die die Halbinsel entlang des 38. Breitengrades durchschneidet, beginnt mit Sudogwon eine der größten Metropolregionen der Welt, zu der auch die Haupt-stadt Seoul gehört. Hier leben fast 25 Millionen Menschen und damit knapp die Hälfte aller Südkoreaner. Sie wären die Ersten, die unter einer neuerlichen Eskalation zu leiden hätten, mahnt Kate. Umso wichtiger, dass die Konfliktparteien, um die es ei-gentlich geht, handlungsfähig werden.

Ein gewagter Vergleich, der sicherlich hinkt. Ich versuche ihn trotzdem: Mich erinnert die Situation an einen Streit, in den ein Schüler aus meiner Klasse verwickelt war. Es ging um ein hübsches Mädchen, Eifersucht, üble Beleidigungen im Internet und darauf folgenden Gesichtsverlust. Je länger der Konflikt dauerte, desto verbissener wurde er geführt. Keiner der beiden konnte sich zu einer Entschuldigung durchringen. Stattdessen mischten sich immer weitere Personen ein. Zuerst nur auf dem Schulhof, dann sogar Familienmitglieder, die sich gegenseitig beschimpften. Am Ende musste sogar die Polizei intervenieren, um einen der Kontrahenten vor seinem Gegenspieler und seinen Brüdern zu schützen, die ihm an der U-Bahn auflauerten.

Verfahrene Situation. Zusammen mit einem professionellen Mediator versuchte ich zu deeskalieren. Erfolglos. Der eine der beiden verlangte allen Ernstes, dass wir eine Bühne auf dem Schulgelände aufstellten, auf der sich sein Kontrahent dann vor versammelter Schulöffentlichkeit bei ihm entschuldigen sollte. Er wollte nichts weniger als die totale Demütigung seines Widersachers. Nur so könne seine Ehre wiederhergestellt werden, sagte er. Ein Wahnsinn.

Wir konnten ihnen zwar das Versprechen abringen, sich keine Gewalt anzutun, den Konflikt beilegen wollten sie aber nicht. Er schwelte weiter. Erst als die Facebook-Beleidigungen untergegangen waren im endlosen Strom der Neuigkeiten und Kommentare und der Konflikt langsam in Vergessenheit geriet, konnten die zwei sich wieder annähern. Weder das hübsche Mädchen noch die Mitschüler oder irgendwelche Familienmitglieder – niemand interessierte sich mehr für den lächerlichen Streit. Plötzlich konnten die beiden wieder miteinander sprechen. Sie brauchten keine Angst mehr zu haben, vor irgendjemandem blöd dazustehen.

Mit Blick auf die DMZ sagt Kate, das Nord- und Südkorea das Problem am Ende nur selbst lösen können. Jetzt gerade kommen sie nicht aus ihren Rollen heraus, weil sich zu viele Leute von außen einmischen. Es gibt keine Möglichkeit, dass beide Länder vorsichtig in einen Dialog eintreten können, solange auf jede Aktion immer dieselbe Reaktion folgt. Ein bisschen wie in der Schule. Aber es besteht Hoffnung. Der neue Präsident Moon Jae-in wurde unter anderem für das Versprechen gewählt, diesen Teufelskreis zu durchbrechen. Er kann sich sogar vorstellen, Nordkorea zu besuchen und mit den Machthabern jenseits der Grenze zu sprechen. Dafür sollten alle anderen die beiden Koreas vielleicht mal in Ruhe lassen.[7]

---

7 Stand Mai 2018 sieht es so aus, als würde der neue Präsident Wort halten. Ganz koreanisch scheint er kein Freund großer, anklagender Worte zu sein, sondern vielmehr ein guter Diplomat. Er sucht den Dialog mit dem Norden und versucht sogar, auch den unmittelbar betroffenen Nachbarn Japan zu Gesprächen mit Kim und seinen Apparatschiks zu ermutigen. Er weiß dennoch: Ohne das Wohlwollen des Orangenen aus den USA geht es nicht. Ich persönlich denke, es war politisches Kalkül Moons, Trump für den Friedensnobelpreis ins Gespräch zu bringen. Damit schmiert er dem mächtigen Präsidenten Honig ums Maul, den der so sehr braucht für sein Ego, und macht es ihm zumindest etwas schwerer, sofort wieder die große (Twitter-)Keule rauszuholen, wenn ihm danach ist. Moon zwingt Trump auf koreanische Art zur Umsicht, so meine bescheidene Interpretation der großen Weltpolitik.

China

Obwohl es auch chinesische Schüler an meinem Hamburger Gymnasium gibt, ist China für uns nur Durchgangsstation. Über die Mongolei soll es weitergehen nach Russland, Agatas und Swetas Heimatland. Als wir in Peking ankommen, werde ich von nostalgischen Gefühlen überwältigt und liege Luisa mit Geschichten aus der Zeit in den Ohren, als ich vom Pädagogischen Austauschdienst entsandt wurde, um im nordostchinesischen Changchun Deutsch zu unterrichten. Sie hat mich geprägt, deshalb möchte ich zwei Geschichten von damals erzählen.

Reformpädagogik

(September 2009)

Heute war es soweit, der erste Unterrichtstag. Das heißt, noch immer nicht wirklich. Da die Deutschklassen erst wieder im Oktober beginnen, habe ich darum gebeten, in Englischkursen eingesetzt zu werden. Sonst ist es einfach zu langweilig. Ich lebe auf dem Schulcampus, werde bezahlt, esse umsonst und nutze die Sportgeräte regelmäßig – ich habe daher das Bedürfnis, eine Gegenleistung zu erbringen.

Also wurde ich einer Klasse von Miss Karen, so ihr englisches Pseudonym, zugeteilt. Sie ist die Chefin aller Englischlehrer für die Juniorklassen. Als sie mich vor der zweiten Stunde um 7 Uhr 50 in Empfang nahm, war sie sehr aufgeregt. Es entstand beinahe der Eindruck, als wüsste sie nicht so recht, in welcher Funktion ich gekommen war. Als Spion?

Ich habe sowieso das Gefühl, die meisten Kollegen sehen in mir einen netten Sonderling aus einer anderen Welt. Der Einzige, der meine wirkliche Mission kennt, also im Namen unserer Kultusministerkonferenz die deutsche Sprache zu propagieren, ist Mr. Liu. Er ist hier der Deutschlehrer, aber derzeit nicht aufzutreiben.

Nun also Englisch. Erst mal nur als Hospitant und zur Ansicht bei Miss Karen. Die Schüler, Miss Karen und ich selbst sind alle sehr angespannt, als ich vor die Klasse trete, um mich vorzustellen. Dreißig Augenpaare gucken mich neugierig und erwartungsfroh an. In holprigem Chinesisch gebe ich meinen Namen, meine Herkunft und meinen Titel *Yang Laoshi*, Lehrer Yang[8], zum Besten. Das ist ganz wichtig, denn es klärt die Hierarchien. Man spricht Menschen mit ihrem jeweiligen Titel an, also *Chef Zhang, Manager Zhao, Vater Tian* oder auch *Mutter Wang*. Meine Ansprache erheitert die Kids, und sie jauchzen mir lauter »Hello, Mr. Yang« entgegen. Die Stimmung hat sich entspannt, außer die von Miss Karen, die immer noch nervös wirkt.

Ich nehme in der letzten Reihe meinen Beobachtungsposten ein. Miss Karen fordert die Klasse auf, sie wie gewohnt zu begrüßen. Alle springen auf und brüllen »*Good Morning!*«. Dann geht es los. Als Erstes mit dem Aufarbeiten der Hausaufgaben vom Vortag. Immer jeweils ein Schülerpärchen muss aufstehen und einen Dialog beim Arzt nachsprechen:

Schüler 1 (Doktor): »*What's the matter?*«
Schüler 2 (Patient): »*I have a cold!*«

---

8 In China denken sich die Menschen oft am richtigen Namen orientierte Äquivalente für westliche Besucher aus. Oft haben diese auch eine Bedeutung. *Tai Yang* (sinngemäß so etwas wie *Starke Sonne*) war ein erster Schnellschuss meines Kollegen. Später wurde mir dann von Freunden *Feng Yang* verpasst (*vom Wind angehoben/getrieben*). Damit fühlte ich mich sofort wohl und bin noch immer sehr damit einverstanden. Für mich klingt das nach luftiger Freiheit und nicht so dominant und absolut wie die starke Sonne.

Schüler 1: *»You should take some medicine!«*
Dialogende, die Nächsten sind dran.
Schüler 3: *»What's the matter?«*
Schüler 4: *»I have a sore throat!«*
Schüler 3: *»You should drink hot tea!«*
Dialogende.
Nachdem alle einmal dran gewesen sind, das Ganze noch einmal im Chor. Ohrenbetäubend laut ist das. Zeit verschwendet wird in dieser Klasse nicht. Mit pädagogischen Absurditäten wie Gruppenübungen, Still- oder gar Freiarbeit gibt man sich nicht ab. Trotzdem werde ich das Gefühl nicht los, dass Miss Karen meinetwegen so ein Wahnsinnstempo vorlegt. Aber die Schüler ziehen bereitwillig mit, als wollten sie mir zeigen, was sie schon alles können. Nach jedem Satz werfen sie mir fragende Blicke zu, um sich meiner Zustimmung zu vergewissern. Miss Karen wirkt noch immer angespannt. Anspannen würde mich vielmehr die Kamera, die unübersehbar in ihrem Blickfeld auf der gegenüberliegenden Seite des Raums angebracht ist.

Weiter geht's. Nun eine Übung zum Thema: *»How can we stay healthy?«* Miss Karen liest einmal den mit ebendiesem Satz überschriebenen Text aus dem Arbeitsbuch vor. Dann müssen alle aufstehen und im Chor lesen. Im Anschluss wieder laut lesen in Pärchen. Nun werden einzelne Wörter rausgepickt und die Aussprache geübt. Und wenn ein Schüler dasselbe Wort fünfzigmal sagen muss – er macht dies so lange, bis er es Miss Karens Ansicht nach richtig ausgesprochen hat.

Um gesund zu bleiben, ist übrigens Folgendes zu beachten:

1. *eat right*
2. *sleep right*
3. *do not smoke*
4. *exercise to keep right*

Das ist im Wesentlichen die Formel für ein langes Leben.

Als Nächstes folgt noch ein kleiner Text zur Ernährung nach dem Yin-Yang-Prinzip. Hier wird ähnlich verfahren wie zuvor. Der Text interessiert mich. Nur so viel: Neigt man zu Aggressivität und Unausgeglichenheit, ist das Yang im Übergewicht. Man sollte verstärkt Yin-Lebensmittel konsumieren, zum Beispiel Gemüse und Tofu. Neigt man jedoch zu Müdigkeit und ist ständig schlapp, dann sollte man das Yang stärken. Das geht mit Fleisch und scharfen Gewürzen. Vielleicht sollte man also viel scharf gewürztes Fleisch frühstücken, wenn man beschwingt und energisch in den Tag starten will.

Die Stunde nähert sich ihrem Ende. Noch zwei Minuten, dann wird der Gong läuten – jeder Lehrer in Deutschland würde jetzt zusammenpacken lassen. Nicht so Miss Karen. Sie beginnt direkt die nächste Übung, die nach demselben Muster wie die Übungen zuvor anläuft. Sie kann jedoch nur angerissen werden, denn sie wird nach dem ersten Dialog eines Schülerpärchens vom Gong unterbrochen.

Ich fand den Unterricht interessant – Schulunterricht mit chinesischen Merkmalen. Miss Karen verfährt mit der Wissensvermittlung ähnlich wie Seagull (meine Chinesischlehrerin in der *Aliens Chinese School*). Durch Drill und ständiges Wiederholen lernt man schließlich auch etwas. Sie ist aber anderer Meinung – schlecht sei es gewesen, sagt sie. Ich solle mir doch morgen noch andere Stunden ansehen, da werde es dann besser laufen – ich fühle mich nicht in der Lage, das zu beurteilen, außerdem habe ich gedacht, ich solle mich qualifizieren für die Arbeit in der *Changchun Foreign Language School* und nicht Kollegen bewerten.

Nun werde ich demnächst selbst unterrichten, und wenn ich meine Glaubwürdigkeit nicht verlieren will, verzichte ich besser auf moderne Pädagogikkonzepte, die ich irgendwann mal in der

Uni aufgeschnappt habe. Ich kann mir die irritierten Blicke der Schüler schon vorstellen, wenn es wieder heißt: Stationenlernen mit *Yang Laoshi* – und im Videoüberwachungsraum zieht die Schulleitung argwöhnisch die Brauen hoch und bricht, wenn ich Glück habe, in lautes Gelächter aus.

Holy Shit

(Mai 2010)

Bereits vor einer ganzen Weile wurde ich in der *Aliens Chinese School* um einen Gefallen gebeten. Little Fish, die Sekretärin der Schule, blieb allerdings nur sehr vage und rückte nicht so richtig raus mit der Sprache, um was es denn eigentlich gehe. Ich erfuhr nur, dass es sich um eine Hochzeit ihrer Freunde handele, bei der die Anwesenheit eines Ausländers gewünscht sei. Ist bestimmt spannend, dachte ich mir und sagte zu.

Ein paar Wochen später, der Hochzeitstermin rückte immer näher, fragte sie dann plötzlich, wie es um meine Frömmigkeit bestellt sei. Ich sagte, dass ich mit der Kirche ungefähr so viel zu tun hätte wie der Papst mit der Aufklärung von Missbrauchsfällen, aber dennoch getauft und konfirmiert sei. Skeptisch zog sie die Augenbrauen hoch und murmelte: *»Mei Shi, Mei Shi«* (Macht nichts).

Bis dahin habe ich gedacht, es gehe um eine traditionell chinesische Hochzeit und ich solle als Ausländer für den Hauch Exotik sorgen. Über meine genaue Funktion auf dem Fest hatte ich mir bis dahin keine Gedanken gemacht. Jetzt hieß es plötzlich, das Paar wolle in einer abendländisch-christlichen Zeremonie getraut werden und ich solle in einer Kirche ein paar Worte an das Brautpaar richten.

Eine Woche vor der Hochzeit ruft Little Fish dann erneut an und fragt mich, was meine Dienste denn kosten würden.

»Kosten? Ich betrachte das als eine Art Freundschaftsdienst, dafür nehme ich doch kein Geld«, erkläre ich ihr. Frage sie aber, einer Eingebung folgend, doch noch, ob Braut oder Bräutigam tatsächlich mit ihr befreundet seien.

»Nein«, sagt sie jetzt plötzlich, »ich kenne die Leute gar nicht.« Und sie werde auf der Hochzeit auch gar nicht anwesend sein.

Ich bin verwirrt. Was soll ich auf einer Hochzeit von wildfremden Leuten und vor allem: Was soll ich denen erzählen?

Nun erklärt sie, ein Freund von ihr leite eine Art Hochzeitsplanungsagentur. Bei ihm kann man verschiedenste Zeremonien buchen, und er organisiert alles. Aktuell plant er eine Hochzeit nach westlichem Vorbild – und dafür braucht er einen Ausländer. Aha. Ich verstehe.

Ich fühle mich hintergangen, werde aber trotzdem mitmachen. Wann bekommt man schon mal Gelegenheit, einer chinesisch-christlichen Hochzeit beizuwohnen? Außerdem wird mir versichert, dass es sich bei meinem Auftritt nur um eine kleine Gastrede handele. Nur ein paar Sätze auf Englisch – das exotische Element eben. Den Rest erledigen der Hochzeitsplaner und seine Mitarbeiter.

Ein paar Tage später werde ich zu einer Probe einberufen. Probe? Mir schwant Schlimmes. Als ich mich zum verabredeten Zeitpunkt in der Kirche einfinde, laufen die Vorbereitungen bereits auf Hochtouren: Altar und Bühne werden mit weißen Kerzen und jeder Menge Blumen ausstaffiert, Sitzbänke unter lauten Anweisungen des Hochzeitsplaner-Chefs arrangiert, und in der Eingangshalle wird eine *Merry-Christmas*-Girlande (!) ausgerollt.

Als der Chef mich erblickt, stürzt er auf mich zu und drückt mir das Skript in die Hand. Es sieht vor, dass ich die Messe lese. Ich bin entsetzt. Er stellt sich das Ganze so vor, dass ich auf der Bühne hinter dem Altar stehe und auf Englisch meinen Text aufsage, den er dann übersetzt – schließlich wird voraussichtlich keiner der Hochzeitsgäste auch nur ein Wort Englisch verstehen.

Ich beginne, zu begreifen, dass er mich als Pfarrer zu verkleiden gedenkt und ich ohne Gesichtsverlust aus der Nummer auch nicht mehr herauskomme. Ich werde der Braut Jialin und dem Bräutigam Chen das Jawort abringen und den beiden die Frage aller Fragen stellen müssen: *Will you love and honor her/him all the days of your life?* Und das auf einer Bühne stehend, verkleidet als Pfarrer mit Robe, behangen mit einem roten Schal und einem silbernen Kreuz. *Holy Shit.* Zu allem Überfluss erfahre ich noch, dass Chens Vater ein hohes Tier in der Changchuner Provinzregierung ist, und deshalb muss natürlich alles besonders reibungslos ablaufen.

Am nächsten Tag ist Hochzeit. An einem Werktag um zehn Uhr morgens. Unsicher stehe ich vor der Bühne herum. Ich kann mich mit niemandem so recht unterhalten. Der Chef ist noch aufgeregter als ich und kümmert sich um die letzten Feinheiten wie Musik und Kameraleute (!). Dann kommt endlich eine Frau auf mich zu. Sie überreicht mir meine Verkleidung und fragt mich nach meinem Glauben. Sie spricht ein bisschen Englisch, und es stellt sich heraus, dass sie Theologin ist und jeden Samstag hier den Gottesdienst hält. Ich fühle mich noch elender. Besonders, als der Eventplaner sie übergeht, zur Seite schubst und mir ihre Robe überwirft. Ihm sind meine Zweifel egal – er hat die Kirche für dieses Event gebucht, es geht ihm ausschließlich um ein gutes Geschäft. Verdammte Ketzer sind wir, denke ich mir, als ich die unschuldig dreinblickende Pfarrerin betrachte.

Dann geht es los. Die Kirche ist voll besetzt, alle Kameraleute und Fotografen in Stellung, und ich stehe hinter dem Altar vor einem Mikrofon. Die Tür öffnet sich, und der Bräutigam betritt den Raum. Begleitet von seinem Trauzeugen, läuft er zur *Ode an die Freude* an den Gästen vorbei, um dann vor mir stehen zu bleiben. Das Publikum applaudiert. Dann die Braut. Flankiert vom Brautvater und einer Dame in Weiß, schreitet sie stolz zu *Amazing Grace* auf den Traualtar zu. Jubel brandet auf. Dann kommt auch sie vor mir zum Stehen, und die Menge wartet hoffnungsfroh auf meine Worte der Nächstenliebe.

Im Grunde ist es egal, was ich sage, es versteht mich ja doch keiner. Trotzdem – ich halte mich an die Vorgaben und fange an, die Hochzeitspredigt zu halten, die der Agenturchef ganz offenbar irgendwo aus dem Internet hat. *Today we gathered here under the watchful eye of God ...* Nach jedem Absatz halte ich inne und warte auf die Übersetzung aus dem Off. Alles läuft wie geplant. Die entscheidenden Fragen werden von beiden artig bejaht, der Trauzeuge hat auf das vereinbarte Stichwort die Ringe zur Hand, und der Aufforderung, sich zu küssen, kommt das Paar auch sofort nach, sodass ich beide am Ende der Sitzung feierlich zu Mann und Frau erklären kann.

Erneut brandet Jubel auf, wieder erklingt die *Ode an die Freude*, und ich bleibe wie versteinert hinter dem Altar stehen. Dann wendet sich das Paar zum Gehen, die Hochzeitsgesellschaft folgt. Als alle die Kirche verlassen haben, stehe ich noch immer total verunsichert hinter meinem Altar, bis der Chef auf mich zukommt, irgendwas von »*Thank you, well done*« murmelt und ebenfalls verschwindet.

»Äh ja, nichts zu danken!«, rufe ich noch halbherzig hinterher, mit dem unschönen Gefühl, missbraucht worden zu sein.

Nun bin ich alleine mit der richtigen Pfarrerin. Sie lädt mich ein, am Gottesdienst am Samstag teilzunehmen. Vielleicht sollte ich das Angebot wahrnehmen, um dort Buße zu tun für diese unfassbar verlogene Vorstellung. Auf der anderen Seite – was ist schon passiert? Ich war Hauptdarsteller in einer trashigen chinesischen Hochzeit und habe zwei Menschen in den Hafen der Ehe geleitet. Außerdem dürfte es dem Hochzeitspaar und der Gesellschaft sowieso nur um das Event gegangen sein, auf dem ich das Maskottchen war. Na ja, wie ich es drehe und wende – irgendwie bleibt da ein komischer Beigeschmack. Später rät mir ein Freund, Visitenkarten anzuschaffen. Neben *Gabelstaplerfahrer*, *Tankwart*, *Pizzabote* und *Lehrer* könnte ich da jetzt auch *Priester* draufdrucken lassen.

Zaijian

Seit dieser Zeit habe ich eine ganz besondere Beziehung zu China. Jeden Tag wartete das Land mit einer neuen Herausforderung auf, die mein Weltbild, meine Sicht auf ganz alltägliche Dinge veränderte. Seither bin ich immer mal wieder im Reich der Mitte und verlasse es jedes Mal mit dem Gefühl, hier noch nicht fertig zu sein. Meine Sprachkenntnisse könnten besser werden, meine chinesischen Kochkünste auch. Vor allem vermisse ich die Absurditäten des Alltags und die Bereitschaft der Chinesen, mir diese zu erklären, sodass dann doch alles einen Sinn ergibt. Genauso versuche ich, mit meinen Schülern in Hamburg umzugehen, denen vieles, was die Deutschen so machen, auch reichlich sonderbar vorkommt. Nach zwei Wochen verlassen Luisa und ich Peking in einem Nachtzug Richtung mongolische Grenze.

Mongolei

Die Mongolei – eines der wenigen Länder, denen ich beim Betrachten der Klassenlisten in der Schule nicht begegnet bin. Allein der Klang des Namens machte uns beide sehnsüchtig. Wir stellten uns schon im üppigen Amazonasgebiet Kolumbiens vor, dass die Kargheit der Mongolei womöglich der absolute Gegenentwurf der Natur ist. Die Chance, dieses einzigartige Land kennenzulernen, konnten wir uns also nicht entgehen lassen. Nun sind wir hier und stellen fest: Es gibt viel zu lernen. Über Gastfreundschaft, Spiritualität, (enttäuschte) Träume, Ernährung, Zeit und Raum und – besonders wichtig – Karaoke. Das Land kann Augen öffnen und Herzen, denn es lehrt uns den Umgang mit dem Leben als solchem und auch mit seinem Ende.

Über all die Weisheiten, die wir hier aufgeschnappt haben, möchte ich ein paar Zeilen verlieren, denn sie sind wertvoll für uns, und vielleicht können sie es werden für meine Schüler, wenn ich im Klassenraum darüber berichte. Den weißen Fleck, den die Mongolei auf unserer Schülerweltkarte bildete, kann ich nun mit Farbe füllen.

Leere Versprechen

Es ist Anfang April und noch immer kalt in Ulan-Bator. Der Winter hat einen langen Atem in der Mongolei. Scheint die Sonne, ist schon fast T-Shirt-Wetter, geht sie unter, weht ein eisiger Wind durch die Straßen der Stadt, der einen sofort frösteln lässt und der viel darüber verrät, wie unangenehm der tiefste Winter hier sein kann. Als ich am Abend draußen vor der Tür unseres Hostels stehe, schneit es. Denke ich zumindest. Der Schnee ist merkwürdig, er hat eine eigenartige Konsistenz. Er schmilzt nicht auf der Haut, sondern wird schmierig und hinterlässt graue Schlieren auf der Haut. Ist ja eklig. Was ist das?

Nassanbuyan, unsere Gastgeberin und Reiseleiterin in den nächsten Tagen, klärt auf: Ulan-Bator ist die Hauptstadt dieses riesigen Landes. Wie ein Staubsauger zieht sie die Menschen an, die aus der endlosen Steppe kommen und die mit ihren runden Jurten (in der Mongolei eigentlich *Gers*) an ihren Rändern siedeln. Die Neuankömmlinge möchten Teil werden von der Kapitale, die Reichtum verspricht, Modernität, gute Bildung und Ansehen. Dieses Versprechen kann sie nur im Zentrum halten, wo schicke Cafés die breiten, zu Sowjetzeiten angelegten Boulevards säumen und von einer kleinen urbanen Elite besucht werden.

An ihren Rändern kann die Stadt die Versprechen nicht halten – und das ist der Grund für den Schnee. Hier siedeln diejenigen, die ihr Leben in der Steppe aufgegeben haben. Ihr Vieh, seit ewigen Zeiten Überlebensgarantie, haben sie verkauft. Behalten haben sie oft nur ein paar Ziegen, Kamele oder Pferde, die lustlos in der städtischen Enge herumhängen und genauso wenig wissen, wie es weitergehen soll, wie ihre Besitzer.

Nassanbuyan, die der Einfachheit halber Nassa gerufen werden will, sagt, die fehlenden Tiere seien der Grund für den ekligen Schnee, und fragt mich auffordernd, ob ich erklären könne, wie das zusammenhänge. Kann ich nicht, aber ich merke mir die Frage. Sie klingt, als könnte ich sie später bei Gelegenheit für eine Klausur aus dem Hut zaubern. Ich selbst spekuliere hilflos an der Frage herum, komme aber nicht auf die Antwort. Nassa lässt mich zappeln, hilft dann aber doch: In der Steppe dient der Dung der Herden als Brennstoff für die Öfen der Nomaden. Der wird gesammelt und getrocknet und reicht voll und ganz, um es auch im tiefsten Winter muckelig warm zu haben und damit zu kochen. In der Stadt fällt dieser Brennstoff weg, denn die paar Tiere, die allenfalls noch apathisch neben den Jurten herumstehen, liefern bei Weitem nicht genug, kalt ist es aber trotzdem, und essen müssen die Menschen auch in der Stadt. Deshalb verbrennen die Ex-Nomaden in ihrer Not alles, was sie finden können, in ihren Öfen. Das ist ein Problem. Ist die karge, brennbare Vegetation um die Siedlungen herum erst abgeholzt, werden sogar alte Autoreifen verbrannt.

In der kalten Jahreszeit wird die Hauptstadt deshalb oft von einem dicken Staubfilm überzogen. Wenn der Wind besonders ungünstig stehe, könne man kaum mehr von Smog sprechen, sagt Nassa, richtiger ist schlicht *Smoke*, weil der Qualm vollkommen ungefiltert in die Luft gepumpt wird. Für die Menschen in Ulan-Bator ein entsetzlicher Zustand, und ganz sicher bereuen viele ihre Entscheidung, ihre Zelte in der Steppe abgebrochen zu haben. Jetzt ist es zu spät – die Tiere sind weg. Alles, was noch bleibt, ist die Hoffnung darauf, dass die Stadt irgendwann ihre Versprechen auf ein besseres Leben einlöst.

Mal sehen – vielleicht können zukünftige Abiturienten eine Blaupause zur Lösung dieses komplexen Problems liefern.

Abituraufgabe Geografie:
Beschreiben Sie die Verstädterung in der Mongolei.
Analysieren Sie die Folgen dieses Prozesses für Ulan-Bator.
Entwickeln Sie ein Konzept zur Verbesserung der
Luftqualität in Ulan-Bator.

Obwohl es schon heute große Probleme gibt, können immer weniger Nomaden den Verlockungen der Großstadt widerstehen. Ulan-Bator wächst und wächst, mittlerweile lebt knapp die Hälfte der drei Millionen Mongolen in der Stadt. Die Steppen und Wüsten bleiben nahezu leer zurück.

Na ja, mal abgesehen von 55 Millionen Rindern, Ziegen, Schafen, Kamelen, Yaks und Pferden, die sich in ihnen tummeln. Viel zu viele, wird Nassa später sagen. Die Zahl der Nutztiere ist so stark gestiegen, weil viel Fleisch in den Export geht. Die Nachbarn China und Russland haben großen Bedarf, die Mongolei betrachtet den Handel als Devisenbringer. Es werden immer mehr, irgendwann ist die Belastbarkeit der Natur erreicht, warnt unsere energische und besorgte Reiseleiterin. Die Tiere degenerieren die Böden und zerstören die Lebensgrundlage für folgende Generationen, die dann zwangsläufig ihr Glück in der Stadt versuchen müssen.

Jurten-Surfing

Am nächsten Tag brechen wir auf in die Steppe. Ein Minivan bringt Luisa, Tonya aus Amsterdam und mich in das große Nichts der Mongolei. Begleitet werden wir von Nassa. Nach eigener Aussage ist sie ein hartgesottenes Steppenkind und Expertin für alles. Gefahren werden wir von Timur. Auch er ein Kind der Steppe und nicht weniger hartgesotten als seine Kollegin. Er ist vor ein paar Tagen gestürzt und humpelt seitdem stark. Jedes Mal, wenn er aussteigen muss, stöhnt er laut auf und verflucht die Enge seines Fußraums. Das sieht nicht gut aus. Zum Arzt will er aber nicht: zu teuer und außerdem was für Weicheier. Lieber bleibt er, wann immer es geht, hinter dem Steuer sitzen. Nassa schüttelt den Kopf, wenn Timur sich mit schmerzverzerrtem Gesicht auf seinem Fahrersitz windet, und macht sich über männliche Eitelkeit lustig.

An den Rändern der Stadt können wir sehen, was sie gestern beschrieb. Die Stadt scheint die benachbarten Hügel regelrecht zu überrollen. Überall versuchen sich Menschen ein Stückchen Land zu sichern, umzäunen es und platzieren ihre Jurten prominent in der Mitte. Je weiter wir fahren, desto mehr franst Ulan-Bator aus. Irgendwann sind auch die letzten Zeichen der Stadt verschwunden, und vor uns liegt unendliche Weite.

Unendliche Weite – das sagt sich leicht –, aber hier ist es genau das. Links und rechts, vor und hinter uns nichts als endlose braune Steppe. An ihren Hügeln ab und zu weiße Flecken, die die letzten Überreste des Winters markieren. Hin und wieder passieren wir eine Herde Ziegen, Schafe oder Rinder. Vereinzelt stehen Kamele am Wegesrand, sogar ein paar Yaks. Allesamt recht abgemagert, der Winter hat ihnen zugesetzt. Saftig grün ist die Steppe nur im Juni und Juli, erklärt Nassa. Dann atmet das Land für kurze Zeit auf. Jetzt ist noch die Zeit der Entbehrungen, besonders die Tiere ächzen unter den Bedingungen. Diejenigen, die es nicht geschafft haben, liegen skelettiert in der Weite, abgenagt von riesigen Geiern, die ständig suchend über der Landschaft kreisen. Sie werden oft fündig, der Winter fordert Opfer um Opfer.

Plötzlich und ohne Vorwarnung biegt Timur von der Straße ins offene Gelände ab. Es rumpelt und holpert, Timur dreht den mongolischen Rap, der schon die ganze Zeit durch die Boxen scheppert, noch ein bisschen lauter. Er posiert am Steuer Gangsta-like wie in amerikanischen Musikvideos und rappt lauthals mit. In den Songs geht es aber nicht um das Überleben im Großstadtdschungel, es geht um die Sehnsucht nach der Steppe, um Pferde und Freiheit. Das ist interessant – im Habitus eines Gangstarappers beschwört er die Traditionen der Mongolei.

Kein Weg ist zu erkennen, nicht mal ein Pfad. Aber Timur scheint genau zu wissen, wo die Reise hingehen soll. Er manövriert den klapprigen Kleinbus durch trockene Flussbetten und entlang schroffer Felsen, bis er unvermittelt anhält. Mittagessen. Im Kofferraum sind ein Gaskocher, Gemüse und Pferdefleisch. Daraus machen wir ein Süppchen, während Nassa erklärt, wie es heute weitergeht. Wir werden hier ein wenig wandern, nach Wildpferden Ausschau halten und die Weite genießen. Dann werden wir noch ein paar Stunden fahren, um irgendwo in der Steppe eine Familie zu finden, die uns über Nacht bei sich aufnimmt.

Wir sind verblüfft. Einfach so rumfahren, bis wir eine Jurte finden, in der wir schlafen können? Ja, sagt Nassa. Gastfreundschaft ist Überlebensstrategie in der Steppe. Es kann jedem passieren, dass man sich mit der Zeit verschätzt oder schlechtes Wetter aufzieht. Dann ist man angewiesen auf eine warme Suppe und ein Obdach für die Nacht. Deshalb ist Gastfreundschaft im Selbstverständnis eines jeden Mongolen fest verankert, auch wir können uns darauf verlassen, erklärt Nassa. Es sei nicht ganz unwahrscheinlich, dass die nomadische Familie, bei der wir unterkommen werden, das erste Mal Kontakt zu Ausländern habe, fügt sie hinzu. Spannend. Luisa und ich haben dennoch das diffuse Gefühl, den Gastgeberkodex der Mongolei zu missbrauchen. Wir lassen uns aus Abenteuerlust in die Wildnis chauffieren, verlangen ohne wirkliche Not ein Essen und Bett und verschwinden dann wieder in unsere Wohlstandswelten. Wir bräuchten uns keine Sorgen machen, alles sei gut, beruhigt uns Nassa.

Nach dem Pferdesüppchen und einer Wanderung durch die Steppe geht es weiter. Es ist später Nachmittag, die Sonne steht schon tief am stahlblauen Himmel. Wir fahren durch ein riesiges Nichts, es fühlt sich an wie ein Vakuum. Jurten sind nicht in Sicht, auch keine Viehherden, die auf die Nähe eines Camps hinweisen würden. Nassa scheint irritiert, ich finde es ganz gut, dass wir nicht sofort einen Übernachtungsplatz finden. Das wäre ein bisschen zu einfach.

Dann taucht am Horizont der rauchende Schornstein eines weißen Rundzelts auf. Nassa wirkt sofort erleichtert, weist Timur an, auf die Behausung zuzuhalten, und erklärt uns, dass das der Ort für unsere Nachtruhe sein wird. Timur dreht den Rap auf und gibt Gas, in einer Staubwolke kommen wir unmittelbar vor der Jurte zum Stehen. Die Bewohner stecken ihre Köpfe aus ihrem Zelt und kommen näher. Sie sehen skeptisch aus.

»Wartet kurz im Wagen, ich klär das!«, ordnet unsere Reiseleitung an. Sie steigt aus, redet auf die Nomaden ein und zeigt auf den Bus. Wir fühlen uns unwohl, weil wir sprachlos sind. Auf Mongolisch können wir lediglich Hallo und Danke sagen. Das reicht nicht, um sich in die Verhandlungen einzumischen. Aufgeregt kommt Nassa zurück und erklärt, dass das hier nichts werden wird. Die Familie hat Besuch von einem Yakwolle-Händler aus der Stadt, mit dem sie in Verhandlungen stehen. Der bleibt über Nacht, für uns ist deshalb kein Platz. Die Familie ist untröstlich, aber es geht nicht.

Also weiter der untergehenden Sonne entgegen. Nassa deutet Timur mit ausufernden Gesten die Richtung, in die er fahren soll. Irgendwo dahinten gebe es eine weitere Familie, versichert sie. Sie hat offensichtlich das Gefühl, als müsste sie die Situation erklären. Mir gefällt das. Wäre ja noch schöner, wenn jede Familie uns einen roten Teppich vor ihrem Zelt ausrollt.

Wir fahren und fahren, es rumpelt und holpert, als plötzlich ein Motorrad den Weg kreuzt. Darauf Lkhagvadorj, seines Zeichens Oberhaupt einer nomadischen Familie. Er trägt ein purpurfarbenes traditionelles Wintergewand, das ihn stolz und würdevoll erscheinen lässt. Er sieht aus wie eine motorisierte Version von Dschingis Khan, wie er da vor prachtvoller Kulisse auf seiner Maschine thront. Die letzten Sonnenstrahlen tauchen ihn in ein magisches Licht vor den schroffen Felsen der Steppe. Mit seiner Maschine ist er auf dem Weg, um seine Pferdeherde zurück zum Camp zu treiben. Nassa bittet um einen Schlafplatz für die Nacht. Selbstverständlich können wir die Nacht in seiner Jurte verbringen, sagt Lkhagvadorj.

Nur wenige Minuten folgen wir ihm und seinen Pferden, dann taucht sein Camp versteckt hinter einem Hügel vor uns auf. Lkhagvadorj treibt die Tiere etwas abseits des Lagers zusammen, wo sie dem kargen Land noch etwas Gras abringen können. Dann steuert er auf uns zu, zieht dabei eine lange Staubfahne hinter sich her und kommt vor seinem Camp zum

Stehen. Eine unwirkliche Szene, die noch verstärkt wird durch das Blöken der Ziegen, die uns lautstark durch ihr Gatter anmeckern. Auch ganz junge sind dabei. Kleine, unheimlich niedliche Kaschmirziegen.

Drinnen wird Lkhagvadorjs Frau unruhig. Gäste! Auch noch aus einer anderen Welt. Sofort bietet sie uns Sitzplätze auf den Betten an. Gerne würden wir sagen, dass Umstände nicht nötig sind, und unsere Dankbarkeit artikulieren. Das gelingt uns mehr oder weniger nonverbal und mit Nassas Hilfe. Wir bieten Unterstützung an beim Gemüseschnippeln, werden aber sofort wieder auf unsere Plätze verwiesen. Gäste lassen sich bedienen. Die beiden Frauen bereiten das Abendessen zu, während wir dasitzen und zusammen mit Lkhagvadorj die Nachrichten schauen.

Die Jurte verfügt über ein Solar-Panel und eine Satellitenantenne. Auf dem Fernseher erscheint die orangefarbene Visage von Donald Trump. Unglaublich. Nicht mal im mongolischen Nirgendwo ist man sicher vor Neuigkeiten von dem Freak im Weißen Haus. Im Anschluss eine Meldung aus Syrien. Lkhagvadorj schüttelt den Kopf über die Grausamkeit der Welt.

Seine Frau serviert den Eintopf. Lkhagvadorj und ich bekommen größere Schüsseln als die Damen. Männer arbeiten körperlich, also müssen sie auch mehr essen. Mir ist das gar nicht recht – auf der Suppe schwimmen weißlich gelbe Fettschwarten. Neidisch schaue ich in Luisas kleine Schale, die zwar auch üppig gefüllt ist, insgesamt aber einen bekömmlicheren Eindruck macht. Aber: Das Fett muss runter. Ablehnen ist nicht drin, das käme einer Beleidigung gleich. Das Fett ist Energieträger, das Beste am ganzen Essen. Es stammt übrigens von einem Rind aus der Herde der Familie.

Ich kämpfe mit dem Fett, die Brocken gehen nur schwer den Hals runter. Wenn mir das Essen schon so schwerfällt, wie sollte ich auf der Jagd Erfolg haben? Wahrscheinlich würde ich nach kurzer Zeit in der Steppe sterben. Es wächst nichts, was man ernten könnte. Kein Getreide, kein Gemüse, keine Früchte, nur Gras. Es bliebe tatsächlich nur die Jagd. Aber mir fallen nicht einmal Tiere ein, denen ich leicht den Garaus machen könnte. Vielleicht einem Fisch – aber die gibt es hier gar nicht. Und mit dem Töten ist es ja noch lange nicht getan. Es folgen Ausbluten, Ausnehmen und Haltbarmachen. Auf ganzer Linie scheitern würde ich, versagen als Ernährer meiner Familie und elendig, einsam und alleine in der Steppe zugrunde gehen. Das ist wohl ein bisschen weit hergeholt. Trotzdem kann es nicht schaden, sich als Fleischesser klarzumachen, wo das Zeug eigentlich herkommt.

Draußen vor der Jurte ist sichtbar, wie dicht Leben und Tod in der Mongolei beieinanderliegen. Der Boden ist übersät mit Knochen, hinter dem Zelt liegen Ziegen- und Pferdebeine für die Wachhunde. Das ist weder eklig noch schlecht oder herzlos. Es ist einfach so. Die Tiere verwerten das Gras, das die Steppe hergibt, und setzen es in Energie um, die die Menschen und Hunde zum Überleben brauchen. Ein seit Jahrtausenden währender Kreislauf.

Die Knochen und die sterblichen Überreste mögen Besuchern aus anderen Welten grausam erscheinen. Für die Nomaden sind sie ganz normal. Mensch und Tier sind aufeinander angewiesen. Sie sichern sich gegenseitig das Überleben. Lkhagvadorj empfindet nicht zuletzt deshalb große Zuneigung zu seinen Tieren. Sie sind sein ganzer Stolz, sein Ein und Alles. Er bemisst seinen Reichtum nicht in Geld, sondern in der Anzahl seiner Tiere. Die Knochen, die vor seiner Jurte liegen, sind für ihn alles andere als grausam. Sie sind Ausdruck einer Überlebensstrategie, die ohne den Tod nicht funktionieren würde.

Das Grausamste, was man ihm und seiner Frau antun könnte, wäre ein Besuch in einem dieser perversen Tiermastbetriebe mit angegliedertem Schlachthof, wie es sie bei uns gibt. Beim Anblick maschinell geschlachteter Tiere würden sie den Glauben an die Menschheit verlieren, wenn nicht sogar ihren Verstand. Die mongolische Steppe lehrt uns, dass unser Lebensstil verantwortungslos ist und krank. Völlig losgelöst von natürlichen Prozessen, stopfen wir zu jeder Zeit und an jedem Ort alles in uns hinein. Kost' ja nichts! Wir konsumieren blind, ohne Rücksicht und ohne das geringste Anzeichen von Respekt vor anderen Kreaturen. Ist es zu radikal, in der Schule eine Jagd-und-Metzger-AG zu fordern? Wahrscheinlich ja, trotzdem sollte jeder wissen, wie und woraus unser täglich Döner hergestellt wird.

Nach dem Essen kündigen Motorradgeräusche Besuch an. Lkhagvadorj und seine Frau wundern sich. Wer kommt denn um diese Uhrzeit hier herausgefahren? Zwei Maschinen halten vor der Tür, und es steigt ab die Familie, die uns heute Nachmittag abweisen musste. Vater, Mutter, Sohn und Onkel haben gleichermaßen ein schlechtes Gewissen und sind neugierig, wer da bei ihren Nachbarn zu Besuch ist. Lkhagvadorj bietet Schnupftabak aus einem edlen Flakon an. Das ist Tradition in der Steppe, erklärt Nassa. Jeder bekommt ein Näschen. Zur Feier des Tages dürfen sogar die Damen probieren in diesem Zelt mit nicht eben wenigen maskulinen Gepflogenheiten.

Nach kurzem Austausch sitzen wir alle gemeinsam gebannt vor dem Fernseher und schauen eine mongolische Casting-show, bei der Mitglieder des Militärs in steifen Uniformen, behangen mit kiloweise Orden, gegen Zivilisten ansingen. Stark sein, reiten, singen – das sind die Themen der Songs. Und die Eigenschaften, über die alle Mongolen verfügen müssen.

In der Jurte wird jeder Teilnehmer lautstark kommentiert. Die meisten genügen den hohen Ansprüchen nicht, für einige wenige sind alle Anwesenden voll des Lobes. Zwischendurch befüllt Lkhagvadorj immer wieder ein Glas Bier aus einer großen Flasche, die wir als Gastgeschenk mitgebracht haben, und reicht es an den jeweils Nächsten weiter. Nur ein Glas kursiert, es dauert also entsprechend lange, bis man etwas zu trinken bekommt. Die Show und ihre Lieder werden sehr ernst genommen. Für uns ist dieser Fernsehabend die beste Vorbereitung auf die Karaoke-Nacht, die uns nach drei Tagen und zwei Nächten in der Steppe in Ulan-Bator erwartet.

Karaoke

Nassa und Timur haben sich schon den ganzen Tag im Auto warm gesungen. Sie haben unendlich viele Songs geschmettert, in denen es um Pferde geht, um Freiheit, die Einsamkeit der Steppe und die Sehnsucht nach der Weite. Besonders rührend ein Song von Gerelchuluun, dem Star des mongolischen Folklorepop. Es geht um Mutter und Sohn. Sie vermisst ihren Spross, der zum Arbeiten das Land verlassen hat. Er lebt jetzt in Südkorea. Umgekehrt verzehrt er sich derart sehnsüchtig nach seiner Heimat, dass es ihm schier das Herz bricht. Ein Dilemma, das viele Mongolen kennen und das besungen werden will. Gerelchuluun trifft den Nerv der Zeit und feiert mit seinen Heimatschmachtfetzen große Erfolge.

Nassa erzählt, dass auch Lkhagvadorj und seiner Frau ein ähnliches Schicksal blüht. Ihr Sohn ist in Ulan-Bator zur Schule gegangen, möchte jetzt studieren und träumt von der großen, weiten Welt. Er macht keine Anstalten, den elterlichen Nomadenbetrieb zu übernehmen, obwohl seine Eltern sich nichts sehnlicher wünschen. Melancholie macht sich breit im Kleinbus, der durch die Steppe rumpelt.

Zurück in Ulan-Bator geht es gleich weiter in eine Karaoke-Bar. Von unterwegs haben Nassa und Timur Freunde und Bekannte mobilisiert, die heute Abend ihre Gesangskünste zum Besten geben wollen. Der Raum ist riesig, die Bänke sind voll besetzt. Von jung bis alt – alles ist dabei. Auf dem Tisch stehen Dschingis-Khan-Bier und Knabberkram. Außerdem liegt da ein unheimlich schweres und stark abgewetztes Songbuch. Wir können aus unendlich vielen Liedern aussuchen. Im ersten Teil stehen nur mongolische Songs, der zweite ist international. Von Abba bis ZZ-Top ist alles vertreten, auch deutsche Songs von Nena und Rammstein.

Nassa ist dran. Sie singt einen mongolischen Klassiker, in dem es, wie sollte es anders sein, um Pferde und die Steppe geht. Sie singt großartig, ihr Publikum ist begeistert. Andere Sänger und Sängerinnen kommen an die Reihe. Sie alle sind außergewöhnlich gut. Dann kommt Timur. Er stellt sie alle in den Schatten. In einem zweistimmigen Stück übernimmt er beide Parts: den Rapper und den Sänger, beide hat er drauf. Kein Wunder, als Fahrer kann er viel üben.

Der Karaoke-Saal ist außer sich, und alle können alles mitsingen. Irgendwann lässt es sich nicht weiter aufschieben. Luisa, Tonya und ich müssen singen. Wir entscheiden uns für etwas Leichtes. Die Beatles kann jeder. Unser Gesang geht allerdings unter, weil alle Anwesenden mit uns *Yesterday* grölen. Das war zu leicht. Der ganze Raum fordert plötzlich einen deutschen Song. Einen, den jeder kennt und gerne singt. Man schlägt uns vor, wir könnten auch ein Handy an die Karaoke-Maschine anschließen und andere Lieder spielen. Oh nein! Was jetzt? Uns fällt nichts ein, die Menge wird unruhig. Irgendwer fordert die deutsche Nationalhymne. Die müsste doch jeder kennen. Wir kennen sie, aber wir wollen nicht. Irgendwie würde das nicht passen. Schlechte Bürger seien wir, heißt es dann noch. *99 Luftballons* wäre die einfachste Lösung gewesen, die wir sogar noch als Nationalhymne hätten verkaufen und die auch die Niederländerin Tonya hätte mitsingen können. Aber in dem Stress kommen wir nicht drauf.

Ohne Vorwarnung schallt plötzlich der Gassenhauer *Dschinghis Khan* durch die Anlage. Sofort stimmen alle ein, auch wir. *Dsching-Dsching-Dschinghis Khan, he Reiter, ho Reiter, immer weiter* und so weiter. Unglaublich – jeder kennt diesen Song, wirklich jeder kann ihn mitsingen. Noch ein zweites Mal, und dann sind wieder mongolische Songs über Freiheit, Sehnsucht und Pferde angesagt. Die Mongolei verfügt über ein unendliches Repertoire an Songs, die jeder kennt und aus dem Stegreif mitsingen kann.

Später überlegen Luisa und ich, warum es Vergleichbares bei uns nicht gibt. Uns fällt kein Song ein, den generationenübergreifend einfach jeder singen kann. Weihnachtslieder zählen nicht. Sind wir zu sehr in unseren Subkulturen gefangen, oder hat die Geschichte deutsches Liedgut ausradiert? Ein wirklicher Grund fällt uns nicht ein. Uns fällt nur auf, dass wir ein Volk miserabler Freizeitsänger sind. Wirklich? *Moskau, Moskau, wirf die Gläser an die Wand, Russland ist ein schönes Land, hahahahaha!* Und damit fahren wir nach Russland.

Erst mal geht es mit der Transmongolischen Eisenbahn weiter Richtung Norden. Im letzten Abendlicht verlassen wir Ulan-Bator. Langsam verschwinden die Jurten und ihre qualmenden Schlote, sie werden abgelöst durch schroffe Berge, die sich im Norden der Hauptstadt erstrecken. Menschliches Leben ist aus dem Zugfenster nicht zu erkennen. Nur Kamele, Ziegen, Rinder und, wenn man Glück hat, ein paar Yaks geraten ins Blickfeld.

In Moskau werden wir am Ende unserer Zugreise genau 7622 Kilometer auf chinesischen, mongolischen und russischen Schienen zurückgelegt haben. Transmongolische beziehungsweise Transsibirische Eisenbahn heißt die Strecke eigentlich nur für uns. Die meisten anderen Passagiere, die mit uns in den Holzklassen sitzen, nutzen die Züge eher regional. Wobei regional relativ ist. Für die beiden nordchinesischen Gebrauchtwagenhändler aus Datong, die auf Geschäftsreise ins sibirische Krasnojarsk sind, geht die Strecke über ihre Region weit hinaus. Auch für den Familienvater Michail aus dem russischen Grenzort Nauschki ist die über sechzehnstündige Fahrt nach Irkutsk ziemlich weit. Eigentlich unerträglich weit. Nie im Leben würde er es in diesem Zug bis nach Moskau aushalten, sagt er. Mit Moskau habe er sowieso nichts am Hut. Auf Deutsch würde er wohl sagen, dort wolle er nicht tot überm Zaun hängen. Über den europäischen Teil Russlands mit seinen Aushängeschildern Sankt Petersburg und eben Moskau spricht er, als läge er auf einem anderen Planeten.

Wir dürfen uns mit unserem Visum vier Wochen in Russland aufhalten. Es gibt also auch für uns keinen Grund, einen fünftägigen Nonstop-Parforceritt von Ulan-Bator nach Moskau auf uns zu nehmen, dabei unentwegt aus dem Fenster zu starren und langsam, aber sicher verrückt zu werden – ein Schicksal, das Michail jedem Nonstop-Reisenden vorhersagt.

Unser Reiseführer, von Agata und Sweta in klassenübergreifender Gemeinschaftsarbeit liebevoll gestaltet (Note 1), gibt uns ein paar Anhaltspunkte, wo es sich zu halten lohnt: Baikalsee, Kasan und schließlich Moskau. Das zerlegt die Strecke schon mal in angenehmere Einheiten, ist uns aber immer noch zu lang. Wir wollen kleinere Häppchen. Deshalb beschließen wir, direkt hinter der Grenze in Ulan-Ude für ein paar Tage von Bord zu gehen. Dann weiter nach Irkutsk und zum nahe gelegenen Baikalsee, anschließend Nowosibirsk, Kasan und schließlich Moskau.

Ulan-Ude

Nach 24 Stunden Fahrt erreichen wir am nächsten Abend Ulan-Ude in der russischen Teilrepublik Burjatien. Leider ist es schon dunkel, zu allem Überfluss regnet es auch noch leicht. Der Zug macht hier ein paar Minuten Pause, alle Passagiere dürfen aussteigen. Am gegenüberliegenden Gleis rollt gerade ein schier endloser Zug mit Militärgerät vorbei. Panzer, Lastwagen und geländegängige Raupenfahrzeuge rumpeln minutenlang vorüber. Alle, die mit uns am Bahnsteig stehen, scheinen fasziniert. Das Gerät ist schlammverschmiert und sieht aus, als wäre es eben erst aus einem Gefecht abgezogen worden. Dazu erzeugt der Zug ein dumpfes Grollen. Die militärisch daherkommenden *Provodnitsas* (meistens weibliche Zugbegleiterinnen), die die anderen Passagiere nun zackig und mit strengem Gesichtsausdruck auffordern, wieder einzusteigen, runden das Bild eines autoritären und militaristischen Russlands ab. Jedes Klischee scheint sich in diesem Moment zu bestätigen. Ein bisschen Schnee obendrauf wäre nicht schlecht. Luisa und ich sind froh, dass wir den Aufforderungen unserer *Provodnitsa* nun nicht mehr Folge leisten müssen, schultern in fiesem Nieselregen unsere Rucksäcke und suchen einen Schlafplatz. Wir werden fündig in einem Hostel in der Nähe des zentralen Sowetow-Platzes, der von der weltweit größten Lenin-Büste überragt wird. Kaum zu fassen, wie russisch alles ist.

Und noch ein Klischee kann Ulan-Ude an unserem ersten Abend nicht widerlegen. Für die Nacht wollen wir in einem kleinen Supermarkt Wasser kaufen und einen alkoholischen Schlummertrunk. »*Njet!* Ist nicht möglich«, lässt uns die Kassiererin rüde wissen. In Russland ist der Verkauf von Alkohol in Supermärkten und Kiosken nach zwanzig Uhr verboten. Das ist ein relativ neues Gesetz. Es soll dazu dienen, auch den trinkfreudigsten Russen mal eine Pause zu gönnen. Militär, Uniformen, strenge Gesichter, Lenin, Alkoholsucht – fehlen noch Matrjoschkas, tanzende Kosaken, ein mit nacktem Oberkörper auf einem Bären reitender Präsident und eine testosterongeschwängerte Schlägerei.

Schon in China wurde ich von einem Niederländer vor überbordender russischer Männlichkeit gewarnt. Folgende Geschichte hat er über viele Ecken gehört, sie ist ihm aber offenbar nachhaltig in Erinnerung geblieben: Ein Tourist schlenderte arglos die Straßen einer beliebigen sibirischen Stadt entlang. Plötzlich wurde er von einer Gruppe Halbstarker gestoppt. Er dachte, er werde wohl nun überfallen werden. Er irrte sich. Stattdessen forderte ihn einer der Burschen zum Faustkampf auf. Der Hobbyschläger zog seine Jacke, seinen Pullover und auch sein T-Shirt aus und begann, vor dem Touristen zu tänzeln wie ein Boxer. Es würde nur ums Kräftemessen gehen, um nichts anderes. Mal sehen, was diese Ausländer so auf dem Kasten haben. Der Tourist hatte nicht wirklich Lust, sich sinnlos zu prügeln. Er versuchte weiterzugehen, wurde aber daran gehindert. Der Herausforderer begann, ihn zu schubsen und mit leichten Schlägen gegen den Oberkörper zu traktieren. Der Tourist wehrte sich nicht. Er hörte sich allerlei Beschimpfungen an, steckte ein paar weitere leichte Schläge ein, bot seinen Peinigern sogar Geld an, was diese aber empört ablehnten. Regelrecht enttäuscht über den verweichlichten Touristen, der seine Hand nicht gegen ihn erheben wollte, zog der Boxer sich nach einigen Minuten wieder an, spuckte verächtlich aus und zog mit seiner Bande von dannen. Angeblich würde so etwas oft passieren in Russland, warnte der Niederländer aufgeregt und gestenreich. Besonders in Sibirien, wo selten Touristen hinkämen, nutzten junge Boxer jede Gelegenheit für ein internationales Kräftemessen.

Er gab mir noch mit auf den Weg, unbedingt vorsichtig zu sein: »Du hast genau die richtige Statur. Nicht zu groß, nicht zu klein, nicht zu schmächtig und nicht zu kräftig. Eine schöne Herausforderung eben für jeden russischen Freizeitboxer. Mit guter Aussicht zu gewinnen, weil du wahrscheinlich zu weich bist. Die merken so was«, orakelte er düster.

Ich lachte mich kaputt. Das ist doch völliger Quatsch. Eine Geschichte, die wahrscheinlich nur aus Unwissenheit, Ignoranz und einer diffusen Russlandphobie am Leben bleibt. Und weil sie zugegebenermaßen ziemlich lustig ist. Trotzdem fällt sie mir jetzt, als wir mit unseren Einkaufstüten an dem im schummrigen Lichtschein und Nieselregen liegenden Lenin zurück zum Hostel schlendern und uns eine Gruppe johlender Jungs entgegenkommt, wieder ein. Die Kulisse stimmt. Hier und heute hätten die Halbstarken auch noch die Möglichkeit, mich vor meiner hübschen Freundin zu demütigen und mich meiner Männlichkeit zu berauben. Darauf habe ich wenig Lust. Übereilig und überfreundlich rufe ich deshalb »*Priviet?*« – wie geht's? – zu ihnen hinüber. Sie gucken nur verwundert, winken unsicher und gehen weiter. Luisa macht sich über meine Paranoia lustig und lacht mich aus – diese Demütigung habe ich der lächerlichen Geschichte des Niederländers zu verdanken.

Am nächsten Tag erwachen wir in Iwans kleinem Hostel in der dritten Etage eines Brachialbaus Sowjetstyle. Innen ist es sehr gemütlich, Iwan hat den Frühstückstisch schon gedeckt. Er selbst sitzt am Kopf der Tafel, ein Italiener Mitte vierzig ihm gegenüber. Luisa und ich vervollständigen die Belegschaft an diesem Tag. Mehr ist nicht los.

Der Italiener ist schon eine Weile hier, wie sich herausstellt. Seit zwei Wochen versucht er nun schon, wieder zu Kräften zu kommen, nachdem er zwei Monate im Sattel seines Fahrrads verbracht hat. Er ist Mitte Januar in Jakutien am kältesten jemals gemessenen Punkt der Welt gestartet. Nun frühstückt er Unmengen russischen Brots, und Iwan, eigentlich Linguistikstudent an der Uni Ulan-Ude, päppelt ihn fürsorglich wieder auf.

Krasser Typ. Als er losfuhr, zeigte das Thermometer unter minus fünfzig Grad Celsius. Das war schon ziemlich kalt, sagt er. Einatmen durch die ungeschützte Nase unmöglich, die Luft verwandelt die Hals-Rachen-Gegend und die Lunge sofort in einen Eisblock. Auch Kommunikation nach außen war nicht möglich, weil kein Handy bei diesen Temperaturen funktioniert. Nur mit den Jakuten, die ihn jeden Abend davon abhalten wollten, in seinem Zelt zu übernachten, und ihn mit zu sich nach Hause schleppen wollten, was er aber jedes Mal ablehnte. Für ihn sind die Menschen in dieser eisigen Gegend die freundlichsten der Welt.

Wenn er wieder bei Kräften ist, soll es weitergehen. Vielleicht weiter mit dem Rad zum heißesten Ort der Welt irgendwo im Zentraliran. Dort wurden Temperaturen von über siebzig Grad gemessen, erzählt er. Wenn er diesen Ort im Sommer erreicht, hat er innerhalb eines halben Jahres eine Temperaturamplitude von 120 Grad am eigenen Körper erfahren.

Auch Iwan kennt Jakutien im Winter. Die minus dreißig Grad, die es in Ulan-Ude im Winter hat, seien verhältnismäßig mild im Vergleich zu den Temperaturen in Russlands hohem Norden. Jetzt, im April, ist es hier noch immer nicht wirklich frühlingshaft bei lausigen zehn Grad. Luisa und ich leiden unter den Temperaturen in Ostasien. An die durchgängigen dreißig Grad in Süd- und Mittelamerika gewöhnt man sich schnell. Aber: Frühlingserwachen ist auch schön. Es begann in Südkorea, setzte sich in Nordchina und der Mongolei fort und erreicht nun Sibirien. Auf unserem Weg nach Norden sind wir die Boten des Frühlings. Das ergibt eine schöne Geotestaufgabe:

Erkläre: Wieso blüht dieselbe Blume in Seoul Mitte März, in Peking Ende März, in Ulan-Bator um Anfang April herum und in Ulan-Ude erst Mitte April?

Linguist Iwan will wissen, wie unser erster Eindruck von Russland sei. Ich erzähle ihm, dass nur ein paar Stunden gereicht hätten, um jedes Klischee zu bestätigen. Er findet das lustig. Aber das ist erst auf den zweiten Blick zu erkennen. Er lacht mehr so in sich hinein und verzieht dabei nur ganz leicht seine ansonsten stets neutrale Miene. Schon wieder ein Klischee: Russen lachen nicht. Als ich ihn damit konfrontiere, wird er munter. Für Russen sei Lachen etwas sehr Persönliches, sagt er. Man heule ja auch nicht einfach so in der Öffentlichkeit. Echt jetzt?

Russen haben sehr wohl einen Sinn für Humor, aber eben auch für ihre Mitmenschen, die das Lachen in Verlegenheit bringen könnte, erklärt er weiter. Oha! Das wusste ich nicht. Ich wusste auch nicht, dass man einen Lachimpuls überhaupt unterdrücken kann. Sowieso seien Russen mit ihrem Mienenspiel sehr verhalten, erklärt Iwan weiter. Die unverhältnismäßige Zurschaustellung von Emotionen gehöre eben nicht in die Öffentlichkeit – das sei etwas, das viele Russen schon in ihrem Elternhaus lernten.

Iwan ist ein geistreicher Typ. Und witzig noch dazu, mit staubtrockenem Humor. Als er beginnt, über Hollywoodfilme zu sprechen, lacht er zum ersten Mal laut und aus dem Bauch heraus. Was für verdammte Vollidioten in den Studios arbeiten, prustet er heraus. Jeder Russe ein Schurke mit breitem Kreuz und Lederjacke. Völlig spaßbefreit. Oft Mafia oder KGB, gerne finstere und unberechenbare Typen, die vor Muskeln kaum laufen können. Der Gegenentwurf ist der abgewrackte Alkoholiker. Und die Frauen immer schön, aber kalt wie Eis und durchtrieben und meistens Prostituierte, die dem aufrechten amerikanischen Helden in irgendeiner Weise schaden wollen.

Beispiele: Der russische Kosmonaut in *Armageddon* mit Bruce Willis ist ein lächerlicher Saufkopp, Arnold Schwarzenegger in *Red Heat* als Ivan Danko ein wortkarger Cop, der mit einem Gesicht wie gemeißelt lieber herumballert als Fragen zu stellen. Und dann die handwerklichen Schnitzer. In *Die Bourne Identität* mit Matt Damon schaffen es die Produzenten nicht mal, den Namen Bournes korrekt in kyrillischer Schrift zu schreiben. *»What the fuck?«*, wundert sich Iwan. »Diese Filme kosten Millionen, aber ein Übersetzer ist nicht drin?«

Iwan erzählt, mit seinen Linguistikfreunden von der Uni mache er sich einen Spaß aus den Bullshit-Hollywoodschinken. Zuletzt *Batman v Superman*, in dem das *KGBeast* auftaucht. Ein sinistrer Superschurke mit allen Eigenschaften, die Russen so Furcht einflößend macht. Aber er fragt sich auch, was das soll. Ist das Geringschätzung? Ignoranz? Dummheit? Oder sogar Politik? Sollen Russen vielleicht in aller Welt lächerlich gemacht werden, für immer gefangen in schlechten Stereotypen? Wenn das das Ziel ist, hat Hollywood es bald erreicht. Vielen Russen gefalle die Schurkenrolle mittlerweile ausgesprochen gut.

Hm. Irgendwie kommt Luisa und mir das bekannt vor. Deutsche in Hollywood – das sind meistens irre Nazis oder durchgeknallte Psychopathen. Spontan fällt uns der verrückte Hans Gruber aus *Stirb langsam* ein oder, ein Evergreen, der skrupellose Gert Fröbe in *Goldfinger*. Dazu liefert Rammstein den Soundtrack. In Kombination entsteht dann der Eindruck, Deutsche seien gewissenlose Maschinenmenschen.

Iwan meint, der Vergleich hinke allerdings. Im Gegensatz zu den Russen treffe Hollywood die Deutschen doch ganz gut. Dabei lacht er nicht, fixiert mich nur mit zusammengekniffenen Augen. Ich befürchte, er legt jeden Moment einen Revolver auf den Tisch mit der Aufforderung zum Russisch-Roulette. Lange Sekunden vergehen, dann aber kann er nicht mehr und wiehert vor Lachen wie ein sibirisches Pferd.

Schubladen bestimmen unser Leben – das wird an diesem Frühstückstisch klar. Ulan-Ude stellt sich dann als weniger klischee-russisch heraus, als wir es am ersten Tag wahrgenommen haben. Es ist freundlich und vielfältig. Hier auszusteigen hat sich gelohnt. Nicht zuletzt, weil viele Kulturen miteinander verschmelzen: Buddhismus und Nomadismus sind in Burjatien genauso zu Hause wie im Hochland Tibets oder in den Steppen der Mongolei. Vermengt mit dem sperrigen Charme Russlands, ergibt das eine Melange, die uns verdeutlicht, dass das Land nicht nur geografisch riesig ist, sondern auch kulturell facettenreicher, als wir angenommen haben.

Aus Ulan-Ude ist die Fahrt zum Baikalsee für russische Verhältnisse mit gut sechs Stunden geradezu lächerlich kurz. Die Strecke startet Richtung Norden und biegt dann nach Westen ab, vorbei am Südufer des gigantischen Baikalsees. Dies ist wohl einer der schönsten Abschnitte der gesamten Strecke. Heute erstrahlt der wolkenlose Himmel in tiefem Blau, zu unserer Rechten in Fahrtrichtung liegt das Ufer des Sees. Es ist frühlingshaft mild, doch ist der See noch gefroren. Vereinzelt laufen Angler darauf herum und Langläufer mit Skiern.

In unserem Abteil sitzt uns Sergej gegenüber. Er macht keinen ganz gesunden Eindruck. Ständig geht er heimlich zum Rauchen in die Zwischenräume zweier Waggons. Dabei muss er sich vorsehen, dass die *Provodnitsa* ihn nicht erwischt. Als ich ihn auf eine Zigarette dorthin begleite, inhaliert er hektisch und wird noch nervöser, als er durch das Milchglasfenster der Verbindungstür eine der strengen Zugbegleiterinnen erspäht. Eigentlich unnötig, als ob die nicht genau wüsste, was im lauten und kalten Niemandsland zwischen den Waggons passiert. Wahrscheinlich ist es ihr auch egal, denn die Raucherecken fallen weder in ihren Zuständigkeitsbereich noch in den der *Provodnitsa* des nächsten Waggons. Hier liegen ungefähr zwei Quadratmeter ungemütliche, dafür aber abenteuerliche Freiheit mit Fahrtwind im Haar und wackeligem Stand direkt über dem Gleisbett.

Zurück im Abteil schaufelt Sergej fettige Salami und Eier mit etwas Brot in sich hinein. Dazu ein Mix aus vielen Tabletten, die er einwirft wie Gummibärchen. Er hustet und röchelt, ist aber auch sehr interessiert. Mit einem russischen Wörterbuch und den paar Brocken Deutsch, die er spricht, gelingt uns eine unbeholfene Konversation. Bald ist Ostern, und da möchte er seine

Tochter Katja in Irkutsk besuchen. Er selbst stammt aus der Amur-Region an der chinesisch-russischen Grenze. Seit nun fast 24 Stunden sitzt er in diesem Zug und hat langsam keine Lust mehr.

Als wir das Dorf Sludjanka am westlichsten Zipfel des immerhin ältesten (mehr als 25 Millionen Jahre), tiefsten (1642 Meter) und mit einer Uferlänge von 2225 Kilometern den Bodensee (275 Kilometer) mehr als neun Mal übertreffenden Sees erreichen, steigen wir aus. Hier wollen wir die Baikalrundbahn erwischen, einen historischen Zug, der direkt am Ufer bis vor die Tore Listwjankas fährt, wo wir uns ein paar erholsame Feiertage gönnen wollen. Wir verabschieden uns von Sergej, steigen aus, sehen den Zug wegfahren und stellen am Fahrkartenschalter schnell fest: Kein Zug wird kommen. Jedenfalls nicht nach Listwjanka. Der Fahrplan, den wir in Händen halten, ist scheinbar auch historisch. Stattdessen warten wir stundenlang auf den nächsten Zug nach Irkutsk.

Von hier aus bringt uns dann eine *Marschrutka*, ein lokaler Kleinbus, in das Dörfchen am südwestlichen Ufer des Baikal. Schlaglöcher statt Schienen. Der Fahrer rast mit Höchstgeschwindigkeit und komplett ungerührtem Gesichtsausdruck durch die siebzig Kilometer Birkenwald, die uns von unserem Ziel trennen. Das ist eindrucksvoll – gerne würden wir wissen, was in seinem Kopf vorgeht. Treibt das Adrenalin ihn zu diesen Höchstleistungen? Ist er ambitionierter Hobbyrennfahrer? Beschleicht ihn Todessehnsucht? Oder möchte er extra für uns das Klischee eines Psycho-Russen erfüllen? Auch seine Körperhaltung verrät nichts über seinen Zustand – schlaff wie ein gelangweilter Pendler nach zwei Stunden Stau hängt er in seinem Sitz. Was für ein irrer Kontrast zu unserem halsbrecherischen Tempo!

Als wir Listwjanka schließlich erreichen, öffnet er wortlos die Tür und kassiert desinteressiert den schmalen Tarif. Sein

Gesicht bleibt maskenhaft starr. Iwans Erklärung vom verhalte-
nen Mienenspiel der Russen hin oder her – ein kleines Zeichen
wäre trotzdem ganz nett. Ein Augenzwinkern vielleicht.

Kristos Vaskreas – Ostern am Baikal

Am Ostersonntag erwacht Sergej spät. Der Wodka, das Musizie-
ren, die vielen Zigaretten, das Singen und das fettige Essen hatten ihn am Morgen in einen komatösen Schlaf fallen lassen.
Seine Tochter Katja ist schon auf den Beinen und beschwert
sich über das entsetzliche Schnarchen ihres Vaters, mit dem sie
den Raum teilt. Auch wir können es hören, obwohl wir weit weg
in der Küche im ersten Stock des hübschen und gemütlichen
Holzhauses in Listwjanka sitzen, in dem wir über die Feiertage
abgestiegen sind.

Es handelt sich in der Tat um den Sergej aus dem Zug, der
seine Tochter in Irkutsk besuchen wollte. An der Uni lernt sie
Englisch, deshalb hat er gemeinsam mit ihr auf der Suche nach
uns alle Unterkünfte gecheckt, in denen Ausländer am Baikal
absteigen könnten. Gestern Abend stolperte er dann plötzlich
laut schnaufend die knarzende Treppe hoch, im Schlepptau
seine 23-jährige Tochter Katja, und freute sich überschwäng-
lich, Luisa und mich am Tisch der kleinen Küche sitzen zu
sehen. Wir uns auch. Außerdem wunderten wir uns: Wie ist
es möglich, dass wir uns in diesem riesigen Land zum zweiten
Mal begegnen? Diese und andere Fragen konnten wir uns allerdings nicht wirklich stellen, vielmehr stellte Sergej eine Flasche Wodka auf den Tisch mit der freundlichen Aufforderung:
»Drink, drink!«, das r rollte er wie ein Hollywoodklischee-Russe.
Dieser Aufforderung kamen wir nach, inklusive seinem Wunsch,
russische Lieder mit ihm zu singen. Wann immer die Luft dünn
zu werden drohte und erste Anzeichen von Müdigkeit sichtbar

wurden, haute er den nächsten Song raus. Auf seinem persönlichen Höhepunkt eine Ode an Luisa: »Oh Luuuuiisaaaa, ooh Luuuiisaaaa, Luisaaaaaaaa!« Großartig!

Jetzt kündigt schwerer Husten Sergejs Auferstehung an. *Kristos vaskreas!* Frohe Ostern, Christus ist auferstanden! Gestern schien noch die Sonne bei milden Temperaturen, jetzt zieht ein mittelschwerer Schneesturm auf. Vor dem Fenster irres Flockengestöber. »Das ist Sibirien«, sagt Sergej lachend. Ihm ist das recht – er nimmt auf seinem angestammten Stuhl Platz, greift zum Telefonhörer und ruft ein Taxi (!), das Wodka, Bier und burjatische Dumplings bringen soll. Als Osterfrühstück.

Katja rollt mit den Augen, kann sich aber nicht gegen ihren energischen und schon wieder euphorischen Vater wehren. Kurze Zeit später taucht tatsächlich ein Taxifahrer auf, im Gepäck all das, was auf Sergejs Wunschliste stand. Ostern ist noch nicht vorbei. Nach dem ersten Bier und der Fortsetzung endloser Trinksprüche auf die Gesundheit und Freundschaft hat Sergej wieder die Gitarre in der Hand. Mittlerweile haben auch unsere Mitbewohner in der Holzhütte aufgegeben und sich zu uns gesellt. Sie können sich dem Lärm nicht mehr entziehen, schon wieder muss das Taxi kommen, damit alle genug zu trinken haben.

Der Tisch sieht nach einigen Stunden aus, als hätten russische Waldarbeiter tagelang an ihm gesoffen. Ein trauriges Bild geben die Ostereier ab, die Katja extra für diesen Anlass gefärbt und mitgebracht hatte. Sie liegen da zwischen Pfützen aus russischem Bier und Wodka im Fett der Dumplings. Eins sogar mit Schale angebissen und wieder abgelegt. Aber was sollen wir machen? Draußen schneit es.

Während des Gelages stellt Sergej sich als großer Kulturfreund heraus. Er kennt neben den russischen Klassikern Tolstoi und Dostojewski auch Goethe und Remarque. Nie wieder Krieg, hat Letzterer ihn gelehrt. Wenn man Russland besser verstehen möchte, empfiehlt er die Werke Iwan Turgenews, die seien sehr menschlich und auch melancholisch. Menschlich und melancholisch. Das sei sowieso eine gute Charakterisierung Russlands, findet er.

Bei unserer ersten Begegnung im Zug hatte ich ihn noch als liebenswerten Hinterwäldler eingestuft, der nur alle Jubeljahre mal vom Fluss Amur in die Stadt kommt. Dass mit der Stadt stimmt, das mit dem Hinterwäldler nicht. Ich muss aufhören, Leute in Schubladen zu stecken, denke ich, als ich ihn beobachte, wie er auf Zuruf Beatles-Songs mit seiner reibeisernen Tom-Waits-Stimme zum Besten gibt.

Interessant wird es, als plötzlich Amerikaner anreisen, die ihr Zimmer direkt neben der Küche beziehen. Für sie bewahrheitet sich in dem Moment, in dem sie uns erblicken, wohl jedes Klischee, das sie je über Russland gehört haben. Draußen schneit es, drinnen ein wodkabeseelter Mob. Wie der Zufall es will, hat auch Carl aus Michigan eine Gitarre dabei. Sergej fühlt sich herausgefordert. Ein Ami! An diesem Tisch! Sofort fordert er ihn auf zu spielen. Am liebsten Klassiker der amerikanischen Musikgeschichte. Gerne Johnny Cash, Jimi Hendrix oder B. B. King. Blöd für Carl: Er lernt erst seit Kurzem Gitarre. Er kann nicht liefern und muss Sergejs Aufforderungen immer wieder abblocken. Der ist enttäuscht, freut sich aber über seinen neuen Spitznamen: *der sibirische Lou Reed*. Das passt sogar optisch ganz gut. Als der arme Carl es endlich schafft, sich diesem in seinen Augen sicher sehr bedrohlichen Ostertisch zu entziehen, wundert Sergej sich dann doch. »Pah! Carl! Typisch Ami! Große Klappe, nichts dahinter«, meckert er. Gleichzeitig schwingt aber doch Bewunderung mit für das Land, das der Welt die besten Gitarristen geschenkt hat.

Nicht nur Carl ist froh, als der Ostersonntag sich spätabends seinem Ende zuneigt. Auch wir freuen uns auf Ruhe. Sergej hat uns alle prächtig amüsiert, aber irgendwann ist Schluss. Katja sagt, für ihn sei das auch besser, und auch sie selbst habe keine Lust mehr, ständig zu übersetzen. Ihr Vater hatte bereits einen Herzinfarkt, und erst auf der Anreise hat er über seine Angst vor dem nächsten, womöglich finalen Schlag geklagt. Das ist nicht verwunderlich bei diesen energieraubenden Performances. »Ja«, sagt sie, »für ihn waren die letzten Tage sehr aufregend. Er wollte sich und sein Land von der besten Seite präsentieren.«

Als Luisa das hört, schenkt sie ihm eine Klangschale, die wir in einem buddhistischen Bedarfsgeschäft in der Mongolei gekauft haben: Mit einem Holzklöppel bringt man die metallene Schale zum Schwingen, und es erklingt ein beruhigendes Summen. Als Stille einkehrt in unserem Holzhaus, hören wir die Schale für lange Zeit in Sergejs Zimmer vibrieren.

Am nächsten Tag reisen die beiden ab, und das Wetter wird wieder frühlingshaft. Im T-Shirt wandern wir kilometerweit auf dem gefrorenen See. Immer nah am Ufer, denn das Eis knarzt bereits gewaltig. Aber es hält. Wir müssen nur aufpassen, nicht in die Löcher der Angler zu treten, werden wir gewarnt.

Die Dimensionen des Sees sind kaum zu fassen. Zwar können wir das ungefähr 65 Kilometer entfernte Ufer auf der Ostseite sehen, hinter dem die Gipfel des Chamar-Daban-Gebirges spektakulär aufragen, das Nordende des bananenförmigen Baikal können wir aber nicht mal erahnen. Von Süd nach Nord erstreckt sich der See über 636 Kilometer.

Naiverweise hatte ich mir vorgestellt, dass die Eisfläche glatt und eben ist – das Gegenteil ist der Fall. Überall Verwerfungen, kleine Hügel aus Eis und Schnee und, im Frühjahr nicht ungewöhnlich, erste große Risse, die wir umsichtig großräumig umgehen. Die Fläche insgesamt ist keineswegs starr und bewegungslos, wie ich gedacht hatte. Oft merken wir, wie der Untergrund sich deutlich spürbar hebt und senkt und dabei umso lauter ächzt. Obwohl das rettende Ufer keine hundert Meter entfernt ist, ist das einigermaßen unheimlich – aber anscheinend völlig normal, wie wir später erfahren. Die Bewegungen werden ausgelöst durch Strömungen unter dem Eis und, seltener, durch seismische Aktivität, die das Wasser in Bewegung versetzt.

Der See befindet sich oberhalb der hochaktiven Baikal-Riftzone, die durch das Auseinanderdriften zweier Erdplatten, der Eurasischen und der Amur-Platte, entstanden ist und weiterhin wächst. In solchen Momenten frage ich mich, ob ich nicht das Lehramt aus meinem Geografiestudium hätte streichen und das Ganze etwas professioneller angehen sollen. Es muss ungemein spannend sein, diese Gegend mit einem Forschungsauftrag genauer unter die Lupe zu nehmen und dabei der Erdgeschichte auf die Schliche zu kommen. Egal – mit dieser wackeligen Erfahrung werde ich Begeisterung in zukünftigen Geografieklassen entfachen und in ihnen den Forschergeist zum Leben erwecken.

Am Abend kehren wir zurück in unser wohlig beheiztes Holzhaus. Am Küchentisch kein Wodka, kein Bier und auch keine fettigen Dumplings. Dafür: Omul. Ein fettiger, leckerer Fisch aus dem Baikal. Es gibt ihn geräuchert, gebraten, frittiert und als eine Art Hackfisch als Brotaufstrich. Er ist neben Wodka, destilliert mit Baikalwasser, das Hauptexportprodukt der Region. Frische Luft, Omul und Tee und die Geschichte helfen, den österlichen Kater zu überwinden.

Ein paar Tage später hat Katja uns nach Irkutsk eingeladen. Sergej musste leider schon wieder los gen Osten zum Amur. Er ist nicht da und dennoch präsent. Immer wieder schaltet er sich per Videoanruf zu uns. Er wäre so gerne dabei, sagt er, Lieder singen mit den Deutschen. Katja sagt, es sei besser, dass er zu Hause sei. Er war und ist ein großer Entertainer, muss aber unbedingt kürzertreten. Sonst sei bald alles *kaputt*, nutzt sie Sergejs deutsche Lieblingsvokabel. Lunge: *kaputt*. Herz: *kaputt*. Russische Wirtschaft: *kaputt*. Alles *kaputt*, hoffentlich geht die Klangschale nicht *kaputt*, sondern hält ihn noch lange am Leben.

Mit Katja gehen wir in den Rock-'n'-Roll-Pub – eine angesagte Adresse in Irkutsk, wenn man auf Rock steht. Und Katja steht auf Rock. Das hat sie von Sergej, und darüber ist sie sehr froh. Sie mag die Wildheit, die Freiheit, die Selbstbestimmung, die die Musik transportiert. Ein Kontrast zum Leben an der russischen Uni, wo es, besonders in ihrem Studiengang, den man bei uns wohl Kriminalistik nennen würde, sehr diszipliniert zugeht. Dort trägt sie Uniform und muss schon als Studentin Dienst tun auf Demonstrationen, die sie mit Kommilitonen und anderen Sicherheitskräften überwacht. In Irkutsk gibt es häufig Aufmärsche von religiösen Splittergruppen, bei denen es bisher immer friedlich zugegangen ist, wie sie sagt. Ich ertappe mich dabei, wie ich sie in einer Schublade versenke und diese mit *Lakai des Überwachungsstaates* beschrifte. Aber damit tue ich ihr unrecht – sie erklärt uns, sie möchte in erster Linie Verbrechen bekämpfen und dafür sorgen, dass es in der russischen Gesellschaft wieder fairer zugeht. Deshalb ist sie in diesem Studiengang gelandet.

Auf der anderen Seite hat sie dieses Bedürfnis nach Freiheit und sehnt sich, wahrscheinlich ein Resultat jahrelangen Rockkonsums, besonders nach Amerika. So gerne würde sie den Big Apple sehen oder in Miami Beach die Strandpromenade entlangspazieren. Bei aller Rivalität – hier sind die USA noch immer Sehnsuchtsziel, weil sie Selbstverwirklichung versprechen, auch durch Hollywoodfilme. Nicht zuletzt deshalb lernt Katja Englisch. Wer weiß – vielleicht klappt es ja irgendwann mit *Keep on Rockin' in the Free World*.

Diesen Traum teilt sie allerdings mit immer weniger ihrer Altersgenossen. Besonders in den letzten Jahren habe der Nationalismus in Russland spürbar zugenommen. Katja hat sogar schon von Kommilitonen gehört, die angefeindet wurden, weil sie Englisch lernen. Noch schlimmer sei Deutsch, die Sprache der Faschisten. In den Augen einiger grenze das an Landesverrat. »Aber Putin spricht doch auch Deutsch. *Know Your Enemy*«, lasse ich ein Rage-Against-The-Machine-Zitat fallen.

Sonst ist sie immer für einen Witz zu haben – bei diesem Thema nicht. Katja funkelt mich an. Sie wünscht sich eine aufgeschlossene Welt, in der wir nicht die Nation in unserem Gegenüber sehen, sondern den Menschen.

»So wie wir hier und jetzt im Rock-Pub«, rette ich mich.

»Genau so«, antwortet sie.

Und der Pub wacht langsam auf. Ich lasse Luisa und Katja am Tisch und betrachte den Laden genauer. Viel zu politisch, die beiden. Im vorderen Bereich ist Gastro, im hinteren wird getanzt. Stilistisch erinnert mich das alles stark an eine Schülerdisco in den Neunzigerjahren. Ich bin ein Kind dieses Jahrzehnts und auch entsprechend musikalisch sozialisiert. Auf der Tanzfläche ist kein Paartanz angesagt, keine komplizierten Schrittfolgen wie in Kuba oder Kolumbien, nein, hier schwofen Liebhaber der derberen Klänge, vorgetragen von einer eher unterdurchschnittlichen Coverband. Mal introvertiert zu Metallicas *Nothing Else Matters*, dann wild und hemmungslos zu Nirvanas *Smells Like Teen Spirit* und dann verzweifelt anklagend zu *Zombie* von den Cranberries. Das gefällt mir, ganz langsam saugt die Tanzfläche mich auf. Ich habe das Gefühl, mit einem Mal bin ich wieder Teenager und auf einer Klassenfete in meiner alten Schule. Alles hier fühlt sich an wie 1996 auf dem platten Land in Niedersachsen, inklusive dem Bedürfnis nach Aufbruch, Aufbegehren und Rebellion: Raus aus dem Mief, mir kann keiner was! *Take me down to the Paradise City!* Jetzt! Scheiß auf die schlechte Coverband und die ganze Provinzialität, die uns in Norddeutschland und in Irkutsk umgibt. Heute Nacht gehört die Welt uns. Egal, wie weit weg wir sind von allem und wie wenig wir darüber wissen, was cool ist. Jetzt sind wir dran. Yeah!

Eine *Champagne Supernova* fehlt noch zu meiner Glückseligkeit. Schwitzend kehre ich zurück an unseren Tisch. Luisa und Katja amüsieren sich prächtig – erst jetzt bemerke ich die Monitore, die überall hängen und das Geschehen auf der Tanzfläche in den Gastrobereich übertragen. Meine Darbietung sei interessant bis lustig gewesen, attestieren die beiden mir. Ist mir egal, ich bin euphorisiert und spiele mit dem Gedanken, zu Hause in Hamburg Mottopartys zu organisieren: *Back to School!* Tanzen wie damals. Dann fällt mir ein – das gibt es schon: Man nennt es Ü30-Partys.

Zugfahren 3: Irkutsk – Nowosibirsk

Der nächste Tag ist emotional – Katja besteht darauf, uns zum Bahnsteig zu bringen, und überreicht uns als Andenken eine Sonderausgabe einer Hundert-Rubel-Banknote. Darauf ein Snowboarder in Sotschi. Diese Scheine wurden anlässlich der Olympischen Winterspiele 2014 gedruckt. Katja ist stolz darauf, und, die Banknote belegt es, viele andere Russen sind es auch.

Durch dieses Ereignis wollten viele Russen Anschluss finden an die Welt. Die große Politik dahinter ist egal, es geht um Sport, oder nicht?

Als wir da so am Bahnsteig stehen und Luisa und Katja sich herzlich umarmen und in meiner Hand die blaue Banknote im sibirischen Wind flattert, wird mir klar, wie negativ meine Assoziationen zu diesem sportlichen Großereignis sind. Schlagworte wie *Bestechung, Doping* und *Enteignung* hängen in meinem Gedächtnis, in Katjas sind da eher *Völkerverständigung, Fairness* und *Anerkennung*. Diese Diskrepanz sagt viel aus über das deutsch-russische Verhältnis in dieser Zeit, denke ich schwermütig, als Katja uns noch ein paar Anspieltipps russischer Musik mit auf den Weg gibt. Gestern Abend war musikalisch genau nach ihrem Geschmack, aber eben auch sehr amerikanisch bis britpoppig. Für die Fahrt empfiehlt sie Oxxximiron, einen russischen Rapper. Ich habe keine Ahnung, worum es in den Songs geht, bin aber von der ersten Strophe an begeistert. Russisch und Rap – das passt gut: wütend, aggressiv, brutal. Noch bevor wir es uns so richtig gemütlich gemacht haben im Zug, schicke ich diese Analyse an Iwan in Ulan-Ude. Seine Replik ist ein Video der Hamburger Gangsterrapper 187 Strassenbande mit dem Kommentar »*same, same*«.

Platskart heißen die Dritte-Klasse-Waggons in russischen Zügen. Ein Waggon, betreut und überwacht von jeweils einer *Provodnitsa*, ist unterteilt in neun kleine Abteile, in denen jeweils drei Hochbetten stehen. Das ergibt pro Waggon 54 Betten. Die Abteile sind aber keineswegs geschlossen, sondern ein Gang führt durch sie hindurch. Wir erhalten also in den nächsten 32 Stunden bis nach Nowosibirsk exklusiven Einblick in das Leben unserer Mitreisenden und sie in unseres.

Wir sind am Mittag gestartet, und mittlerweile ist es später Nachmittag. Unsere Betten befinden sich am Gang, die Kopfenden in Fahrtrichtung. Da wir nach Westen fahren, ist unsere Seite nach Süden ausgerichtet, und das heißt, dass die Sonne direkt auf unseren Fenstern steht. Obwohl draußen noch vereinzelt Schnee liegt, wärmt sie schon ganz gut. Dazu kommt der Kohleofen, der am Ende eines jeden Waggons hochtourig wummert und das Wasser in einem Samowar für Tee und Fertignudeln erhitzt. Es ist also ausgesprochen heiß in diesem Zug. Gelüftet wird nur spärlich und nur unter Aufsicht der gestrengen *Provodnitsa*.

Vor dem Fenster kämpfen Birken um jeden Sonnenstrahl und mit dem noch halb gefrorenen Boden, damit sie die graubraune, triste Landschaft nach einem langen Winter endlich wieder mit Leben füllen können. In den kleinen Dörfern mit bunten Holzhäusern, die wir passieren, sind ab und zu Menschen zu sehen. Dort eine Frau, die in dicker Winterjacke mit zwei schweren Plastiktüten die Dorfstraße entlanggeht, da ein alter Mann, der über die offene Motorhaube seines alten, rostigen Ladas gebeugt steht. Ein bisschen wirken diese Szenen wie Stillleben aus einer vergangenen Zeit. Alles wird verstärkt von gigantischen Industriebrachen, die der Kulisse einen surrealen Charme verleihen.

Und wie geht es den Bewohnern der Dörfer, die weit abseits der Bahntrasse liegen?

Ein Blick auf die Karte lässt die geradezu fantastischen Dimensionen Sibiriens erahnen. Fast nichts bis hin zum Nordpolarmeer für Tausende Kilometer. Dazu passt, was ein Typ im Rock-Pub Irkutsk zu mir gesagt hat: »Würde man die besiedelten Zonen Russlands zusammenschieben, wäre das Land nicht größer als Belgien.« Ich weiß nicht, wie er gerade auf Belgien kam, der Vergleich hinkt einwohnermäßig doch sehr, seinen Punkt aber verstehe ich mit Blick aus dem Fenster auf die Einöde zwischen den Städten.

Je länger die Fahrt dauert, desto häufiger wechseln unsere Befindlichkeiten zwischen »Ahh, ist das gemütlich!« und »Uuaargh, ich halt's nicht mehr aus!«. Die sich nur langsam verändernde Landschaft (Birken, kleine Dörfer, Birken) wirkt auf Dauer sedierend. Wir fragen uns, ob wir uns entspannen oder ob wir langsam verblöden, bis Luisa sagt: »Guck mal, die Sonne. Seit Stunden steht sie am selben Punkt. Sie geht nicht unter.« Das stimmt. Um halb sieben lag sie in Fahrtrichtung vor uns, knapp über dem Horizont. Jetzt ist es halb zehn, und sie steht immer noch genau dort. Da eröffnet sich schon wieder eine Aufgabe für die Schule. Diesmal für die Mathekollegen:

Wie schnell muss ein Zug auf dem 54. Breitengrad (Hamburg, Irkutsk, Krasnojarsk, Omsk und Nowosibirsk liegen alle zwischen dem 52. und 55. Breitengrad) nach Westen fahren, damit die Sonne immer am selben Punkt am Horizont steht, es also immer dieselbe Uhrzeit ist?

Was für eine schöne Vorstellung: Die Sonne geht nicht unter, der Tag endet nie, wir altern also auch nicht. Wir fragen meinen Arbeits- und Mathekollegen Thomas, ob das möglich ist. Seine Antwort kommt erstaunlich schnell:

Lieber Jan. Ja, das kann man lösen. Das habe ich in wenigen Minuten zusammen: Beim 54. Breitengrad ist der Abstand von der Erdrotationsachse $ro = re \cdot \cos 54°$ (re ist der Erdradius mit ca. 6371 km). ro ist also 3744 km. Daraus lässt sich der Umfang der Erde am 54. Breitengrad berechnen: $u = 2 \cdot Pi \cdot ro = 23529$ km. Daraus ergibt sich für einen Umlauf in 24 h eine Geschwindigkeit von $v = u/24h = 980$ km/h. Ein Zug müsste also diese Geschwindigkeit in der Gegenrichtung der Erdrotation fahren.

Für ewige Jugend müsste unser Zug also ein bisschen beschleunigen. Er kriecht aber mit einer Durchschnittsgeschwindigkeit von gerade mal 58 Stundenkilometern (nach Auskunft eines russischen Eisenbahnfachmanns in unserem Abteil) nach Westen. Es sind also eher die Zeitzonen, die wir durchfahren, und nicht so sehr unsere Geschwindigkeit, die die Sonne am selben Fleck am Horizont stehen lässt. Es ist auch nicht halb zehn, wie unsere Uhren sagen, sondern erst halb neun. Die Zeit vergeht langsam in sibirischen Zügen.

Irgendwann geht die Sonne dann doch unter, aber wir bemerken eine andere Veränderung: Je weiter sich der Zug nach Westen bewegt, desto stärker ändert sich das Odeur im Innern des Abteils: weg von Instant-Nudelgerichten hin zu mehr grober Mettwurst und Ei. Eine Sache aber bleibt gleich: das Outfit der Passagiere. Egal, welchen sozialen Stand jemand außerhalb dieses Abteils innehat – hier spielt er keine Rolle. Alle lurchen in schluffigen Trainingsklamotten, Schlappen und Schlafanzügen durch die Gänge, gähnen und strecken sich, putzen sich die Zähne und gucken dabei sehnsüchtig aus dem Fenster. Um Punkt 22 Uhr geht das Licht aus, und alle liegen in ihren Kojen. Jetzt vereint die Dunkelheit uns alle in menschlichem Mief, einer einzigartigen Komposition aus Furz, Rülps, Schweiß und Essen. Ich weiß nicht, ob es die Sauerstoffarmut ist oder das gleichmäßige Rattern der Schienen, aber man schläft fantastisch in diesen Zügen.

Als wir am nächsten Morgen aufwachen, liegen noch weitere zwölf Stunden Fahrt vor uns. Einige nennen das Monotonie, andere finden Zeit, sich endlich mal mit sich selbst zu beschäftigen, und wieder andere trinken heimlich Alkohol. Ein junger Soldat nippt an einer Plastikflasche. Er tut dies auffällig verstohlen. Das merkt auch die *Provodnitsa*. Her mit der Flasche! Schnüffeltest! Aha, Wodka! Das gibt einen hässlichen Anschiss. Der Wodka ist weg, gemeldet wird der Vorfall aber offenbar nicht.

In den Zügen herrscht Alkoholverbot. Auch das ist eine verhältnismäßig neue Errungenschaft, um den Russen das Trinken abzugewöhnen. Im Laufe der Fahrt merke ich, die *Provodnitsas* verfügen über einen ausgeprägten Beschützerinstinkt. Sie fühlen sich für alle Passagiere in ihrem Abteil verantwortlich. Tanzen einige aus der Reihe, werden sie gemaßregelt – das geschieht aber nur zu ihrem Besten. Ein weiteres Beispiel: Es gibt einen Aufruhr, als am Bahnhof Achinsk 1 jemand zusteigt, der offenbar schon lange kein Bad mehr genommen hat. Beschwerden gehen ein bei der *Provodnitsa*. Sie weiß nicht, was sie tun soll. Doch der Mann riecht derart unangenehm nach nassem Hund und macht insgesamt eine abgerissene Figur in seinen zerschlissenen Klamotten, dass die Beschwerden nicht abebben. Sie muss handeln und dirigiert den Armen in ein anderes Abteil. Die einen atmen auf und versprühen Parfüm, jetzt regt sich jedoch am anderen Ende des Waggons Unmut. Weitere Beschwerden gehen ein.

Die Zugbegleiterin muss sich nun auch als Diplomatin bewähren und als Betreuerin für die arme Seele. Sie gibt ihm Seife und Handtuch und scheucht ihn zum Waschen. Der arme Mann ist völlig besoffen und einigermaßen unkoordiniert. Während er zum Waschraum wankt, stopft die *Provodnitsa* seinen Mantel in einen Sack und wischt mit aggressiven Putzmitteln seine Bank ab. Als der Mann zurückkommt, setzt er sich, eingeschüchtert von den bellenden Befehlen der resoluten Uniformierten, schweigend in seine Ecke. Einige Stunden später setzt langsam die wundersame Wandlung ein. Er wurde innerhalb weniger Stunden von der Zugbegleiterin erfolgreich resozialisiert. Plötzlich quatscht er mit allen, lacht und wird mit literweise Tee versorgt, der ihn wieder auf die Beine bringt. Jeder einzelne Waggon dieser endlos langen Züge, die das weite Russland Tag für Tag durchschneiden, beherbergt einen Engel, der alle Menschen liebt – ist die Assoziation, die ich plötzlich habe.

Kurze Zeit später erreichen wir unser Ziel, geben artig unser Bettzeug ab und werden von der *Provodnitsa* freundlich in den trüben und nass-klammen Nowosibirsker Abend entlassen.

Nowosibirsk

Bestimmt hat die Stadt ihre Momente. Wir haben verstanden, dass jeder vordergründig noch so hässliche Ort seine schönen und warmen Flecken hat. Sie liegen meistens etwas versteckt und abseits, aber mit ein bisschen Geduld haben wir sie bis jetzt noch immer gefunden. Das Problem in Nowosibirsk ist: Hier wollen wir sie gar nicht finden. Wir wollen genau das Nowosibirsk, das bereits in den Schubladen in unseren Köpfen ist. Die Stadt, die im ausgehenden 19. Jahrhundert als Brückenkopf im rohstoffreichen Osten Russlands gegründet wurde, die 1919 Bürgerkriegsschauplatz in den Wirren nach der Oktoberrevolution 1917 war, die unter Stalin zur Industriestadt *Neu-Sibirien* (Nowosibirsk) umbenannt wurde und in die sich nach dem deutschen Überfall auf Russland Hunderttausende Menschen aus Westen flüchteten, ist für mich gleichbedeutend mit *morbidem sowjetischen Industriecharme*: grau, düster, die Straßen voller gedrungener Gestalten und auf jedem Platz ein Monument aus Stein. Und genau das bekommen wir.

Wir finden Helden der Revolution, einen weiteren Lenin (Stalin würde besser passen), heroische Arbeiter und Kriegsveteranen, allesamt in Stein gemeißelt. Oh, Russland, du Land der Monumente. Weiterhin finden wir unter einem tief hängenden Himmel in bleigrauer Farbe sich die Gehwege entlangschleppende alte Frauen mit schweren Tragetaschen, wir finden mühsam und keuchend durch die Stadt scheppernde Omnibusse und triste Einkaufszentren.

Am nächsten Tag finden wir am Ufer des Ob zwei junge Mädels, die in nasskaltem Wetter bei Temperaturen um zehn Grad aus ihrem rostigen Kleinwagen steigen, ihre Mäntel ausziehen und leicht bekleidet körperbetonte Selfies an der betongrauen, schlaglochübersäten Flusspromenade machen. Oh, Nowosibirsk, das ist alles so trist, und, vielen Dank für die Bestätigung, es ist genau das, was ohnehin schon in unseren Köpfen war. In der U-Bahn fühlt es sich an, als würden wir durch den Untergrund des Landes zu Zeiten des Kalten Krieges fahren. Sie ist alt und rumpelig, die Ticketverkäuferinnen an den Eingängen uniformiert und klischeehaft grimmig, und die Fahrgäste wirken streng in sich gekehrt. Nur die Werbung für Waschmittel und Unterwäsche ist neu und sorgt für Farbe.

In einem кафé, einem Café mit einem schweren Tresen aus dunklem Holz und einer Bedienung dahinter, deren Mundwinkel von einer unsichtbaren Kraft nach unten gezogen zu werden scheinen, kriegen wir Rotebeetesuppe mit Brot, die satt macht, aber nicht glücklich. Draußen stehen Wohnblocks in Grau, dazwischen Bürgersteige mit tiefen Löchern und immer wieder Frauen, die müde Tragetaschen schleppen. Dann eine Kneipe. Wir gehen rein und treffen auf schlechte Laune. Graue Gestalten halten sich an ihrem Bier fest. Plötzlich schält sich eine Frohnatur aus der Masse. Der erste Mensch, der uns mit seinem Lachen verzaubert. Er strahlt und grinst über beide Ohren. Er kommt auf uns zu und erzählt unaufgefordert, dass er gerade zwei Wochen Urlaub mache in seiner alten Heimat. Den Rest des Jahres wohne er nun in Thailand, frohlockt er.

Oh, Nowosibirsk, ich weiß, du kannst sicher auch anders, aber leider haben wir nicht die Zeit, dir ein paar spannende Geheimnisse abzuringen.

Die *Provodnitsa* des Waggons, in dem wir die nächsten 35 Stunden verbringen werden, begrüßt uns gewohnt unterkühlt. Wir sind bereits Routiniers des russischen Schienenverkehrs, legen uns am Morgen der Abfahrt in unsere Betten, gucken dösend aus dem Fenster, wundern uns, dass irgendwo jenseits südlich unseres Fensters das nicht eben kleine Land Kasachstan vorbeizieht, lesen Bücher und brühen Tee auf. Kasachstan. Dieser Abstecher war nicht drin, obwohl Vasil, einer meiner Schüler aus der 10d, von dort kommt. Dann irgendwann ist es zehn Uhr abends, und das Licht geht aus. Schlafenszeit.

Als wir erwachen, ist Kasachstan noch immer südlich von uns, und mir fällt ein, warum wir das Land auslassen. Es ist zu groß, um nur mal eben vorbeizuschauen, und es hat sicher mehr Zeit verdient. Wir lesen weiter Bücher und brühen Tee auf. Noch ein bisschen südlicher, hinter Kasachstan und dem Kaspischen Meer entlang dieses Längengrades, befindet sich jetzt Teheran. Die Stadt, in der ich vor ziemlich genau neun Monaten diese Reise begann. Ich kann es nicht fassen. In meiner Koje gerate ich ins Grübeln, werde melancholisch und fühle tiefe Dankbarkeit. So viele Kilometer, so viele Länder und vor allem so viele Menschen. Alle verschieden, alle auf ihre Weise inspirierend. In diesem Bett mit Blick aus diesem Fenster auf russische Birken bin ich zutiefst gerührt von der Herzlichkeit, mit der mir die Welt in den letzten Monaten begegnet ist. Ich schlafe ein, und als ich aufwache, ist es Zeit, das Bettzeug abzugeben.

Kasan ist ein unbeschriebenes Blatt für uns. Kein Vorurteil, kein Bild im Kopf von dieser Stadt an der Wolga, die immerhin die Hauptstadt der autonomen Republik Tatarstan ist. Sie wird voller Überraschungen sein. Aber Moment mal – der Reiseführer von Agata und Sweta fällt mir ein, der irgendwo tief unten in meinem Rucksack schlummert. Ich krame ihn heraus und lese vor: »In Kasan kommen Asien und Europa zusammen und außerdem orthodoxe Christen und Muslime.« Immerhin zwei riesige Kontinente und zwei Weltreligionen! Die Stadt sei ein Mix aus vielen Kulturen mit jeder Menge Möglichkeiten zum Chillen, heißt es weiterhin. Chillen ist wichtig – nicht nur für Schüler. Wir freuen uns und sind schon jetzt überrascht von der Vielfalt Russlands und seinen autonomen Teilrepubliken mit ihren sehr unterschiedlichen Bewohnern. Ich habe Russland unrecht getan, weil ich bisher geglaubt hatte, es handele sich noch immer um ein streng zentralistisch organisiertes Gebilde, in dem alle Entscheidungsgewalt von Moskau ausgeht. Dabei sind die Teilrepubliken für die Menschen mindestens genauso identitätsstiftend wie der Kreml in Moskau. Wahrscheinlich sogar stärker. Oft haben wir gehört, dass sich jemand zunächst als *Burjatier, Mari El, Baschkire* oder eben *Tatare* fühlt und erst dann als Russe. Besonders oft ist das wohl der Fall in Burjatien südlich des Baikal und jetzt in Tatarstan. Dazu passt die schier unendliche Sprachenvielfalt.

Russisch ist im ganzen Land erste Amtssprache, aber in den Teilrepubliken und kleineren Verwaltungseinheiten des Landes werden über hundert Sprachen aktiv gesprochen. In Tatarstan unter anderem *Mordwinisch, Udmurtisch, Mari* und, na klar, *Tatarisch.*

Ich hatte ja keine Ahnung.

Unser Zug hält am neuen Bahnhof Kasan 2. Er liegt etwas außerhalb der Stadt und ist mit einer hochmodernen U-Bahn ans Zentrum angebunden. Kein Vergleich zu den zweifellos charmanten, aber auch runtergerockten Untergrundzügen in Nowosibirsk. Alles neu, alles auf Hochglanz. Besucher sollen merken: In Tatarstan geht was. Kasan will den Aufbruch in die Zukunft, die Fußball-WM und weitere Sportereignisse, die ihr folgen sollen und für die hier massiv geworben wird. Kasan will die ganz große Bühne.

Als wir in der Innenstadt aussteigen, geraten wir in ein buntes Volksfest auf dem zentralen Platz, der benannt ist nach dem tatarischen Dichter Ğabdulla Tuqay. Er ist getaucht in das Rot und Grün der autonomen Republik. Junge und Alte tragen aufwendige Trachten, und auf einer Bühne spielt eine tatarische Folkloreband, die vielmehr nach den Steppen der Mongolei klingt und ein bisschen nach traditioneller türkischer als nach russischer Musik. Unheimlich fröhlich und lebendig ist die Musik, und das Fest aufgedreht und heiter. Die Bauman-Straße, benannt nach dem russischen Revolutionshelden Nikolai Bauman, führt vom Tuqay-Platz in nordwestlicher Richtung vorbei an wunderschönen Fassaden, hinter denen sich hübsche Restaurants und Cafés verbergen. Überall freundliche und zuvorkommende Menschen. Das alles ist mehr als überraschend und lädt tatsächlich zum Chillen ein. Ist Kasan ein Potemkinsches Dorf, das seinen Besuchern ein geschöntes Bild von der Provinz vermitteln soll, wie es schon Katharina die Große auf ihren Reisen durch das Land zu sehen bekam?

Weit gefehlt. Die Vielfalt erklärt sich so: Im ersten Jahrtausend legten meistens türkischstämmige Wolgabulgaren den Grundstein für das bulgarische Großreich. Dieses befand sich nicht, wie man denken könnte, im heutigen Bulgarien, sondern nördlich des Schwarzen Meeres, also auch im Bereich Kasans.

Turksprachige Völker finden sich heute bis weit in den sibirischen Osten und südlich bis in die Mongolei, in deren Weiten sich uns ein traditionell gewandeter Nomade mit den Worten, er sei Kasache, also Türke und kein Mongole, vorstellte. So weit, so verwirrend, bis wir verstanden, dass er mit *Kasache* das Turkvolk meinte, das sowohl in Kasachstan lebt als auch in anderen Teilen Zentralasiens. In Kasan finden sich Spuren, nein, nicht Spuren, es findet sich Leben türkischen, mongolischen und russischen Ursprungs. Man höre die tatarische Musik, lausche dem Muezzin in Kasans prächtiger Kul-Scharif-Moschee und bewundere die orthodoxen Kirchen.

Die Moschee befindet sich unmittelbar neben der Mariä-Verkündigungs-Kathedrale, erbaut im 16. Jahrhundert von den Leuten Iwans des Schrecklichen, der Tatarstan in langen Kriegen unter russische Herrschaft brachte, aber offenbar nicht vollends russisieren konnte. Heute ist Kasan stolz auf das friedliche Nebeneinander unterschiedlicher Religionen, Kulturen und Sprachen. Die Vielfalt ist hier ein Markenzeichen. Luisa und mir kommt die Stadt sehr entspannt, ansehnlich und irgendwie sanft und harmonisch vor. Die Zugfahrt hierher hat einiges verändert. Wir sind südlich am Ural vorbeigefahren und haben dabei die geografische Grenze von Asien nach Europa überquert. Wir merken, Sibirien, also alles, was jenseits des Gebirges liegt, ist weit weg für die Menschen in Kasan. Sie fühlen sich europäisch. Für uns ist plötzlich alles anders und doch seltsam vertraut nach einer langen Reise durch Russlands Osten. Einerseits schön, andererseits haben wir das Gefühl, uns zu schnell unserem Zuhause zu nähern.

Im religiös-kulturellen Themenpark rund um die beiden eindrucksvollen Gotteshäuser, dem Kasaner Kreml, gibt es viele Museen. Im Nationalmuseum sind wir die einzigen Besucher. Einzelne Räume beschäftigen sich mit der Frühgeschichte der

Region und ihrer Geschichte bis in die Gegenwart. Ziemlich süß sind die älteren Damen, die, jeweils für einen verwaisten Raum verantwortlich, auf Holzstühlen der Besucher harren. Erspähen sie uns, springen sie sofort auf, beginnen einen offenbar einstudierten Monolog, bis sie verstehen, dass wir sie gar nicht verstehen. Dann hangeln sie sich mit uns nonverbal lachend an den Exponaten entlang, um uns dann in die Obhut einer Kollegin im nächsten Raum zu übergeben und sich selbst wieder hinzusetzen.

Einen Schwerpunkt widmet das Museum der Geologie. Und das nicht ohne Grund. Haarklein wird erklärt, wie Erdöl und Gas entstehen, wie man sie abbaut und was man am Ende davon hat. Tatarstan ist nicht zuletzt wegen der Bodenschätze zu einer der reichsten Teilrepubliken Russlands geworden. Interessant. Bevor wir das Museum verlassen, machen wir mit den Omis, die alles so süß erklären, ein Selfie.

Nebenan geraten wir in eine völlig andere Veranstaltung. Vor der Nationalgalerie lernen wir Irina kennen. Eine junge und selbstbewusste Frau, die gerade damit beschäftigt ist, im Auftrag des renommierten Moskauer Tretjakow-Museums eine Vernissage vorzubereiten. Ausgestellt werden russische Meister, alles Leihgaben aus der Hauptstadt, wie sie erzählt. Uns scheint sie für ausgewiesene Fachleute zu halten, dabei standen wir nur rum und haben uns – interessiert, aber ohne Wissen – vor dem imposanten Gebäude umgesehen. Eigentlich nicht mal das. Wir haben einen alten, rostigen Kleinbus vor der Tür begutachtet, einen UAZ aus sowjetischer Produktion, und uns ausgemalt, wie es wäre, mit dieser Karre von hier wieder gen Osten aufzubrechen. Die ganze Strecke noch mal retour auf der Straße. Aus diesen Abenteuertagträumen reißt uns Irina.

Sie erzählt in fließendem Englisch über die Ausstellung vorrevolutionärer Künstler und schreibt uns auf die Gästeliste für die exklusive Eröffnungsveranstaltung heute Abend. Einfach so. Wie überaus freundlich. Sofort haben wir das Gefühl, uns bis heute Abend in russische Kunst einlesen und vor allem unsere mittlerweile doch sehr mitgenommene Garderobe auf Vordermann bringen zu müssen. Wir fühlen uns noch sibirisch wild, wirken aber offenbar kulturbeflissen genug für eine exklusive Vernissage in Kasan. Erfreulich.

Am Nachmittag lernen wir tatsächlich russische Maler in unserem Hostel: Falk, Lentulow, Schewtschenkow, Roerich. Wir stellen fest, dass es unheimlich beeindruckend klingt, diese Namen beiläufig fallen zu lassen. Die Kunst wird sein, sich nicht in weitere Gespräche verstricken oder gar zu ebenso sinnlosen wie banausenhaften Vergleichen wie etwa »Dieser Lentulow erinnert mich stark an den jungen Chagall« hinreißen zu lassen. Das könnte unser Entree in die Kasaner Gesellschaft schnell beenden. Zumindest meins, bisher hatte ich Schewtschenkow lediglich als ukrainischen Fußballer in Erinnerung. Zu solchen Gesprächen wird es zum Glück nicht kommen.

Irina, im hippen Schlabberlook von heute Morgen, empfängt uns am Eingang zusammen mit vielen anderen Menschen, die zumeist in Abendkleidung der Vernissage entgegenfiebern. Die Moskauerin macht sich sogleich lustig. Die Provinzialität Kasans sei nicht zu ertragen. All die Möchtegernexperten, die hier rumliefen und meinten, sie wüssten Bescheid. »Guckt euch mal um«, sagt sie, »die Leute haben keine Ahnung. Zum Glück sitze ich morgen früh in der ersten Maschine zurück nach Moskau.« Ein hartes Urteil, wie ich finde. Schließlich freuen die Kasaner sich, dass sie teilhaben dürfen am künstlerischen Erbe Russlands. Was würde Irina erst sagen, müsste sie eine Ausstellung in Irkutsk organisieren oder in Nowosibirsk?

Die Veranstaltung selbst ist wirklich gelungen. »Die russischen Meister haben nichts von ihrem Glanz verloren.« Das ist ein Satz, nichtssagend genug, dass ich ihn an dieser Stelle fallen lassen kann, ohne mich zu blamieren. Luisa und ich betrachten auch eher die Kasaner Elite, die hier zusammengekommen ist und die so hart abgeurteilt wurde von der Moskauer Kuratorin Irina. Offenbar freuen sie sich über die Kooperation mit dem berühmten Tretjakow-Museum und die Gelegenheit, weltberühmte Werke in ihrer Stadt sehen zu können. Nur zu verständlich.

Nach der Vernissage begleiten wir Irina und ihre Kollegen in eine Bar in der Innenstadt. Alles sehr loungig und gediegen, ganz anders als der rustikale Irkutsker Rock-Pub. Es gibt hippes Craft Beer, Schaumwein und einen lässigen DJ. An der Bar steht Iwan, ein Hipstertyp mit Vollbart. Rein von der Optik her könnten wir auch in einem Club in Berlin, New York oder Paris stehen. Mit Iwan komme ich ins Gespräch und berichte ihm über den Iwan, den wir in Ulan-Ude getroffen haben. Den Ulan-Ude-Iwan. Der hatte gesagt, das Russische habe keine Dialekte. Man könne aufgrund der Aussprache nicht sagen, ob jemand aus Chita, Nischni Nowgorod, Rostow oder Sankt Petersburg komme. Als Kasan-Iwan das hört, brüllt er vor Lachen. »Huu-uaaarrrhh, huaaaarrrhh! Den Mongolen erkenne ich schon nach dem ersten Wort«, kriegt er sich nicht mehr ein.

Ulan-Ude-Iwan ist Linguist, und ich hatte gedacht, er habe Ahnung. Er denkt das wahrscheinlich auch, und ich hoffe, das bleibt so. Obwohl er seinen Irrtum spätestens dann bemerken wird, wenn er mal im Land rumkommt. Ich hoffe auch, dass Kasan-Iwan nicht herausfindet, was die Moskauerin Irina von der Stadt hält, die er nicht müde wird zu preisen. In Russland scheint es ein krasses hierarchisches Ansehensgefälle von West nach Ost zu geben.

Ich bin gespannt, wie das in Moskau weitergeht.

Keine besonderen Vorkommnisse. Außer der herzallerliebste Opa auf dem Weg zu seiner Tochter, der uns mit von seiner Frau selbst gemachten Blinys, russischen Pfannkuchen, versorgt, und der Nervosität unserer Mitreisenden aus den fernen Ostgebieten Russlands, die immer spürbarer wird, je näher wir uns der Hauptstadt nähern. Sie überträgt sich auf uns: »Oh, mein Gott! Moskau!«

Moskau

Wir kommen frühmorgens an am Jaroslawler Bahnhof im Osten der Stadt und merken sofort: Wir sind in einer Metropole: Alles ist überdimensional groß, die Menschen eilen zielstrebig die Gleise entlang ihren unsichtbaren Zielen entgegen, nur die Neunankömmlinge aus dem fernen Osten, die gemeinsam mit uns aus dem Zug steigen, wirken orientierungslos. Mit ihren riesigen Tragetaschen stehen sie an den Bahnsteigen, schauen sich unsicher um und wirken, als wüssten sie nicht weiter, jetzt, da sie das große Ziel erreicht haben. Genau wie wir.

Es dauert eine Weile, bis wir die richtige Metrostation finden. *Komsomolskaja* heißt sie und ist pompös geschmückt mit aufwendigen Ornamenten. Beleuchtet werden ihre weiten Korridore von ausladenden Kronleuchtern. Paläste fürs Volk sollten die Stationen sein, gab Bauherr Stalin einst vor. Die Bürger sollten in ihnen die Größe der Sowjetunion erkennen und eine Idee von ihrer großen Zukunft bekommen. In vielen Stationen finden sich sozialistische Utopien in Form von überlebensgroßen Mosaiken. Strahlende Arbeiterinnen und Arbeiter in Fabriken, entschlossene Soldatinnen und hoffnungsfrohe landwirtschaftliche Kolchosen. Ich kann nicht sagen, ob die Größe und die Zukunft im Sinne des Erfinders abgebildet wurden, wohl aber, dass die Metrostationen sehr eindrucksvoll sind. Auch die Namen der Stationen sind Ehrfurcht einflößend und haben trotzdem durch das Suffix -skaja einen angenehmen und vor allem einen irgendwie großartigen Klang: *Marxistskaja*, *Dostojewskaja*, *Tschechowskaja* oder *Puschkinskaja*. Unsere Station heißt *Tsvetnoy Boulevard*. Kein -skaja, aber immerhin. Hier gibt es auch Mosaike, allerdings sind die Motive nicht ganz so kunstvoll, und die Beleuchtung kommt eher konventionell daher. Keine Kronleuchter, wie man sie bei Peter dem Großen bei Hofe erwarten würde, sondern Lüster pragmatischer Machart. Trotzdem ist auch diese Station etwas Besonderes. Weil die Bahnhöfe noch einen weiteren Zweck erfüllen sollen, nämlich den Bürgern Moskaus Schutz bieten bei möglichen Bombenangriffen, liegen sie besonders tief unter der Erde. Entsprechend weit ist die Fahrt über mehrere lange Rolltreppen zurück ins Tageslicht. Ich ertappe mich dabei, wie ich in diesen Minuten unwillkürlich die Melodie der russischen Nationalhymne brumme wie ein sibirischer Bär. MmmhmmmhmmmhmmmhmmMmmmhmmmmhh. Und so weiter.

Etwas abseits des Zwetnoi-Boulevards liegt das *Godzillas Hostel* in den Stockwerken zwei bis fünf eines hübschen Altbaus, in das wir uns rechtzeitig eingemietet haben. Zum Glück, denn die Stadt bereitet sich auf den Nationalfeiertag am 9. Mai, den Tag des Sieges über den deutschen Faschismus, vor. Iwan aus Omsk arbeitet und wohnt hier gleichzeitig. Er möchte aber lieber englisch Ewan angesprochen werden. Wie Ewan McGregor, wie er sagt. Schon der dritte Iwan und nach Ulan-Ude der zweite Iwan mit einer Hollywood-Affinität. Vom Tag der Arbeit am 1. bis zum Tag des Sieges am 9. Mai ist in der Hauptstadt normalerweise alles ausgebucht. Wir seien sehr schlau, dass wir rechtzeitig gebucht hätten, lobt er uns, während er uns in die Geheimnisse der Kaffeeküche einweiht. Als wir damit fertig sind, fängt er mit gepflegtem Heimat- und Provinzbashing an. Das Schönste an Omsk sei der Bahnhof, sagt er, und das Beste an dem wirklich imposanten Gebäude, an dem auch wir vorgefahren sind, sei, dass man nicht mal aus dem Zug steigen müsse, um es zu bewundern.

Wir hatten tatsächlich kurz mit dem Gedanken gespielt, Ewans Heimatstadt einen Besuch für einige Tage abzustatten. Er winkt ab und stöhnt gequält bei dem Gedanken an seine sibirische Heimat. Es gibt wirklich eine tiefe Kluft zwischen der Provinz und den großen Städten. Vom *Godzillas Hostel* sei es ein entspannter Spaziergang bis zum Roten Platz, schlägt Ewan vor. Ideal, um das Zentrum der Stadt zu erkunden. Den Vorschlag nehmen wir gerne an und merken schnell, dass es eine besondere Zeit ist, um in Moskau zu sein. Als wir noch mit Ewan auf dem Bürgersteig stehen, donnern Kampfflugzeuge über unsere Köpfe hinweg und ziehen dabei die Trikolore Russlands hinter sich her. »Sie üben für den Tag des Sieges über euch Deutsche«, witzelt der Omsker Exilant uns hinterher.

Wir gehen los und sind sofort angetan von der großen Stadt. In Moskau hat sich der Frühling nun endgültig durchgesetzt, es ist warm, und die Bäume zieren die Parks und Alleen mit dem zarten Grün noch junger Blätter. Die grobe Richtung gibt der Rote Platz vor. Auf dem Weg dorthin treiben wir mal hier entlang, mal dort, frühstücken spät für einen exorbitant hohen Preis in einem schicken Draußencafé. Hier sitzt es sich herrlich. Flaneure laufen vorbei, und wir beurteilen ihren Style. Schnell sehen wir ein: Wir können nicht mithalten. Der Osten hat uns wild gemacht, und wild wollen wir eigentlich auch bleiben. Dieser Großstadtvibe hat trotzdem was. Auf jeden Fall, wenn man nicht mitmachen muss, weil man nur Besucher ist. Ein Stück die Nikolskaja-Straße hinunter finden wir dann die Läden, in denen sich kleidet, wer etwas auf sich hält: Louis Vuitton, Prada, Gucci, Hugo Boss – der ganze überteuerte globale Einheitskrams, über den ich mich immer wundere und mich frage, was ihn eigentlich so attraktiv macht. Die Konsumparade endet am Luxuskaufhaus *GUM* am Roten Platz, so ziemlich genau gegenüber Lenins Mausoleum. Diese Frage wurde sicher schon zehntausendfach gestellt, ich stelle sie noch mal: Was würde der rote Revolutionär dazu sagen? Rotiert er in seinem gläsernen Sarg und löst die leichten Vibrationen aus, die auf der Straße spürbar sind? Vielleicht. Vielleicht ist dafür aber auch die U-Bahn oder eine Baustelle verantwortlich. Wir können das nicht überprüfen, das Mausoleum ist heute geschlossen – angeblich um der Leiche ein Facelift zu verpassen.

Der Rote Platz ist auch ohne Lenin eindrucksvoll. Im Norden das bombastische Historische Museum mit roter Backsteinfassade, auf der Südseite die Basilius-Kathedrale mit ihren Zwiebeltürmen, die, obwohl schon tausendmal auf Fotos gesehen, in echt noch mal spektakulärer ist. Sie lässt die Betrachter zunächst, auch uns, vor Ehrfurcht erstarren. Dann zücken alle ihre Kameras, um das Bauwerk von allen Seiten zu fotografieren und, noch wichtiger, Selfies zu machen. Wir verbringen eine geschlagene Stunde damit, uns vor der Kathedrale in Szene zu setzen, und werden dabei unterstützt von einem Moskauer Hobbyfotografen, der in seiner Freizeit aus Spaß und Interesse mit Touristen schnackt und sie knipst.

Die nächste Stunde verbringen wir damit, die Menschenmassen auf dem Platz zu betrachten und die Vorbereitungen für die Militärparade, die hier in ein paar Tagen stattfinden wird, zu beobachten. Es werden viele russische Fahnen ausgerollt, Scheinwerfer angebracht, Lautsprecher installiert, und eine große Tribüne an der Kremlmauer wird errichtet. Überwacht wird all das von viel Polizei, die die Massen professionell und unterkühlt in die Straßen der Umgebung kanalisiert. Wir werden in Richtung des nahe gelegenen Bolschoi-Theaters gelenkt. Beim Anblick dieses majestätischen Gebäudes sind wir sofort angefixt – schließlich sind wir geradezu so etwas wie Fachleute des Balletts, seit wir eingeladen waren zu dem weihnachtlichen Auftritt meiner Ballettschülerinnen Maria, Mi-Sun und Clara im Internat der Ballettschule von John Neumeier. Aber wie an Karten kommen? Unser Zeitfenster ist klein.

Luisa ist gut in so was. Schnell treibt sie etwas abseits des Theaters einen ungeheuer dicken Mann auf, der sich als windiger Tickethändler entpuppt. Heute und morgen gehe nichts mehr, aber übermorgen für *Das Goldene Zeitalter*, oder genauer Золотой век, *Solotoi wek*, von Dmitri Schostakowitsch habe er noch zwei Tickets. Er nennt einen Preis. 8000 Rubel (circa 110 Euro) pro Kopf und Nase. Das ist teuer in Anbetracht der Tatsache, dass Ballett in Russland noch immer Unterhaltung fürs Volk ist und auf der Website Preise für maximal 7000 angegeben werden. Der Dicke gibt sich nicht verhandlungsbereit, aber Luisa ist wirklich gut. Sie packt ihn bei seiner Ehre und seinem Lokalpatriotismus. Er wolle doch auch, dass die Besucher Moskaus nur das Beste dieser Stadt zu sehen bekämen, oder nicht? Sicher, lenkt er ein, aber er habe auch seine Kosten. Ich merke, er wird weich. Außerdem merke ich, dass ich als Verhandlungspartner keine Rolle spiele, und ziehe mich ein paar Meter zurück. Das Spiel geht jetzt hin und her – beide gestikulieren wild, stülpen das Innere aus ihren Taschen, um zu zeigen, dass sie leer sind (Luisa), oder weisen mit ausladender Geste auf das tolle Theater und fuchteln mit den Karten herum (der dicke Mann). Nach einer Weile hält Luisa triumphierend zwei Karten in die Höhe, erworben für umgerechnet vierzig Euro das Stück. Wir sind uns nicht sicher, ob der dicke Mann auch triumphiert, ist aber auch egal, wir freuen uns, dass wir trotz Feiertagswoche eine Aufführung in diesem einzigartigen Theater sehen dürfen.

In den nächsten Tagen spulen wir das klassische Touristenprogramm ab, bis wir auf eine Ausstellung treffen, die uns nachhaltig beeindruckt. Sie findet statt in der *Manege*, einem Museum im Zentrum nicht weit vom Kreml und Roten Platz, gemeinsam organisiert von russischen und deutschen Kulturinstituten. Diese Ausstellung kommt ganz ohne optische Reize aus. Auf zwei Stuhlreihen, die sich gegenüberstehen, können Besucher nachgesprochenen Gesprächsprotokollen von Beteiligten des Zweiten Weltkriegs über Kopfhörer lauschen. Auf der einen Seite die Nazis, auf der anderen die Sowjets. Was wir da zu hören bekommen, ist haarsträubend. Deutsche Soldaten, die in Gefangenschaft abgehört wurden, erzählen sich untereinander freimütig von Massenerschießungen in Dörfern, von Befehlen, die Zivilbevölkerung nicht nur einzuschüchtern, sondern sie auszuradieren. Sie berichten davon, wie das im Detail aussah, und ich beginne, endgültig zu begreifen, weshalb der Begriff *Faschismus* in der Leserschaft der russischen Presse so verfängt. Dass er sogar bis in meine Schulklassen in Hamburg trägt, wo ich ihm im Zusammenhang mit westlichen Interventionen in der Ukraine ab und zu begegnet bin: Genaue Angaben gibt es nicht, verschiedene Quellen haben unterschiedliche Zahlen, aber die Zahl 27 Millionen von Faschisten ermordeter Sowjetbürger und gefallener Rotarmisten taucht immer wieder auf. Wie auch immer die genaue Zahl lauten mag, sie ist sowieso nicht zu fassen. Die Mörder kamen von Westen – daran erinnern sich noch heute viele Zeitzeugen, und es ist wohl nicht völlig abwegig, zu sagen, dass die allermeisten Familien zwischen Minsk und Moskau Opfer zu beklagen hatten. Das wirkt ganz sicher bis heute nach und wird es auch in Zukunft tun, genauso wie die Angst vor *dem Russen*, die in Deutschland immer wieder mitschwingt. Solche

Ausstellungen sollten viel stärker gefördert werden – nur so können Russen und Deutsche über das Thema ins Gespräch kommen und Ressentiments dauerhaft abbauen. Besonders als wir das Museum verlassen und plötzlich vor dem nahe gelegenen Grab des unbekannten Soldaten an der Kremlmauer stehen, umgeben von patriotisch aufgeladenen Schulklassen, die dem Ort ihre Ehre erweisen, wird das eindrücklich klar.

Auch Ewan im *Godzillas Hostel* bestätigt das. Er sagt, auf beiden Seiten müssten alle wissen, was passiert sei, dann verstünden wir uns besser. Er sagt auch, dass der Krieg erst wirklich zu Ende sei, wenn der letzte Überlebende abtrete. Ab dann bleibe nur noch die Erinnerungskultur, und wir dürften nicht zulassen, dass die falschen Leute, egal, auf welcher Seite, die Deutungshoheit darüber übernehmen. Dem können wir nur zustimmen.

Der Abend im Bolschoi beginnt enttäuschend. Erwartungsfroh laufen wir auf das prächtige Gebäude zu, nur um dort zu erfahren, dass hier an diesem Abend eine Oper stattfindet. Das Ballett laufe im Gebäude nebenan, erklärt man uns am Einlass. Vor einem anderen Hintergrund wäre auch das Neue Theater eindrucksvoll, nicht aber neben dem historischen Bolschoi-Palast. Hier wirkt es wie ein hässliches Entlein – aber genauso wie das hässliche Entlein im Märchen entpuppt sich auch das neue Bolschoi-Theater im Innern als ein echter Hingucker. Und das Stück ist reizvoll, sowohl künstlerisch als auch mit seiner fast holzschnittartigen sozialhistorischen Lehrweisheit. Es geht um die Keuschheit eines kommunistischen Mädchens, das den Verlockungen des gaunerhaften Kapitalismus in Form mehrerer zwielichtiger Verehrer widersteht. Das Bühnenbild wechselt dabei ständig von einem rauchigen und sündigen Tanzlokal zum unschuldigen und arbeitsreichen Leben auf dem Land der Sowjetunion. Diese Art Nostalgie erfreut sich scheinbar großer

Beliebtheit. Vielleicht, weil in der Realität die Gauner gewonnen haben und die Unschuld auf dem Lande nicht mehr existiert, es hier aber genau andersrum ist.

Nach dem Besuch im Theater landen wir auf einem Abendspaziergang durch die milde Moskauer Nacht in einer Bar. So langsam begreifen wir, dass diese Nacht unsere letzte in Russland sein wird. Keine Zugfahrt mehr, kein Abenteuer. Wir wollten eigentlich langsam und bedächtig durch Weißrussland und Polen nach Berlin fahren. Aber leider geht das nur mit einem weißrussischen Visum, das teuer ist und zudem nicht vor Ablauf unserer russischen Aufenthaltsgenehmigung zu haben ist. Das Konsulat hat aufgrund der Feiertage geschlossen. Ein deutscher Pass bringt einen zwar weiter als fast[9] jeder andere – ironischerweise kommt er jedoch mitten in Europa an eine Grenze. Eigentlich gar nicht schlecht, konstatieren wir an der Bar, weil es uns deutlich macht, dass diese Art Reise, wie wir sie unternommen haben, für die Mehrzahl der Weltbürger nicht nur finanziell schwierig ist, sie ist allein schon aufgrund hürdenreicher Einreisebestimmungen in die allermeisten Länder ausgesprochen kompliziert. Wir sind also einerseits dankbar und glücklich über das Erlebte, andererseits aber auch melancholisch, weil bald alles vorbei sein wird. Dazu passt die Bar.

Ein langer und edler Tresen, dahinter eine Regalwand voller Spirituosen und elegant gekleidetes Barpersonal. Die Stimmung ist nicht heiter und gelöst, nein, sie ist nachdenklich und verhalten. Die Menschen, die mit uns am Tresen sitzen, unterhalten sich gedämpft und rühren schweigend in ihren Getränken herum. Auch die Musik plätschert lustlos dahin. Das Setting erinnert mich an Billy Joels *Piano Man:*

---

9 Südkoreaner und Singapurer kamen im Jahr 2017 mit 163 Ländern genau ein Land weiter als die Inhaber deutscher Pässe.

Yes, they're sharing a drink they call loneliness,
But it's better than drinkin' alone

heißt es da. Und es geht weiter wie in diesem Song. Neben Luisa nimmt Anatoli Platz, und neben mir sein Kumpel Denis. Schnell dreht sich das Gespräch um verlorene Chancen und Aussichtslosigkeit. Denis beschwert sich über die Wirtschaftskrise, über die der schöne Schein Moskaus nicht hinwegtäuschen kann. Er jedenfalls ist enttäuscht. Er hatte einen gut bezahlten Job als Berater, wie er nebulös sagt, jetzt aber nicht mehr. Anatoli hatte etwas mehr Glück. Ihm wurde gekündigt, aber er fand einen neuen Job als Fahrer eines griechischen Geschäftsmanns. Er bringt die Kinder zur Schule und fährt die Gattin durch die Gegend – aber nicht mehr lange. Die Familie geht bald zurück nach Griechenland, die Geschäfte laufen nicht mehr.

Sing us a song, you're the piano man
Sing us a song tonight

Aber der *Piano Man* kommt nicht, um seinen Song zu singen, und so beginne auch ich, mein persönliches Leid zu klagen. »Wieder nach Hause und Lehrer sein. Ich weiß auch nicht, das ist doch Mist«, lasse ich mich hinreißen zu sagen. »Diesen Job kann man doch nicht sein ganzes Leben machen, da wird man ja verrückt.« Denis schaut mich an, grübelt lange mit fragendem Gesichtsausdruck.

Man, what are you doin' here

fragen die Barbesucher den *Piano Man* im Song, und Denis nach langer Pause schließlich mich: »Wieso nach Hause? Ich hab gedacht, du arbeitest hier und kannst mir einen Job besorgen.«

Jetzt schaue ich ihn lange und nachdenklich an. »Wie kommst du darauf?«, frage ich.

»Na ja, in dieser Bar hängen häufig Expats rum. Ich hab gedacht, ihr seid auch so welche, die für irgendein ausländisches Unternehmen arbeiten«, antwortet er.

»Damit kann ich leider nicht dienen«, enttäusche ich ihn. Meine persönliche Lehrerlitanei lasse ich bleiben, die ist hier unangemessen. Vom Rest unserer Reiserubelkasse spendieren wir den beiden ein Bier, tauschen noch ein paar Höflichkeiten aus und verabschieden uns.

Auf seine Weise ist dies ein würdiger letzter Abend in einem Land auf der Suche nach sich selbst. Die Vergangenheit ist überall zu sehen in Form von Monumenten und Mosaiken, und im Bolschoi wird die gute alte Zeit auf großer Bühne heraufbeschworen. Die Zukunft in Form von Kapitalismus und Luxus für alle war ein Versprechen, das gebrochen wurde. Einige wenige gockeln steinreich durch die Innenstadt und führen all den Menschen wie Denis und Anatoli ein Russland vor Augen, das sie niemals haben werden. Die Gegenwart ist voller Widersprüche, sie kann das Alte und das Neue nicht zusammenbringen. Es ist, als würde das Alte fragen:

Son, can you play me a memory?
I'm not really sure how it goes

Und das Neue versucht es, hat aber Text und Melodie vergessen und kann vor allem nicht fühlen, was das Alte eigentlich meint. Was herauskommt, klingt schief. In den Ohren des Alten und des Neuen. Genau so kommt Russland mir vor an diesem Abend.

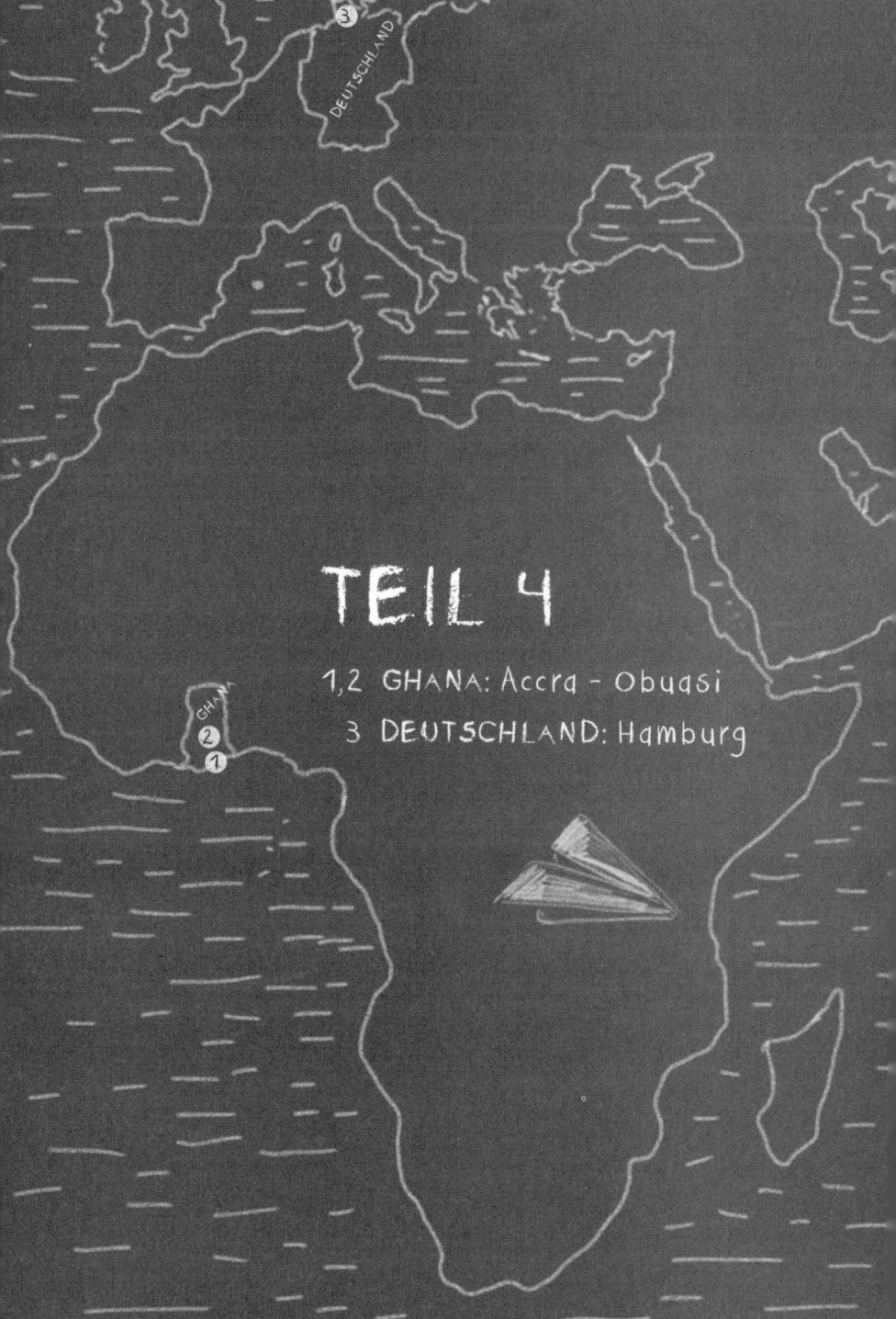

TEIL 4

1,2 GHANA: Accra – Obuasi
3 DEUTSCHLAND: Hamburg

Lassen Sie mich zunächst einmal festhalten, dass Afrika ein Kontinent mit sehr vielen Ländern ist. Eins davon ist Ghana. Auf diese Spitzfindigkeit legte Jacob im Unterricht besonders großen Wert. Völlig zu Recht wies er seine Mitschüler jedes Mal, wenn jemand verallgemeinernd über einzelne Länder auf dem Kontinent sprach, empört darauf hin, dass es ja wohl der Respekt gebiete, diese Differenzierung vorzunehmen. Er sei zuerst Ghanaer, dann Afrikaner. Wir würden ja auch nicht von Asien sprechen, wenn es um Afghanistan gehe, oder Europäer sagen, wenn wir Mazedonier meinten.

Nun, das gelang nur bedingt. Besonders als Ebola die Schlagzeilen dominierte, bezogen das einige Ignoranten in der Klasse auf ganz Afrika und blickten skeptisch zu Jacob hinüber, wenn er nieste oder sich auch nur die Nase putzte. Mit Unwissenheit auch noch provozieren – kein schöner Zug. Diese Ignoranz gibt es leider nicht nur in der Schule. Folgte man in jenen Wochen den großen Boulevardzeitungen, konnte der Eindruck entstehen, der ganze afrikanische Kontinent werde demnächst von der Seuche ausradiert werden. Zeit für eine kleine Erdkundeaufgabe, Klasse 6:

Nenne 6 Länder auf dem afrikanischen Kontinent samt ihren Hauptstädten. Markiere Länder und Städte auf beiliegender Karte.

Diese Übung schärft den Blick für den gesamten Kontinent und verdeutlicht seine Vielfalt. Auch ich musste noch mal im Atlas nachsehen, wo genau die ghanaische Hauptstadt liegt. Ich finde sie nur ein paar Kilometer westlich des Nullmeridians und ein paar Grad nördlich des Äquators. Accra.

In Accra komme ich ohne Luisa an. Sie muss arbeiten, schließlich kann nicht jeder die Vorzüge eines Beamtenlebens genießen. Als Erstes gerate ich in eine merkwürdige Situation: Ich hatte gedacht, bereits mit Bewilligung des ghanaischen Visums seien alle Einreiseformalitäten erledigt. Falsch gedacht. Am Schalter der Gesundheitsbehörde komme ich nicht vorbei. Von mir wird der gelbe Impfpass verlangt, den ich nicht dabeihabe. Mein Fehler. Irgendwo stand bestimmt, dass man das Dokument bei der Einreise vorzeigen muss. »Aber ich bin gegen Gelbfieber geimpft«, beteuere ich. Die resolute uniformierte Dame am Schalter glaubt mir nicht. Ich soll warten.

Natürlich bin ich nicht der Einzige, der ohne Impfpass landet. Ein paar andere jämmerliche Gestalten leisten mir Gesellschaft. Wir beobachten, dass niemand in Uniform der Gesundheitsbehörde die Ausweise der Passagiere auch nur ansieht. Wir hätten auch gelbe Papierfetzen zeigen können und wären damit durchgekommen. Doch weder einen solchen habe ich dabei, noch hätte ich die Nerven gehabt, mich derart dreist ins Land zu schleichen.

Irgendwann hat der letzte Passagier seinen gelben Ausweis vorgezeigt, und wir sind an der Reihe. Ich war der Erste, also deutet die Dame in Uniform auf mich. »*Come with me*«, fordert sie mich auf. Ich folge ihr in ein winziges Bürokabuff irgendwo in den Untiefen des Flughafens. Keine Fenster, Affenhitze, ein brummender Ventilator, ein Schreibtisch, davor ein Hocker. Wir bleiben im Raum stehen und mustern uns.

»*So. No vaccine! What can we do?*«, fragt sie schließlich.

Ich überlege. »*Hm, yeah, what can we do?*«, antworte ich sinnloserweise mit einer Gegenfrage.

Daraufhin sie wieder: »*Is there something we can do?*«

Darauf ich: »*I don't know. Is there?*«

Merkwürdige Situation. Was will die Frau? Ich erkläre noch mal wortreich, dass ich angenommen hatte, es reiche, den Impfpass dem Konsulat vorzulegen.

Daraufhin sie wieder: »*Yes, but what can we do?*«

Meine Antwort: »*Puh, I really don't know. You tell me!*«

Daraufhin schielt sie auf meinen Rucksack, der vor meinen Füßen liegt. Ich weiß nicht, was sie meint. Dann deutet sie mit dem Fuß auf den Rucksack und blickt mich auffordernd an. Plötzlich verstehe ich: Ich kann mich ins Land einkaufen! Der erste Mensch, den ich in Ghana treffe, möchte von mir bestochen werden. Kaum zu glauben.

In Ermangelung ernsthafter Alternativen öffne ich meinen Rucksack und wühle nach Geld. Ghanaische Cedi habe ich nicht dabei, nur ein paar Euro. Wird sie die überhaupt akzeptieren? Und was ist ein angemessener Preis für einen Einreisestempel? Ich weiß es nicht. Fünf Euro? Zehn? Zwanzig? Mir fehlt es eindeutig an Bestechungspraxis. Mehr oder weniger erleichtert stelle ich fest, dass sich sowieso nur ein Zwanziger in meinem Besitz befindet. Ich befürchte, es ist überflüssig, nach Wechselgeld zu fragen, und so biete ich der Beamtin der Gesundheitsbehörde die blaue Banknote an. Sie mustert den Schein von beiden Seiten und scheint zufrieden. »*Okay. Good. You can leave now*«, verfügt sie ruppig, öffnet mir die Tür und weist mir den Weg zur Gepäckausgabe. Zwanzig Euro kostet es also, Ghana ohne Impfpass zu betreten. Wahrscheinlich weniger, wenn man weiß, wie's geht. In diesem Fall habe ich die Preise für alle Nachfolgenden versaut. Ich greife mir mein Gepäck, hebe Cedi am Geldautomaten ab, und dann nichts wie raus hier.

Obruni ist Twi und bedeutet *weißer Mann* oder auch *weiße Frau.* Wörtlich »Mensch, der von hinter dem Horizont kommt«, wird es synonym verwendet für Menschen kaukasischen Hauttyps. Als Weißbrot höre ich es überall. Egal, wo – im Tro-Tro (Minibusse, die in ganz Ghana als Massenverkehrsmittel unterwegs sind) vom Flughafen in die Stadt, auf der Straße, dem Markt – überall sprechen Leute mich mit *Obruni* an.

Ich denke darüber nach, wie undenkbar es wäre, wenn ich einen Menschen in Deutschland mit *Schwarzer* ansprechen würde. In Ghana ist das anders. In der Ansprache *Obruni* schwingt nichts Feindseliges, Herablassendes oder gar Herabwürdigendes mit. Ich glaube, das hat zwei Gründe.

Zum einen freuen sich viele Ghanaer aufrichtig, wenn ein Fremder auf sie zugeht und sich für sie interessiert. *»Hey, Obruni! How are you, my brother?«*, und bei der Verabschiedung: *»God bless you, Obruni! One world, one people!«* Das klingt nicht mal kitschig.

Man stelle sich das auf Deutsch vor, vorgetragen von einem Weißen: »Hey Schwarzer! Wie geht's dir, mein Bruder?« Und zur Verabschiedung: »Gott segne dich, Schwarzer! Eine Welt, ein Volk!« Im besten Fall würde man mich für einen harmlosen Freak halten, der sich etwas naiv anbiedern möchte in einem befremdlichen sprachlichen Duktus.

Zum anderen ist der Unterschied zwischen Schwarz und Weiß in Ghana ein ökonomischer. Allein schon die Tatsache, dass ich offensichtlich als Fremder zu erkennen bin, mir also einen Flug leisten konnte und für eine Unterkunft bezahlen kann, weist mich als finanziell potente Person aus. Traurig, aber wahr: Von der kleinen Elite des Landes mal abgesehen, verfüge ich sicher über eine größere Barschaft als die überwältigende Mehrheit der Ghanaer. Weiße haben mehr Geld als Schwarze. Das ist in Ghana so. Später erfahre ich von Olivia, einer Journalistin aus Accra, dass viele Eltern genau das ihren Kindern mit auf den Weg geben: Weiße haben Geld, wir nicht. Deshalb schwingt in dem *Obruni* oft, nicht immer, etwas Flehendes mit. Zum Beispiel, wenn mich Kinder belagern mit den Worten: *»Please, Obruni, give me a Cedi«*, oder schlimmer: *»Please, Obruni, can I drink your water. I'm thirsty.«* In solchen Situationen könnte man *Obruni* auch mit *weißer Geldsack* übersetzen. Ich hasse das wie die Pest. Ich symbolisiere Reichtum qua Herkunft. Gebe ich jemandem einen Cedi oder teile mein Wasser mit jemandem, fühle ich mich wie ein kolonialer Gönner, der feist grinsend Almosen verteilt. Der will ich aber nicht sein. Ich will den Leuten auf Augenhöhe begegnen, wie es so schön im Pädagogensprech heißt.

In Deutschland haben wir die einzigartige Möglichkeit, aufgrund unseres Reichtums genau diese Unterscheidung eben nicht vornehmen zu müssen und uns einigermaßen auf ebenjener Augenhöhe begegnen zu können. Schwarz, Weiß – alle haben die gleichen Chancen auf Bildung und auf ein Einkommen, das zum Leben reicht. Na ja, theoretisch jedenfalls.

Von Jacob habe ich gehört, dass er nicht selten rassistischen Ausfällen ausgesetzt ist. Herablassende Gesten, Blicke und Sprüche in der U-Bahn und auf der Straße beginnen, ihn mürbe zu machen. Die permanente Furcht vor Anfeindungen bleibt nicht folgenlos. Mit angeschlagenem Selbstbewusstsein ist er sich nicht sicher, ob Pilot ein realistischer Berufswunsch für ihn ist. Als Schwarzer, so sagt er, habe man eh keine Chance auf einen Ausbildungsplatz. [10]

---

10 Den Grund, weshalb Jacob unbedingt Pilot werden will, erfuhr ich erst nach meiner Rückkehr. Er erzählte mir, dass er als kleiner Junge mit ansehen musste, wie seine Mutter in einem stählernen Ungetüm mit Flügeln abhob nach Europa. Fast zehn Jahre musste er warten, bis er selbst ein

Als sein Klassenlehrer bestärke ich ihn, an seinem Traum festzuhalten. So ist es doch bei uns, oder? Stecke dir ein Ziel, und du kannst es erreichen. Egal, welche Farbe oder Religion du hast. Alle Menschen sind gleich. So steht es im Grundgesetz. Das Selbstbewusstsein und die Sorglosigkeit, die mir aufgrund meiner Erziehung und meiner Herkunft zu eigen sind, kann Jacob allerdings nicht teilen.

Eine kleine Anekdote illustriert diesen Mangel an Selbstsicherheit: Auf einer sommerlichen Klassenfahrt nach Rügen wurden wir vom Reisebusfahrer Heinz in Hamburg abgeholt. Ein Haudegen seiner Branche. Seit mehr als dreißig Jahren fährt er Reisegruppen aller Couleur durch die Lande und hat dabei so ziemlich jeden Kilometer deutscher Autobahnen kennengelernt. Mit seiner Pfälzer Mundart unterhielt er uns schon auf der Hinfahrt bestens. Ein Sprücheklopfer alter Schule. Das Beste daran war, dass wir ihn für die ganze Woche gebucht hatten. Bei Bedarf konnten wir uns von ihm über die Insel chauffieren lassen und seinen *On-the-road*-Geschichten lauschen. Auch am Frühstückstisch leistete Heinz uns Gesellschaft. Mit seiner riesigen Wampe und einem zufriedenen Grinsen im Gesicht saß er da bei Kaffee und Hackepeterbrötchen und ließ einen Knaller nach dem anderen vom Stapel. Schon am Frühstückstisch allerbeste Laune. Geiler Typ, dieser Heinz.

Jacob fand Heinz' Gags irgendwann nicht mehr so geil. Er sprach mich flüsternd an: »Hey, Mr. K., ich glaube, der Busfahrer ist ein Rassist. Er sagt immer so komische Sachen zu mir.«

Ich war verblüfft. »Was sagt er denn?«

Flugzeug besteigen konnte, um wieder bei ihr und damit in Hamburg zu sein. Diese Erfahrungen waren so überwältigend und prägend für ihn, dass der Berufswunsch Pilot ununterbrochen in ihm schwelt, seit er ein kleiner Junge war. Ich weiß, Jacob arbeitet hart an der Realisierung dieses Traums. Von Herzen wünsche ich ihm, dass er in Erfüllung geht.

»Ich weiß auch nicht. Irgendwas mit B. Vielleicht Bimbo ...?«, flüsterte Jacob vorsichtig.

In den Tagen zuvor hatte ich beobachtet, dass Heinz gelegentlich kumpelige Sprüche in Jacobs Richtung losließ. Für mich war das eher ein Ausdruck von Sympathie und nicht von Rassismus. Aber man weiß ja nie.

Ich sprach Heinz an – und er brüllte vor Lachen. Sofort zog er los und suchte nach Jacob. Er musste da wohl was richtigstellen. Er fand ihn, holte ihn zu sich und sang folgende Zeile:

Wer baggert da so spät noch am Baggerloch? Das ist Bodo mit dem Bagger, und der baggert noch!

Erstaunt schaute ich ihn an. Was hatte Mike Krügers Gassenhauer mit Jacobs Vorwürfen zu tun? Heinz klärte auf: Er fand es lustig, dass Jacob zu jeder Gelegenheit sein T-Shirt auszog, um seinen Mitschülerinnen seinen durchtrainierten Athletenkörper zu präsentieren. Heinz beobachtete ihn beim Baggern auf Rastplätzen, vor unseren Apartments beim Grillen und am Strand. Darüber hatte er sich königlich amüsiert und Jacob für sich mit dem Spitznamen *Bodo* versehen. Ein bisschen Unterhaltung brauche er auch, sagte er noch.

Jacob schaute verdutzt aus seinem T-Shirt, das er in diesem Moment ausnahmsweise anhatte. Er kannte den Song nicht, verstand also den Gag nicht und hatte aus *Bodo* einen *Bimbo* gemacht. Heinz tat das alles unheimlich leid, er versicherte, dass er keine Vorbehalte gegen Jacob habe. Im Gegenteil, er möge ihn echt gerne, und das habe er mit dem Spitznamen zum Ausdruck bringen wollen, erklärte er. Außerdem solle Jacob doch ein bisschen selbstbewusster werden. »Kannst du dir doch erlauben, bei dem Oberkörper«, scherzte er weiter. »Sprich mich nächstes Mal direkt an. Brauchst gar nicht erst zum Lehrer zu rennen«, gab er ihm schulterklopfend mit auf den Weg.

In diesem Moment verstand ich zum ersten Mal Jacobs Dilemma. Er ist immer alarmiert und befürchtet Sprüche, Witze und Feindseligkeiten auf seine Kosten. Offenbar hat ihn das Leben in Deutschland so konditioniert. Das ist unendlich schade, und ich hoffe, es wird ihm gelingen, all dem in Zukunft mit Abgeklärtheit und Souveränität zu begegnen. Erst wenn er nicht mehr davon ausgehen muss, dass ein Witz auf seine Kosten geht, kann auch er mitlachen. Und das ist der Unterschied zwischen ihm und mir als *Obruni* – ich kann über jeden Witz lachen, der über mich in Ghana gerissen wird, schlicht, weil ich mich, so elend das ist, in einer historisch besseren Situation befinde.

Sister Mary

Von Accra fahre ich schon am dritten Tag in Ghana mit einem Tro-Tro nach Cape Coast. In der kleinen Stadt am Golf von Guinea kennt man Sister Mary überall. Ich habe sie bei Couchsurfing gefunden und bin vorübergehend bei ihr eingezogen. Sie hat mich in ihrem Heim aufgenommen, ihrer Familie vorgestellt und mich bewirtet. *Ihrer Familie* ist zu kurz gegriffen – als ich abreise, kenne ich die halbe Stadt, um deren schwächste Bewohner sich Mary mit ihrer *Dennis Foundation*, die auf Spendenbasis arbeitet, kümmert. Zuerst trägt sie mir jedoch auf, die Geschichte Cape Coasts zu verstehen. Dazu schickt sie mich in das Cape Coast Castle.

Es wurde 1637 von Niederländern erbaut, die auf Entdeckungsreise waren und von hier aus Gold und Tropenholz nach Holland brachten. Aber auch anderen europäischen Mächten blieb der Rohstoffreichtum des Hinterlandes nicht verborgen, und so begannen europäische Mächte eifersüchtig, um das Cape Coast Castle zu rangeln. In schneller Abfolge kamen nach den Niederländern die Dänen, dann die Schweden und schließlich die Briten, die zwar auch auf die Rohstoffe der Gold Coast ein Auge geworfen hatten, wie sie Ghana nannten, aber noch eine andere Ressource ausmachten, die weitaus höhere Gewinne versprach: Sklaven.

An diesem Ort, der bis zum heutigen Tag weiß getüncht über einer Steilküste direkt am Atlantik thront, internierten die Briten ab 1665 in ganz Westafrika zusammengetriebene Menschen, um sie über den Atlantik in die Neue Welt zu schaffen, wo sie auf den Plantagen der Herrenmenschen schuften mussten.

Die Dimensionen sind unfassbar, wie ich auf einer Führung erfahre. Als Tausch gegen Menschen wurden Waffen, Schnaps und billiger Schmuck an die Gold Coast geschafft und an die Handelspartner vor Ort verteilt. Mit den Waffen konnten die ortsansässigen Clans bis weit ins Hinterland aufbrechen, um Menschen anderer Stämme einzufangen. Der Schnaps machte ihnen das leichter, die Waffen der Europäer überzeugten sie völlig. Sie zwangen andere Afrikaner in regelrechten Todesmärschen an die Küste. Viele der Verdammten verloren bereits hier ihr Leben. In der zynischen Betrachtung der Menschenhändler war das sogar gut – schließlich erzielten nur die Kräftigsten und Widerstandsfähigsten die höchsten Preise, die Schwachen und Gebrechlichen konnten also ruhig auf der Strecke bleiben.

Mit der Ankunft im Cape Castle war das Martyrium keineswegs beendet. Die Internierung war die Hölle. In dunklen Verliesen wurden die Gefangenen, nach Geschlechtern getrennt, zu Tausenden eingepfercht. Manchmal Wochen, manchmal Monate, je nachdem, wann das nächste Schiff gen Amerika kam und wieder ablegte. Auch diesem Ort entkamen viele nicht – sie starben an Krankheiten, Verletzungen oder purer Erschöpfung in völliger Verzweiflung.

Für diejenigen, die bis hierher überlebt hatten, wurde es nicht besser. Sie wurden wieder eingepfercht und angekettet. Diesmal auf engstem Raum in den Bäuchen der großen Segelschiffe. Wochen später wurden die Überlebenden an Plantagenbesitzer, Minenbetreiber und andere Menschenschinder in der Karibik, in Süd- und Nordamerika verkauft. Waffen, Schnaps, Schmuck nach Westafrika, Sklaven in die Neue Welt, Gewinne nach Europa. So ging dieser dreckige Dreieckshandel jahrhundertelang. Wie viele Menschen durch das Cape Coast Castle und seine Cousins entlang der westafrikanischen Küste gegangen sind, ist unklar. Zahlen unterschiedlicher Historiker bewegen sich zwischen zehn und achtundzwanzig Millionen verschiffter Sklaven. Nicht eingerechnet diejenigen, die schon vorher ihr Leben verloren. Cape Coast Castle ist ein mörderischer Ort, der einen erschüttert zurücklässt.

Am Ausgang treffe ich auf Janet, eine Afroamerikanerin aus Kalifornien, die gemeinsam mit ihrem pubertierenden Sohn auf der Suche nach ihren Wurzeln ist. Ihr kommen die Tränen ob der Grausamkeit, die ihren Vorfahren widerfuhr. Sie beklagt das Trauma, das die heutigen Nachfahren auf beiden Seiten des Atlantiks mit sich herumschleppen, und bedauert, dass mit der massenhaften Verschiffung von Sklaven dem afrikanischen Kontinent Talent, Kraft und Selbstbewusstsein geraubt wurde. »Natürlich wirkt das bis heute nach«, sagt sie zum Abschied, »Afrika würde heute völlig anders aussehen, hätte es diesen gigantischen Menschenraub nicht gegeben.«

Sister ist keineswegs ein kirchlicher Titel, der Mary verliehen wurde. Die Menschen in Cape Coast sprechen sie so an, weil sie sich ihnen gegenüber wie eine Schwester verhält. Sie ist freundlich, mitfühlend und interessiert an den Geschichten ihrer Heimatstadt. Und sie hilft, wo sie kann. Auch mir hilft sie nach dem durchaus verstörenden Besuch im Cape Coast Castle. Am

Abend sitzen wir vor ihrem kleinen Haus vor den Toren der Stadt, das sie mit ihrer Schwester, ihrer Mutter, ihren Neffen und ihrem kleinen Sohn Etienne teilt, und sprechen darüber. Über die Leiden der Menschen und die Ungerechtigkeiten, die sich hier bis ins späte 19. Jahrhundert ereignet haben. Aber so richtig ist das nicht ihr Thema. Sie ist viel stärker interessiert an der Gegenwart und vor allem an der Zukunft.

Am nächsten Tag begleite ich sie auf ihrem täglichen Rundgang durch die Stadt. Rundgang ist untertrieben. Rundmarsch ist passender. Die zierliche, aber energische Frau mit Rastazöpfen, in denen erste graue Strähnen sichtbar werden, schreitet voran in ihrem farbenfrohen, traditionellen ghanaischen Outfit, ausgerüstet mit einem bunten Regenschirm und einem Plan für den Tag. »*Good morning, Sister Mary*«, ist von allen Seiten zu hören, als wir durch die kleinen, unbefestigten und noch dazu völlig aufgeweichten Gassen der Stadt laufen. Jetzt ist Regenzeit, da ist alles matschig, und die Wege sind rutschig, erklärt Mary. Das ist anstrengend und zeitraubend. Andererseits, sagt sie, mache ihr die trockene Hitze ab November deutlich mehr zu schaffen.

Marys Ziele sind die Schwächsten der Stadt. Von ihnen gibt es viele. Und jetzt hat sie auch noch einen schwachen *Obruni* am Hals. Ich fühle mich miserabel. Das Castle war hart, und schon länger lässt meine Reiselust, die mich euphorisch durch dieses Jahr getragen hat, merklich nach. Ich beginne, mir die großen Fragen nach dem Sinn des Ganzen zu stellen, und spüre, dass das alles ein bisschen viel gewesen ist in den letzten Monaten. Zu viel Unverarbeitetes gärt in mir. Die Welt ist zu groß für mein kleines Gehirn. Doch auf unserem Fußmarsch durch Cape Coast und seine Peripherie verschwinden Unlust und Zweifel plötzlich. Es ist anstrengend, und dennoch führt Mary mir die Sinnhaftigkeit meiner Reise erneut vor Augen. Mir fällt wieder ein, warum ich all das tue. Ich will meine Schüler besser verstehen und durch sie ein bisschen mehr vom großen Ganzen. Jetzt gerade will ich die Welt durch Marys Augen sehen. Dabei hilft sie mir, und dafür bin ich ihr unendlich dankbar.

Wir sind von einer befestigten Straße abgebogen, auf der uns alle paar Minuten die Assistenten der Tro-Tro-Fahrer lautstark zum Mitfahren aufgefordert haben. (Alle Tro-Tros sind doppelt besetzt; der Fahrer lenkt das Gefährt, sein Koberer lehnt sich aus dem Fenster und brüllt dabei unentwegt das Ziel der Reise.) Der Lärm der alten, röhrenden Motoren – es handelt sich oft um in Deutschland ausgemusterte Mercedes Sprinter, Ford Transits oder Renault Trafics – kündigt sie an, oft begleitet von schwarzen Rauchschwaden, die die alten Karren hinter sich herziehen, und auf Höhe potenzieller Mitfahrer brüllen die lässig aus dem Fenster lehnenden Beifahrer schnarrend: »*Tuba, Tuubaa, Tuuuubaaa!*« oder auch »*Weija, Weeijaa, Weeeiijaaa!*« und schauen einen auffordernd an. Ein Kopfschütteln reicht, um klarzumachen, dass man nicht zur Busstation Tuba oder Weija will. Sofort beschleunigt der Fahrer dröhnend und rauscht davon. Zeit ist Geld im beinharten Tro-Tro-Geschäft. Während meiner Zeit in Ghana musste ich oft erklären, dass Autos nicht mein Geschäft sind. Auch der Im- und Export von Gebrauchtwagen nicht. Ob ich nicht alte Kleinbusse in Deutschland auftreiben und sie in die Häfen Takoradi oder Tema verschiffen könne, um dann gemeinsam mit meinen neuen ghanaischen Geschäftspartnern abzusahnen, wurde ich oft gefragt. Aber das boomende Transportwesen ist schlicht nicht meine Sache.

Der Weg abseits der Straße führt Mary und mich durch dichtes Gestrüpp auf kleine Lichtungen. Hier stehen kleine Hütten, vor denen Leute sitzen. »*Good morning, Sister Mary, how are you today?*«, fragen sie freundlich. Mich mustern sie skeptisch, blicken Mary fragend an und wechseln ins Fante-Twi, eine der vielen lokalen ghanaischen Sprachen. Ich verstehe nur *Obruni*, stelle mich aber artig vor und werde dann ebenso freundlich begrüßt. Von Jungs und Männern immer mit dem extrem aufwendigen ghanaischen Handschlag: Hand geben, Handflächen öffnen und zurückgleiten lassen, dann wieder schließen, um mit einem gegenseitigen Schnippen der Daumen aus dem Handschlag auszusteigen. Dann noch die geballte Faust aufs Herz schlagen, seinen Namen sagen, und schon ist man ein geschätztes Mitglied der Gemeinschaft.

Mary erkundigt sich bei jedem Stopp nach den Kids, die hier leben. Wo sind sie? Was machen sie? Gehen sie regelmäßig zur Schule? Es folgen Getuschel und stets die Antwort, dass natürlich alle in der Schule seien. Das stimmt nur zum Teil, klärt Mary mich auf. Oft schicken die Familien ihre Kinder zum Hafen, wo sie ein paar Cedi beim Einholen der Netze verdienen können. Oder sie haben überhaupt keine Ahnung, wo der Nachwuchs sich befindet. Für Mary ist das wichtig. Ich merke, es ist ihr eine Herzensangelegenheit, für Bildung zu sorgen. Nur so könne Ghana die Armut durchbrechen. Nur gebildete, aufgeklärte und selbstbewusste Menschen könnten Projekte anschieben, die das Land wirklich voranbrächten. Davon gebe es zu wenige, sagt sie.

Nach einem fast neunzigminütigen Marsch erreichen wir unser erstes Ziel am Hafen, den wir über Pfade aus dem Hinterland erreichen. Plötzlich erstreckt sich vor uns eine Bucht, eingehüllt in den Dunst des morgendlichen Atlantiks, in der ein irres Treiben herrscht. Eine kaum zu überblickende Anzahl an hölzernen Fischerkanus, den Pirogen, liegt am Strand. Sie sind lackiert in den buntesten Farben und mit religiösen Slogans wie *God is great* oder *Jesus is my Lord* versehen. Auf einigen prangt auch die ghanaische Flagge, der *Black Star*, und auf ganz wenigen steht *Real Madrid* oder *Manchester United*. Das Bild wird perfekt mit den vielen Fahnen, die an den Masten im Wind flattern. Auch sie sind bunt und kreativ gestaltet. Auf den Kanus am Strand sitzen Fischer, bessern ihre Netze aus, reparieren Kleinigkeiten an den Nussschalen oder entspannen in der Sonne und tauschen sich über die letzten Fischzüge aus. Andere versuchen sich gerade mit ihren Pirogen durch die Brandung zu kämpfen. Helfer schieben an, die Besatzung rudert hart, wird immer wieder von großen Brechern überspült. Immer wieder werden sie zurückgeworfen und müssen über Bord Gegangene zurück ins Boot ziehen, bis endlich, nach einem zehrenden Kraftakt, das lange Kanu mit seiner bis zu zwölfköpfigen Besatzung auf die offene See rudern kann. Nur wenige Boote werden unterstützt von einem kleinen Außenborder – Fischen ist hier harte Handarbeit.

Etwas abseits sind dreißig bis vierzig Mann damit beschäftigt, ein großes Netz, das über Nacht einige Hundert Meter weit kreisförmig in den Atlantik gezogen wurde, wieder einzuholen. Wie beim Tauziehen sieht das aus. Auf drei ziehen alle und landen das wohl tonnenschwere Netz Zentimeter um Zentimeter an. Unterstützung bekommen sie von Schwimmern, die das Netz durch die Brandung ziehen. Das wird Stunden dauern. Ich bin fasziniert und überwältigt von den Farben, der Vielzahl an Booten und der Geräuschkulisse aus Brandung, durchdringenden Rufen und Kommandos, Small Talk am Strand und nicht zuletzt vom Fischgeruch, der durch die Bucht wabert.

Für Mary ist das nichts Besonderes. Es ist ihr Alltag. Und der Herzschlag der ganzen Stadt. Alle, die in dieser Bucht leben, haben auf die eine oder andere Art mit dem Fischfang zu tun. Da sind die stolzen Bootsbesitzer, die Frauen, die den Fang des Tages in riesigen Schüsseln auf ihrem Kopf zu Markte tragen, und die unzähligen Handlanger, die helfen, die Netze einzuholen oder die Boote ins Meer zu schieben. Diese Handlanger sind meistens Kinder. Sie sind Marys Problem und Sorge.

Hinter der Hafenpromenade erstreckt sich ein *Ekon*, ein Wohngebiet aus einem endlosen Gewirr kleiner Gassen und Hütten. Irgendwo hier lebt Abla, unser erster Kunde, für den wir kilometerlang durch die Gegend gelaufen sind. Als wir uns seinem Zuhause nähern, erzählt Mary mir, dass er ein schwieriger Fall sei. Abla ist zwölf, sein Vater ist Gott weiß wo, seine Mutter komplett überfordert bis gleichgültig und oft tagelang verschwunden. Mary will, dass er zur Schule geht, er lässt sich da nur sporadisch blicken.

In Hamburg hatte auch ich ab und an mal mit Schulschwänzern zu tun. Ihre Motive hier sind allerdings andere. Die Schwänzer wollen nicht Playstation daddeln und abhängen, sie wollen sich etwas zu essen verdienen. Deshalb lungern viele Kids tagelang am Hafen rum in der Hoffnung, irgendwo kurzfristig anheuern zu können. Der Magen ist in Cape Coast erst mal wichtiger als der Kopf und gute Bildung. Und auch die Vorbilder sind im Hafen. Sie haben Boote und Netze, sind harte Burschen und halten nicht viel von Büchern und Lernen. Mary sieht das anders. Nur wenn Ghana es schafft, seine Schüler flächendeckend gut auszubilden, kann sich das Land aus der Umklammerung der Armut befreien, wiederholt sie.

Wir erreichen die Hütte, die Abla sich mit seiner Mutter teilt. Niemand da. Auch die Nachbarin, die gerade im Sitzen in einem großen Holzbehälter mit einem riesigen Mörser Yamswurzeln für *Fufu* (Brei) zerstößt, weiß nichts. Sie hat den Jungen schon seit Tagen nicht gesehen, auch seine Mutter nicht. Mary spricht lange mit ihr und bittet sie, Abla zur Schule zu schicken, wenn sie ihn das nächste Mal sieht. Mary ist frustriert, ich auch. Sie hatte mich schon gewarnt, dass Abla wahrscheinlich gar nicht da sein werde. Sie befürchtet, ihn komplett zu verlieren. Sein Weg ist dann vorgezeichnet. Handlanger ein Leben lang. Das Problem ist auch, erklärt Mary, dass Schule in Ghana nicht günstig ist. Die Uniform muss bezahlt werden, genauso wie eine Gebühr. Ohne Stifte, Hefte und Bücher geht natürlich auch in Ghana nichts. So ist vielen der Weg in die Bildung versperrt, sie sind verdammt zu einem Leben von der Hand in den Mund.

Das Problem ist nur, dass in den Händen und somit auch in den Mündern oft nichts ankommt. Warum das so ist, wird mir klar, als wir zurück am Strand sind. Die Fischer sind noch immer dabei, das gigantische Netz an den Strand zu ziehen. Neugierig gehe ich näher ran. Schweißnass mit nackten Oberkörpern ziehen durchtrainierte, aber spindeldürre Teenager gemeinsam am Seil. Immer mehr vom Netz wird sichtbar, erstes Stöhnen wird laut. Noch ist kein Fisch zu sehen. Das Zerren wird unruhiger, nervöser, verzweifelter. Je mehr Netz an den Strand gezogen wird, desto mehr Plastik kommt zutage. Etliche Tüten, kleinere Fetzen und abgebrochene Teile von was weiß ich was. Sogar eine Zahnbürste liegt plötzlich im Sand. Meter um Meter Netz entreißen die Fischer nun der Brandung. Die Schwimmer kommen an den Strand und ziehen mit am Seil. Jetzt sehe ich ein paar kleinere Fische am Strand zappeln. Wirklich befriedigend ist das nicht. Mengenmäßig hat das Plastik klar die Nase vorn.

Je mehr Netz eingeholt ist, desto leichter wird es und desto schneller geht es auch. Dreißig Mann arbeiten hart, viele andere stehen herum. Am Ende starren alle auf einen einzigen kapitalen Fisch. Das reicht nicht für all die Mäuler, die das Meer hier stopfen sollte. Ein kapitaler Mensch steht da auch am Strand rum – und das bin ich. Ob ich den Fisch nicht kaufen wolle, fragt mich der Chef am Netz. Er verspricht sich einen hohen Preis vom reichen *Obruni*. Ich lehne ab, ich habe keine Ahnung vom Ausnehmen und Entschuppen. Ich bin es gewohnt, mundgerechte Happen in Restaurants zu bestellen und zu bezahlen.

Mary schüttelt den Kopf. Schon seit Jahren wird immer weniger gefangen. Die Fischer, ja die ganze Stadt geben großen Fangflotten mit Industrietrawlern die Schuld, die jenseits der Küste in internationalen Gewässern schippern und die Bestände wegfischen. Sie erzählt eine Geschichte von einem chinesischen Schiff, einem Fischverarbeitungsschiff, das erst kürzlich wochenlang seine Schleppnetze vor der Küste hin- und herzog. Die Seeleute legten die reiche Beute im Bauch des Schiffes auf Eis und besaßen dann auch noch die Frechheit, an Land zu kommen, um den Einheimischen ein paar Fische zu verkaufen, bevor es wieder Richtung Heimat ging. Ich weiß nicht, ob die Geschichte stimmt, mit Blick auf den jämmerlichen Fang des Tages am Strand von Cape Coast erscheint sie mir aber plausibel. Vor allem, weil es nicht nur chinesische Schiffe sind, die hier plündern, auch von Trawlern aus der EU und Japan berichten die Fischer.

Die Wohlstandsnationen fischen den Ghanaern die ohnehin schon spärliche Mahlzeit vom Teller und wundern sich dann, weshalb hungrige Menschen sich aufmachen nach Norden durch die Wüste und das Mittelmeer. Ich stehe fassungslos am Strand und staune über dieses kraftvolle Bild, das populäre Kampfbegriffe wie *Wirtschaftsflüchtling* und *Fluchtursachen bekämpfen* komplett ad absurdum führt.

Ich merke, ich halte Mary auf mit meinem staunenden Gegaffe und Small Talk mit den Fischern. Wir müssen weiter, schließlich haben wir noch weitere Termine abzulaufen. Als Nächstes geht es in die zentralen Viertel der Stadt zurück entlang der Promenade, durch enge Gassen auf eine Hauptstraße. Wahrscheinlich entgegnet Mary nicht nur an diesem Morgen hundertfach »*Good Morning, Mrs. X oder Mr. Y*«. Nach etwa einer Stunde erreichen wir das Zuhause von Akins und seiner Mutter. Akins müsste eigentlich im Rollstuhl sitzen, er hat aber keinen, und so sitzt der körperlich und geistig schwer beeinträchtigte Zehnjährige tagein, tagaus in einem hölzernen Stuhl und starrt vor sich hin. Mary schaut hier oft vorbei, um Akins und seine Mutter mit dem Notwendigsten zu unterstützen. Die Frau ist (natürlich) alleinerziehend und völlig mittellos. Und die Liste der Dinge, die ihr Junge braucht, ist lang. Zum Beispiel braucht er Windeln. Die sind teuer und in Akins Größe schwer zu bekommen. Außerdem: Toilettenpapier, Seife, Milch und ein Malz-Schokoladenpulver (von Nestlé), das hier als Nahrungsergänzungsmittel sehr beliebt und wohl auch sehr notwendig ist. Am wichtigsten für Akins Entwicklung und auch sein Wohlbefinden wäre, wenn er eine Schule für geistig und körperlich beeinträchtigte Kinder besuchen könnte, die es in Cape Coast sogar gibt. Erreichen kann Akins sie aber nicht. Das wäre sogar mit dem Rollstuhl schwer, barrierefrei ist die Stadt nicht wirklich. Einzig ein Auto würde helfen, sagt Mary, aber das geben die schmalen Ressourcen ihrer *Dennis Foundation* nicht her. Für heute bleibt uns nur, Akins und seiner Mutter Gesellschaft zu leisten und ein paar wesentliche Dinge für sie zu besorgen.

Es geht weiter zu einer Grundschule. Mary möchte sehen, wer von ihren Schützlingen da ist und wer nicht. Einige sind es, andere nicht. So ist das immer. Die Gründe sind wie immer Armut. Oft hält fehlendes Schulmaterial die Kinder ab, oder niemand schickt sie, und/oder sie streunen umher auf der Suche nach Gelegenheitsjobs oder etwas zu essen. Mary sagt, es sei meistens tatsächlich so einfach. Ist genügend Nahrung vorhanden und einfachstes Schulmaterial wie Stifte und Hefte, gehen die Kids zur Schule. Ist es das nicht, bleiben sie weg.

Mary notiert sich die Namen der abwesenden Schüler. Ihre Adressen bilden die Route für den nächsten Tag. Wir sind bisher fast zehn Kilometer gelaufen, bei dreißig Grad und einer Luftfeuchte von über neunzig Prozent. Zeit für eine Mittagspause.

In einem kleinen Imbiss gibt es *Kokontey*, eine Spezialität der Region. Sie besteht aus zu *Fufu* zerstoßenen Yamswurzeln oder Kassawaknollen mit einer scharfen Chilisoße und einem Stück Fisch. Mit der Hand reißt man ein Stückchen des glitschigen *Fufu* ab und tunkt es in die Soße, die wirklich ausgesprochen scharf ist. Auch den Fisch isst man mit der Hand, Besteck gibt es nicht.

Das Gericht ist nicht ganz mein Fall, und so brauche ich literweise Wasser zum Runterspülen, um die große Schüssel zu leeren. Das war schon gestern Abend bei Mary zu Hause so. Auch da habe ich wegen einer sehr eigenwilligen Soße gefühlte Stunden mit einem Stückchen Fisch und ein bisschen Reis gekämpft und dazu Unmengen Wasser in mich reingekippt. Mary sieht mich an, weiß ganz genau, dass ich leide, sagt aber nichts. Sehr fair, wie ich finde.

Nach dem Essen, dem Marsch und all dem Elend habe ich mir eine Zigarette verdient, denke ich. Dazu gehe ich nach draußen, stecke mir einen Glimmstängel zwischen die Zähne und werde prompt von einer Frau angeschnauzt. Ob es nicht ausreiche, dass ich mich selbst vergifte, fragt sie mich erbost. Mir ist schon aufgefallen, dass Rauchen in Ghana nicht hoch im Kurs steht, trotzdem war ich auf militante Gegner des blauen Dunstes nicht vorbereitet. Schuldbewusst schmeiße ich die Kippe weg, entschuldige mich und sehe, wie die Frau in den schwarzen Rauchschwaden eines Tro-Tros verschwindet, das an ihr vorbeidröhnt.

Der Wirt, der hinter mir steht und Hühnchenteile auf einem Grill wendet, lacht sich kaputt über die Szene. Er klärt mich auf, dass Rauchen in der Öffentlichkeit in Ghana illegal sei und viele Menschen glaubten, Zigarettenqualm verpeste die Umwelt massiv. Ich könne froh sein, dass mich kein Uniformierter erwischt habe. Dann wäre jetzt eine *Obruni*-Geldstrafe fällig.

Okay, ich verstehe. Da trifft es sich ganz gut, dass ich sowieso mit dem Quatsch aufhören wollte und wir jetzt ohnehin weitermüssen. Mary steht schon neben mir mit ihrem bunten Schirm unter dem Arm und blickt mich ungeduldig an. Ein Lachen über die Szene kann aber auch sie sich nicht verkneifen.

Unser Ziel ist das Cape Coast Castle. Der Ort ist die einzige Touristenattraktion der Stadt und damit der einzige Ort, an dem sich wirklich Geld verdienen lässt. Schon gestern nach meinem Besuch hier wurde ich belagert von Nippesverkäufern, die mich nach dem harten Stoff im Castle überfordert haben. Ich war dünnhäutig, zartbesaitet und wollte einfach nur weg. Deswegen bin ich, so schnell es ging, an ihnen vorbei. Heute lassen wir das Castle links liegen und widmen uns den Nippesverkäufern, oder besser denjenigen, die es werden wollen. Unter ihnen ist Isaac. Sein Zwillingsbruder und er sind Marys Ziel. Die beiden sind sechzehn und haben, wie sollte es anders sein, eine harte Geschichte hinter sich. Vor zwei Jahren haben sie ihre Eltern verloren und irren seither durchs Leben. Isaac war ein guter Schüler. Das glaube ich sofort. Im Gespräch ist er aufgeweckt und munter. Etwas Geld verdient er mit dem Knüpfen von kunstvollen Armbändern für Touristen. Ich kaufe gleich drei. Eins für Luisa, eins für Jacob, eins für mich selbst, jeweils versehen mit den Namen und dem *Black Star*. Isaac ist stolz auf seine Kunstfertigkeit, aber eigentlich würde er lieber wieder zur Schule gehen und einen Abschluss machen. Nur fehlt ihm dafür das Geld.

Mary sagt, er müsse bald zurück, ansonsten sei er zu alt für die Schule und ende wie die anderen am Hafen als Handlanger oder wie seine älteren Freunde hier oben am Castle, die verzweifelt versuchen, den paar Touristen, die kommen, ein paar Cedi aus den Rippen zu leiern. Während ich mich mit Isaac unterhalte, umrunden uns mehr und mehr andere Händler. Ich bin

Obruni, ich bin Beute. Isaac sagt, die anderen seien eifersüchtig, dass ich bei ihm gleich drei Armbänder kaufen würde, bei ihnen aber nichts. Ich kann das verstehen und suche das Gespräch. Natürlich gibt es da nichts zu erklären. Alle haben dieselben Bedürfnisse und brauchen ebenso Geld wie Isaac. Trotz unzähliger ghanaischer Handshakes widerstehe ich und kaufe nichts, verspreche aber, später am Strand mit Fußball zu spielen. Das zieht, sie lassen von mir ab, und ich kann mich wieder mit Isaac und Mary unterhalten.

Zusammengefasst ist seine Lage schlicht beschissen. Keine Eltern, kein Geld, kaum Aussicht, doch noch einen Schulabschluss machen zu können. Mary versucht, ihn mit ihrer *Dennis Foundation*, so gut es geht, über Wasser zu halten. Ich weiß nicht, was ich sagen soll. Was ich tun kann, ist, in Deutschland etwas Aufmerksamkeit für Isaacs Lage und die seiner ungezählten Leidensgenossen zu schaffen. Ganz persönlich nehme ich mir vor, in Hamburg so viel Geld zusammenzukratzen, dass es wenigstens für eine Schuluniform und die Gebühr reicht. Versprechen will ich aber nichts, das wäre nicht richtig. Und so bleibt es erst mal bei einem nachmittäglichen Kick am Strand mit seinen Freunden vor der fantastischen Kulisse des Atlantischen Ozeans und des morbiden Cape Coast Castle. Diese Zeit räumt Mary mir ein, obwohl wir weitere Termine haben.

Nach dem Spiel geht es dann weiter zu Menschen mit ähnlichen Geschichten. Wir treffen eine Dreizehnjährige, die gerade Mutter geworden ist und ihr Kind alleine wird großziehen müssen, da der ebenfalls minderjährige Vater verschwunden ist, versorgen Akins mit Windeln und landen am Abend im kleinen *Community Center*, das Mary mit ihrer *Foundation* betreibt. Hierhin lädt sie an Samstagen all diejenigen ein, die nicht das Glück haben, zur Schule gehen zu können, und lässt ihnen zusammen mit Mitstreitern ein kleines Maß an Bildung angedeihen.

Dieser Tag war für mich ein Parforceritt durch das Elend der Stadt. Wir sind fast siebzehn Kilometer gelaufen und haben fast nichts erreicht. Fast nichts? Da spricht der Deutsche in mir. *»Slow, slow, small, small«*, würde Mary sagen. Wir haben Präsenz gezeigt und vielen Kids das Gefühl gegeben, dass sie nicht vergessen sind. *Slow, slow, small, small* – mit dieser Attitüde versucht Sister Mary, ihre Stadt ein kleines bisschen besser zu machen, und das ist sicher eine sinnvollere Haltung, als *quick, quick, big, big* mal eben einen Kindergarten aufzustellen und dann wieder von dannen zu eilen. So geht Entwicklungshilfe oft. Hinfahren, etwas bauen und rasch wieder weg. Am Ende ist zwar etwas Konkretes zu sehen, es hat aber keine Seele, niemand kümmert sich, und es verfällt. Marys Ansatz ist nachhaltiger. Sie weiß, wo hilfsbedürftige Menschen sind, und wirkt direkt auf sie ein mit einer Stimme, die glaubwürdig ist. *Emancipate yourselves from mental slavery, none but ourselves can free our minds*, habe ich Bob Marley nicht nur einmal in Ghana singen hören – Initiativen wie die *Dennis Foundation* können zur geistigen Unabhängigkeit Ghanas beitragen, und deshalb möchte ich für sie an dieser Stelle die Werbetrommel rühren: Auf dennisfoundation.org kann man Isaac, Akins, Abla und all die anderen direkt unterstützen. Schon kleine Geldbeträge für ein Heft oder ein paar Stifte sind eine echte Hilfe.

Nach ein paar Tagen in Cape Coast bei Mary und etlichen Fußballmatches am Strand fühle ich mich wie ein Einheimischer. Die Menschen begrüßen mich freundlich, es geht nicht mehr um Nippes, Cedi oder sonstige Zuwendungen. Durch Mary bin ich angekommen in Cape Coast. Es fühlt sich an wie ein Zuhause. Sogar die gelegentliche Kippe am Strand oder auf der Straße wird mir nachgesehen. Ich bin kein *Obruni* mehr, ich bin ein Mitmensch. *»Good morning/afternoon/evening, Jan«*, höre ich von überall, *»how are you today?«* Umso schwerer fällt mir der Abschied. Ich fahre mit dem Tro-Tro nach Busua, um dort, in diesem kleinen Dorf am Atlantik westlich von hier, meine in Nicaragua erworbenen Surfskills zur Anwendung zu bringen.

Das gibt es auch – Surfen in Ghana. Die Wellen sind gut, das Dorf gemütlich und die Menschen freundlich. Der Surfspaß bleibt einzig durch den Plastikmüll, der im Ozean treibt, auf der Strecke. Kommt man aus dem Wasser, kleben einem nicht selten dünne Plastiktüten am Leib. Egal. In Busua hinterfrage ich das einfach mal nicht. Dazu ist meine Unterkunft direkt am Strand viel zu entspannt und die Leute um mich herum zu lustig. Außerdem werde ich mich vor meiner Abreise nach Deutschland in Accra mit etwas sehr Unangenehmem konfrontieren. Ein paar Tage Entspannung und Vorbereitung sind also ganz gut.

Apocalypse Now!

Im Geografieunterricht haben wir in der 9. Klasse vereinfachte Handelskreisläufe untersucht. Zum Beispiel den Weg einer Jeans: Baumwolle aus Indien oder Usbekistan, Verarbeitung zu Garn in der Türkei, Färben des Garns in Marokko oder Tunesien, Zusammennähen und Veredlung der Hose (Stone-Wash oder auch Löcher reinschneiden) in Bangladesch, Vietnam, Myanmar oder China, Verschiffung nach Deutschland und Verkauf in unseren Innenstädten oder im Internet. Die Schüler waren verblüfft und, um ehrlich zu sein, ich auch. Es fehlt noch das Metall für Knöpfe und Reißverschlüsse. In Ghana können Hosenfabrikanten geeignete Rohstoffe finden.

Im Stadtteil Agbogbloshie in Accra werden alte Elektrogeräte ausgeweidet. Eine Art gigantische Recyclingmine. So viel wusste ich schon, und das wollte ich mir ansehen. Vorweg: Es gibt verschiedene Studien darüber, wie die alten Monitore, Computer,

Kopierer und Faxgeräte überhaupt dahin kommen. Fest steht, dass die meisten Geräte aus Westeuropa, den USA und Australien stammen. Hier werden sie oft als Secondhandgeräte deklariert und dann in die Häfen Tema oder Takoradi verschifft. Die Bezeichnung *secondhand* ist tatsächlich nicht ganz falsch. Viele Geräte, die noch nicht vollständig hinüber sind, werden wieder instand gesetzt und innerhalb Ghanas weiterverkauft – mittelfristig landen aber auch diese Geräte in der *Toxic City*, wie die gigantische Elektroschrottverwertungsanlage im Herzen Accras genannt wird. Zu wertvoll sind die Metalle, die sich im Innern der Plastikgehäuse finden, zu verlockend ein Job für wenig Geld in der Hölle für Binnenflüchtlinge aus Ghana oder aus anderen Ländern Westafrikas.

Eigentlich hatte ich geplant, von meinem Hostel in Accra, das über einen herrlichen Garten verfügt, in dem man lässig auf Couches rumfläzen kann, alleine ins nur vier Kilometer entfernte Agbogbloshie aufzubrechen. Dann traf ich die kalifornische Hippieversion von Hulk Hogan und seine reizende Begleitung aus München. Ben und Annabella wollten mit. Der fast sechzigjährige Zwei-Meter-zehn-Hüne, der mit seinem *»One world, one people«*-Mobil (ein alter Chevy mit hübsch dekorierter Weltkugel als Aufbau auf der Ladefläche, die ihm als Zelt dient) gerade von einer größeren Westafrikaexkursion nach Accra zurückgekehrt war, befand, dass dieses Unterfangen zu gefährlich für mich alleine sei. Er werde mitkommen und aufpassen. Außerdem war seine Neugier geweckt. Genauso wie die von Annabella. Okay, dann kommt mit.

Mit einem Uber-Taxi fahren wir los. Dem Fahrer sage ich »Agbogbloshie«.

Er schaut mich irritiert an. »Ihr wollt nicht wirklich in die *Toxic City?*«, fragt er entsetzt.

»Doch, doch. Da wollen wir hin«, sage ich.

Er mustert unsere kleine Gruppe skeptisch. Ein *Obruni*, so groß wie ein Kleiderschrank, im Hawaiihemd mit blonder, wehender Mähne, eine zarte, hübsche junge Frau und ein offenbar Durchgeknallter, der das alles hier zu planen scheint. »Na gut. Steigt ein«, sagt der Fahrer kopfschüttelnd.

Die Fahrt geht los durch den üblichen Verkehrswahnsinn Accras. Entlang eines riesigen Highways, der mitten durch Wohngebiete führt. An seinen Rändern halten Tro-Tros, viele Marktstände bieten alles Mögliche zum Verkauf an. Kommt es zu Stau (fast immer), strömen von allen Seiten weitere Händler herbei und bieten ebenso alles Mögliche direkt auf der Fahrbahn an. Frauen in bunten Gewändern tragen eine Vielzahl von Waren auf ihren Köpfen: Getränke, Snacks, billige Handyhüllen, noch billigeren Schmuck und weitere Einwegprodukte, die die Fabriken der Welt millionenfach auskotzen.

Irgendwann biegt der Fahrer links ab, wir nähern uns der *Toxic City*. Aber zuerst befindet sich an dieser Ausfallstraße einer der größten Gemüsemärkte der Stadt. Zumeist werden hier Zwiebeln gehandelt, die aus dem Norden Ghanas stammen. Stand reiht sich an Stand. Männer schultern riesige Säcke, gefüllt mit den knolligen Früchten, die ihnen von den Ladeflächen düster brummender Lkw entgegengewuchtet werden, und verschwinden damit im Gewirr der Massen.

Ein Stück die Straße runter erreichen wir dann die Elektroschrottdeponie Agbogbloshie. Sie liegt tatsächlich mitten in der Stadt. Keine vier Kilometer vom Präsidentenpalast entfernt. Wir steigen kurz vor einer Brücke aus. Der Fluss zu unseren Füßen gibt uns einen ersten Eindruck, was uns hier erwartet. Verdreckt ist kein passendes Attribut für dieses Gewässer. In der grüngrauen Pampe schwimmen Plastikteile und sonstiger Unrat. Es stinkt infernalisch nach Abfall und Exkrementen – dieser Fluss ist kein Fluss. Er ist ein giftiger Abwasserkanal, der durch die Korle-Lagune direkt in den Atlantik mündet.

Die Deponie liegt unmittelbar hinter einer Zwiebelhändler-Geschäftsfront an der Straße. Als wir uns den Weg durch die Hinterhöfe der kleinen Shops bahnen, bin ich froh, dass Ben dabei ist. Erstaunte Blicke von jungen Männern, die gerade einem Kopierer, wie er auch bei mir in der Schule steht, mit wuchtigen Hammerschlägen zu Leibe rücken, treffen uns.

»What you want?«, fragen sie barsch. Dann erblicken sie Ben und grinsen. *»You know what you look like?«*

»Yeah, I know«, antwortet Hulk.

Ich versuche, zu erklären, dass wir uns ein Bild machen wollen von diesem Ort, der ja auch uns betrifft. Sie gucken immer noch interessiert Ben an und weisen uns den Weg weiter hinein in diesen Albtraum.

Wir laufen über pechschwarze Erde, durch Scherben und bleierne Rinnsale, die sich langsam ihren Weg in den Fluss bahnen.

Nach ein paar Metern öffnet sich das Gelände. Was wir sehen, kommt dem Vorhof der Hölle relativ nahe. Mit diesen Metaphern bin ich sehr vorsichtig, aber an diesem Ort sind sie angemessen. An vielen Stellen steigt dunkler Rauch auf, aggressive Flammen schießen für Sekunden in die Höhe. Kinder stolpern durch den Schrott, der sich bis zum Horizont erstreckt, und suchen nach Verwertbarem. In der Luft hängt ein beißender Gestank, der sofort brennende Augen und Kopfschmerzen auslöst. Unmittelbar am Fluss schraubt ein Mann an den Überresten eines alten Computers herum. Ich stelle mich zu ihm und frage, was er da mache. Er entferne die Platinen aus dem Gehäuse. Daraufhin frage ich, was mit den Wertstoffen passiere.

Er schaut mich an und schüttelt leicht den Kopf. *»You people get it back«*, ist seine lapidare Antwort.

In dem Moment steigt eine gigantische schwarze Rauch-
wolke hinter einem kleinen Verschlag auf und verdunkelt den
Himmel. »Was passiert da?«, frage ich den Mann.

Er schaut gleichgültig in den dichten Qualm. »Da werden
Autoreifen verbrannt«, erklärt er kurz. Darin befinden sich Metalle, die verkauft werden können.

Annabella und Ben sind schon ein bisschen weitergegan-
gen. Etwas abseits stehen sie bei einer Kuh und ein paar Ziegen,
die irgendwie versuchen, in dieser apokalyptischen Umgebung
Nahrung zu finden. Als ich zu ihnen gehen will, werde ich plötzlich von der Seite angebrüllt. Erschrocken bleibe ich stehen
und sehe einen vielleicht fünfzehnjährigen Jungen, der mich mit
irren Augen fixiert. »*Talk to the Chief!*«, brüllt er. »*Tell your friends
to come!*« Er weist auf eine kleine Hütte etwa hundert Meter
entfernt. Davor lungern ein paar Leute rum. Ich bin nicht sicher,
der Junge aber scheint es ernst zu meinen. Ich gebe ihm die
Hand, absolviere den ghanaischen Handschlag und stelle mich
vor. Der Junge wird freundlicher. »*You have to talk to the Chief*«,
insistiert er dennoch, »*he will give you permission.*«

Okay, das ergibt Sinn. In Ghana sind Dörfer und auch kleinere
Städte in Chief-Strukturen organisiert. Das heißt, es gibt ein
Dorfoberhaupt, den Chief, bei dem sich jeder Neuankömmling
vorstellen muss. Dieser entscheidet dann über das Anliegen
des Gastes. Sich dem Chief zu entziehen ist keine Option. Das
ist nicht nur unhöflich, es ist ein Affront gegen die Autorität
des Dorfchefs. Wahrscheinlich ist das auch in Agbogbloshie so.
Schließlich sind die Menschen, die hier leben und arbeiten, oft
aus entlegenen Gebieten Ghanas oder den Nachbarländern
nach Accra gekommen, um hier ein Auskommen zu finden. Die
traditionellen Strukturen haben sie beibehalten, was nur lo-
gisch ist, denn sie gewährt dem Einzelnen im Verbund ein ge-
wisses Maß an Schutz.

Aufgeregt rufe ich Annabella und Ben herbei. Der Chief wolle uns sehen. Entgeistert schauen sie mich aus der Ferne an, aber der Junge besteht darauf. *»Get them here«*, sagt er nun wieder entschlossener. Gemeinsam mit ihm gehe ich in Richtung Hütte. Vorbei an Schrotthaufen, noch schwelenden Haufen von verkohltem Plastik und über ein paar Holzplanken, die ein größeres Rinnsal mit giftiger Suppe überbrücken.

Der Chief ist umgeben von vielen Jungs. Keiner ist älter als fünfzehn, schätze ich. Er selbst sitzt im Schatten unter einer Markise aus alter Plane. Mit leeren Augen schaut er mich an. Wie alt er ist, kann ich nicht sagen. Er könnte 28 sein, aber auch 48. Fest steht, in dieser Umgebung altert man schnell. Der Junge, der mich abgefangen hat, weist mich nun freundlich an, gegenüber dem Chief auf einer kleinen Bank Platz zu nehmen. Gleichzeitig brüllt er zu Annabella und Ben hinüber, die aber schon auf dem Weg zu uns sind.

Auch die beiden setzen sich auf die kleine Bank. Wir tauschen die obligatorischen Handshakes aus. Der Chief ist sichtlich beeindruckt von der Körpergröße Bens. Er ist offensichtlich der Älteste von uns und verfügt über eine Statur, die der eines Chiefs würdig ist. Also ist er auch der Ansprechpartner. Als der Mann uns mit sonorer und monotoner Stimme willkommen heißt, geht keine fünfzig Meter hinter uns ein Fernseher in Flammen auf. Er heißt Mohammed, Chief Mohammed, sagt er. Die brennende Röhre hängt an einem metallenen Stab, gehalten von einem Jungen aus der Obhut des Chiefs. Das sind die Bilder, die wir wollen, meint der Chief zu wissen. *»You want to take picture of burnboy?«*, fragt er. Und tatsächlich – diese surreale Szene würde ein fantastisches Schauerfoto abgeben. Aber das kostet. Darum geht es dem Chief, das merkt auch Ben sofort. Er fragt, was wir denn bezahlen müssten, um hier fotografieren zu dürfen. Die hohlen Augen wandern über uns. Der Chief spricht jetzt sehr leise und ist schlecht zu verstehen. Ben fragt noch mal, der Chief antwortet: *»Pay me 5000 Cedi.«* Das wären 1000 Euro! Wir staunen.

»You mean fifty Cedi«, hakt Ben nach, *»we aren't professional journalists, we came here to tell our people at home about this place. Two of us work in education in the US and in Germany and this is important. It's our story, too.«* Ich bin nicht sicher, ob es beim Chief ankommt, dass wir keine Journalisten sind, sondern als Lehrer arbeiten und an den länderübergreifenden Zusammenhängen interessiert sind. So viel Geld können und wollen wir nicht zahlen, lieber verzichten wir auf Bilder von brennenden Monitoren, die die *Burnboys* an Eisenstäben in die Höhe recken.

Ob es in Ordnung sei, wenn wir uns ein bisschen auf diesem Gelände bewegten, will Ben nun wissen. Erstaunlich offen erhalten wir sofort eine Genehmigung. *»You have my protection now«,* sagt Chief Mohammed mit tiefer und Respekt einflößender Stimmer. Dann verabschiedet er uns.

Als wir aufstehen, implodieren weitere Röhrenfernseher vor der Hütte. Aus den verkohlten Gehäusen ziehen die *Burnboys* wertvolle Kupferkabel und legen sie auf kleine Haufen.

Wir entfernen uns von der Hütte und beobachten, wie weitere Monitore auf den Köpfen und Schultern von Teenagern angeliefert werden. Das zu sehen ist erschütternd, die Rechnung der Menschen hier geht offenbar so: Das Rohmaterial (Elektroschrott) wird aus Containern, die angeliefert werden, von einzelnen Chiefs gekauft. Dann werden die wertvollen Bestandteile wie Kupfer und Aluminium mittels Feuer vom wertlosen Plastik und Glas getrennt, gesammelt und weiterverkauft an Händler, die die Rohstoffe wiederum dem Elektrogerätekreislauf zuführen. Es ist also nicht völlig unwahrscheinlich, dass Bestandteile meines Notebooks, auf dem ich gerade tippe, oder meines Fernsehers zu Hause aus einer Endzeit-Kupfermine wie dieser stammen.

Die Arbeiter an diesem apokalyptischen Ort haben schlicht keine Wahl. Das Geschäft ermöglicht ihnen wenigstens ein kleines Einkommen. Doch der Preis dafür ist hoch: Man muss kein Prophet sein, um zu erkennen, dass die Menschen hier von Krankheiten gepeinigt werden und über keine guten Aussichten auf ein langes Leben verfügen.

Annabella sagt mit Blick auf aufflammende Elektrogeräte und verstört umherwandernde Kühe und Ziegen, dass das Entsetzlichste an diesem Ort sei, dass es für die Menschen, die hier lebten, keinen Ausweg aus dieser Hölle gebe. Sie wachen jeden Morgen inmitten des giftigen Mülls auf, atmen toxische Dämpfe ein, schleppen Schrott von A nach B, verbrennen ihn, ziehen wertvolle Metalle aus der Asche und gehen wieder schlafen. Sie werden nie einen tiefen Atemzug frischer Waldluft nehmen, unbeschwert in einem klaren Fluss baden oder sich an den prächtigen Farben einer Blumenwiese erfreuen. Für sie ist alles verbrannt, verkohlt, schwarz, giftig, gefährlich, trist und erbarmungslos. Immer. Jeden Tag, jede Nacht, ihr ganzes Leben lang.

Auf dem Rückweg zur Straße kommt uns ein Teenager entgegen. Ein Rapper. Er stellt sich vor als McCarthy Bwoy. Nach dem ghanaischen Handshake möchte er, dass ich seine Performance auf Video aufnehme. Er ist so euphorisch, dass ich entgegen der Ansage von Chief Mohammed mein Handy zücke und seine Styles aufnehme. Er rappt über Aussichtslosigkeit und darüber, dass er Verbrecher genannt wird, obwohl er keiner ist. Er ist nur arm. Außerdem geht es um die Liebe und witzige Dinge, weil er versprochen hat, mich zum Lachen zu bringen. Er schließt mit: »*I promised to make it burn.*« Er meint seine Reime. Ich bin mir nicht sicher, ob ihm klar ist, wie passend dieser Schluss an einem Ort wie diesem ist.

Als ich aufschaue, sehe ich den hünenhaften Ben aufgeregt zu mir rüberwinken. Ich solle jetzt mal kommen, die *Burnboys* vom Chief haben mich beim Filmen gesehen und finden das offenbar gar nicht so lustig. Ich stecke mein Handy weg, verabschiede mich von McCarthy Bwoy und verspreche, sein Video bei Facebook zu posten. Das ist sein Wunsch. In drei Tagen am Wochenende tritt er hier in der Gegend auf, ruft er mir hinterher. Gerne würde ich kommen, aber ich befürchte, ich bin dann nicht mehr in Accra.

Wir verschwinden über die Straße, nehmen ein Taxi und sitzen keine halbe Stunde später in einer Bar im Innenstadtbereich. Auf der Fahrt sind wir am Parlament und an verschiedenen Regierungsgebäuden vorbeigekommen. Die Minister in Accra haben diese offene Wunde ihrer Stadt ständig vor Augen. Jeder über sein Bier gebeugt, fragen wir uns mehr oder weniger sprachlos, in was für einer Welt wir eigentlich leben. Eine Antwort finden wir nicht.

Erklärungsversuche

Am nächsten Tag treffe ich Olivia. Sie ist Journalistin beim *Daily Graphic*, einer überregionalen Tageszeitung aus Accra. Natürlich kennt sie die *Toxic City*. Ich frage sie, wie es möglich sei, dass ein solcher Ort mitten in der Stadt existieren kann. Sie lacht verzweifelt und erklärt sachlich, dass es weltweit eine große Nachfrage nach Kupfer und Aluminium gibt. Mit den Metallen lässt sich Geld verdienen. Nicht viel für die Menschen in Agbogbloshie, für sie ist das allerdings besser als nichts. Accra wächst rasant. Aus vielen Landesteilen und aus Nigeria und dem Nachbarland Burkina Faso kommen Menschen nach Ghana, genauso wie aus Liberia und Sierra Leone. Sie alle suchen Jobs, die es nicht gibt. Würde man die Deponie auflösen, wäre die Konsequenz, dass ganz viele kleine Elektroschrott-Verbrennungscamps an anderen Orten entstünden. Solange neues Material in Accra ankomme, werde dieser Job eben gemacht. Da dürfe man sich keine Illusionen machen. Olivia ist da erstaunlich nüchtern.

Ich hatte erwartet, dass sie die reichen Nationen geißelt, weil sie einfach ihren Müll in Ghana abkippen, und verantwortlich für die Misere ihrer Heimat macht. Das tut sie jedoch nicht. Das Problem ist immer, dass mit den Metallen Geld verdient wird. Bereits für die Mittelsmänner, die das recycelte Metall kaufen und verkaufen, ist das ein gutes Geschäft. Für die internationalen Unternehmen, die die Rohstoffe wieder in den Kreislauf einbringen, ein noch viel besseres. Leute werden bestochen und bezahlt, und so werden die Verhältnisse sich auch nicht ändern. Zu viele Menschen profitieren davon. Die Industrienationen werden ihren Schrott los, hier vor Ort verdienen die meisten daran wenig, ganz wenige viel Geld. So läuft der Kreislauf.

Ein weiteres Beispiel für ein düsteres Arbeitskapitel sind die *Galamseys*, die im Moment in Ghana hitzig debattiert werden. Auch der *Daily Graphic* hat darüber recherchiert, sagt Olivia. *Galamseys* sind informelle Goldminen, meistens in der Region Ashanti in Zentralghana.

In einer solchen ghanaischen Goldmine war ich schon mal. Genau zehn Jahre ist das her. Damals war ich Geografiestudent an der Uni Hamburg. Geografie war super, nicht zuletzt wegen der Exkursionen. Nach Ghana führte unsere kleine Studentengruppe Professor Burchardt, der geländegängigste Haudegen, den ich jemals traf. In seiner Haudegenhaftigkeit übertraf er Busfahrer Heinz bei Weitem und auch den alten Minenveteranen aus Australien, der in der Nähe der zentralghanaischen Stadt Obuasi ein riesiges Goldgräbercamp organisierte und bei dem wir zu Gast waren. Burchi, wie wir ihn bald nannten, kannte sich aus in allen Landesteilen, wusste, wo die besten *Akpeteshie*-Destillerien (Schnaps aus Palmwein) stehen, und verspottete die Malaria, die glücklicherweise keinen von uns erwischte. »Malaria! Pah! Nach dem dritten Mal ist das nich' schlimmer als 'ne leichte Grippe«, knurrte er verächtlich, wenn bei dem einen oder anderen doch mal der Verdacht aufkam. Zusammen mit Fahrer Joe, der nur noch einen großen Zeh hatte (den anderen hatte er bei einem Auffahrunfall verloren; der Riemen seines Flip-Flops trennte ihn seinerzeit bei dem Aufprall sauber ab), fuhren wir in einem Tro-Tro nur für uns einmal von Süd nach Nord und zurück. Aber zurück zur Mine.

Der Australier war auch nicht schlecht – mit seinem mächtigen, grau melierten Rauschebart und kleinem Bäuchlein gab er mit starkem Akzent zackige Anweisungen. So rein optisch wirkte der Mann auf mich wie ein Pirat, der den Minenarbeitern aus ganz Westafrika ihre Claims zuwies. In einem klar abgesteckten Bereich durften sie dann jeweils ihr Glück versuchen. Eine Knochenarbeit nach dem Trial-and-Error-Prinzip. Wo denn genau Gold zu finden sei, wollten wir damals wissen. »Wir wissen, dass hier irgendwo Gold ist, der Rest ist Glück oder Pech«, war die Antwort. Und genauso sah das Gebiet auch aus. Durchlöchert wie ein Schweizer Käse, ab und an waren mal ein paar Palmen stehen geblieben – aber ansonsten war nicht mehr viel übrig außer ockerfarbenen Erdhaufen.

Der Chief des Claims suchte also eine Stelle aus, die ihm sinnvoll erschien. Hier gruben die Arbeiter Stollen in die Erde. Mit bloßen Händen und ein paar Schaufeln. Erst mal ein paar Meter einfach vertikal nach unten, dann einen horizontalen Stollen in irgendeine Richtung.

In diesen Stollen liegen die Goldsucher auf dem Rücken, klopfen mit kleinen Pickeln das Gestein von der Decke und packen es in Säcke. Die zentnerschweren Dinger werden dann nach oben gewuchtet und von den Frauen der Arbeiter auf ihren Köpfen zur eigentlichen Goldsuche geschleppt. In einer kleinen Verarbeitungsanlage wird das Material zerkleinert und das Gold mithilfe von Quecksilber vom wertlosen Gestein getrennt. Alle diejenigen, die mit dem Schwermetall hantieren, sind an ihren bläulichen Verätzungen an Händen und manchmal auch im Gesicht zu erkennen. Die gesamte Produktionskette ist ein einziger Knochenjob.

Mit ein paar Kommilitonen habe ich mir damals nach Minenarbeiterart eine Taschenlampe vor die Stirn geschnallt und bin hinabgestiegen in einen Schacht. Wir waren noch nicht ganz unten, da erfasste mich Platzangst, fast Panik. Nur das Licht der Taschenlampe, von der Decke rieselte Gestein, und mindestens dreißig Grad waren zu viel. Ich musste wieder raus. Die Minenarbeiter lachten mich aus, mein Respekt vor ihnen wuchs weiter. In einer Schicht verbringen sie bis zu acht Stunden am Stück da unten.

Heute, erklärt Olivia, läuft das immer noch so: Gegen großzügige Bezahlung vergeben lokale Provinzchiefs eigenmächtig Konzessionen, in ihrem Gebiet nach Gold zu graben. Sie wissen ganz genau, dass dabei zunächst der Wald gerodet wird, große Slums entstehen und, besonders dramatisch, beim Trennen des Goldes vom Gestein giftiges Quecksilber verwendet wird, das Böden und Flüsse verseucht und die Arbeiter verätzt. Wird in einer neu etablierten Mine, in der sich die Bergleute mit einfachstem Gerät in den Boden graben, tatsächlich Gold gefunden, dauert es meistens nicht lange, bis schweres Bergbaugerät angeliefert wird. Wo das herkommt? Ganz einfach, internationale Unternehmen liefern das Zeug gegen Bezahlung der Chiefs an.

Aktuell dominiert ein Fall die Presse, in den eine chinesische Firma verwickelt ist. Olivia sagt, der Staat habe einfach keine

Handhabe, oder besser, kein Interesse, das zu stoppen, solange die richtigen Leute in den richtigen Positionen gut bezahlt würden. Das geht im Hafen los und endet in der Mine. Das Traurigste daran: Die normalen Ghanaer sehen keinen Cent vom Erlös der Schätze, die in ihrem Land schlummern. Das Gold wird dem Boden entrissen, außer Landes gebracht und ist damit für immer verloren für die Menschen vor Ort. Ihre Umwelt vergiftet und verseucht, ihre Lebensumstände weiterhin miserabel. Nur einige wenige machen sich die Taschen voll. Das wird so weitergehen, solange verhältnismäßig viel Geld aus den reichen Nationen an die Entscheider im Land gezahlt wird und solange die Bevölkerung diesem Prozess nichts entgegensetzen kann, weil sie mit ihrem eigenen Überleben beschäftigt ist.

Ich denke an Mary und ihren Versuch, die Kids in ihrer Umgebung in die Schulen zu bekommen. Nur so kann es gehen. Denn eigentlich ist Ghana steinreich. Es ist einer der größten Exporteure von Kakaobohnen, verfügt über große Gold- und Bauxitvorkommen, und jetzt wurde auch noch Erdöl vor der Küste gefunden. Man ahnt schon, dass auch von diesen Erlösen eine kleine Elite fantastisch reich werden wird, der große Rest aber weiter in die brennende Röhre schaut. Eine Schande, findet auch Olivia.

Come Dancing

Ich kann Ghana nicht mit diesen Schreckensbildern als letztem Eindruck verlassen. Deshalb verabrede ich mich in meinem *Agoo Hostel* mit einigen Leuten für eine Salsa-Party. Südamerikanische Klänge in westafrikanischem Ambiente. Großartig. Als wir ankommen, wird gleich klar, wo der Hase langläuft. Auf der Tanzfläche Tanzartisten, wie ich sie noch nie gesehen habe. Frauen und Männer schwingen die Hüften, reiben lasziv ihre

Körper aneinander und tauschen nach wenigen Minuten elegant die Partner. Diese Tanzfläche macht mir Angst.

Ich sehne mich nach den Elektrotanzschuppen zu Hause, auf deren Tanzflächen wir unsere Individualität ausleben. Jeder für sich schwoft gemütlich neben dem Beat. Hier geht das nicht. Das merke ich, als ich von einer bezaubernden Tänzerin auf die Tanzfläche gezerrt werde und hüftsteif und unsicher versuche, einen einigermaßen guten Eindruck zu machen. Es klappt nicht. Dabei habe ich doch in Kuba gelernt, wie es geht. Die Lockerheit ist weg. Verschwunden, futsch, Mist, ärgere ich mich. Sich ärgern ist ganz falsch, weiß ich, kann mich aber nicht dagegen wehren. Eine andere Tänzerin kommt auf uns zu und entreißt mich meiner Partnerin. »*I will teach you.*« Sie grinst mich an.

Ich bezweifele das. Und trampele prompt auf ihren Füßen herum wie ein besoffener russischer Tanzbär. Sie lacht sich kaputt, ich auch. Aus Verlegenheit. Ich brauche eine Pause an der Bar. Hier finde ich meinen südkoreanischen Freund Hyeong, den ich aus dem Hostel kenne. Er hat dieselbe Erfahrung gemacht, steckt er mir. Jetzt hält er sich lieber an seinem Bier fest. Ich bleibe bei ihm, und wir diskutieren über unsere Unfähigkeit zu tanzen.

Liegt es an den Tanzkursen meiner Jugend? Vielleicht. In meiner Verzweiflung schiebe ich alles darauf. Das ganze Tanzkurskonzept ist falsch. Es ist nicht natürlich. Mach einen Tanzkurs, hieß es damals. Okay. Aber außerhalb des Kurses war keine Musik, nirgends – also, zu was soll ich tanzen? Zur Marschmusik im Zelt vom Schützenverein? In Ghana, Kolumbien und Kuba ist einfach immer und überall Musik – und jeder tanzt. Jung, alt, jeder. In tausend Jahren werde ich nicht so elegant übers Parkett gleiten, steppen, kreiseln oder grooven wie die Menschen, die ich in den letzten Monaten in diesen Ländern mit meinem Unvermögen gequält habe.

Hyeong und ich wagen uns dann doch wieder zur Tanzfläche. Der Paartanz ist beendet, jetzt stehen alle im Kreis. Zu spät bemerken wir, dass Flaschendrehen gespielt wird. Der- oder diejenige, auf den oder die der Flaschenhals zeigt, muss in der Mitte seine oder ihre besten Moves zeigen. Es stehen bestimmt dreißig Leute in diesem Kreis, die Flasche kommt zwischen mir und einer Dame zu meiner Linken zum Stehen. Mist. Was tun? Während ich noch zaghaft überlege, ob ich in den Ring steigen soll, performt meine Nachbarin schon. Sie biegt ihren Oberkörper nach hinten, als wäre er aus Gummi, und bewegt dabei die Hüften rhythmisch. Irgendwann erreicht sie mit ihren Händen den Boden hinter sich und zuckt dabei frenetisch. Die Menge johlt. Ich stehle mich gekonnt aus diesem Zirkel, Hyeong ist auch schon wieder draußen. Lachend kommt ein Typ auf uns zu. Er schwitzt vom Tanzen und hat ein Bier in der Hand. Er klopft mir auf die Schulter und sagt: *»You can have the best skills as a lawyer, doctor or teacher. Whatever you are – if you can't dance, you're nothing.«* Dass man – egal, wie begnadet als Jurist, Arzt oder Lehrer – nichts ist, wenn man nicht tanzen kann, hat er nicht böse gemeint, trotzdem: Das saß. Und ich befürchte, es stimmt. Mit angeschlagenem Selbstbewusstsein verkrieche ich mich wieder an die Bar und komme zu dem Schluss, dass seine Haltung sogar fair ist: Sollen all die Gringos und *Obruni*s dieser Welt doch unsere Länder ausbeuten – die Lebensfreude können sie uns nicht rauben.

EPILOG

Dieses Reisejahr hat mich verändert. Ich sehe die Welt mit anderen Augen und bin dankbar, dass meine Schüler den Spieß umdrehen konnten und mir so viel beigebracht haben. Jetzt unterrichte ich wieder in Internationalen Vorbereitungsklassen und habe in den ersten Wochen des Schuljahres Kids aus Syrien, Ägypten, Ecuador, Spanien, Weißrussland, Litauen, Nigeria, Irland, den USA, Serbien, Kenia, den Niederlanden, Dänemark, Kambodscha, von den Philippinen, aus Indien und Bangladesch kennengelernt. Die neuen Schüler aus Afghanistan, Iran, Kolumbien, Russland, Italien, Albanien und Ghana kann ich in ihrer jeweils eigenen Muttersprache begrüßen und sie mit Kenntnissen aus ihren Heimatländern überraschen.

Für mich ist das noch immer etwas Besonderes, ich bemühe mich aber, die Kids zu behandeln, als wären sie nichts weiter als ganz normale Schüler – denn ich habe verstanden, dass es genau das ist, was sie wollen.

Reisen ist die beste Schule

Heike Praschel

Mit dem Schulbus in die Wildnis

Eine Familie reist ein Jahr lang
durch die Weiten Nordamerikas

Malik, 256 Seiten
€ 20,00 [D], € 20,60 [A]*
ISBN 978-3-89029-451-3

In einem knallgelben Schulbus reist Heike Praschel mit ihrem Mann Tom und den beiden Töchtern Emma und Paula durch Kanada, die USA und schließlich sogar bis nach Mexiko. Begeistert tauchen sie ein in diese neue Welt und lernen, sich in der Wildnis zurechtzufinden. Sie sammeln Erfahrungen beim Husky-Training, engagieren sich mit Angehörigen der First Nations für die Rückkehr der Lachse und lauschen nachts dem Geheul der Kojoten. Ein ansteckender Bericht über die Verwirklichung eines großen Traums.

MALIK

Leseproben, E-Books und mehr unter **www.malik.de**